和の幻想
ネーミング辞典

新紀元社

目次

本書について ……4

自然 ▼ 8

植物 ……8
- 草花 ……8
- 野菜・作物 ……17
- 樹木 ……22
- 果実 ……31
- 海藻 ……34
- その他 ……35

動物 ……37
- 獣 ……37
- 海獣 ……41
- 鳥 ……42
- 両生類・爬虫類 ……52
- 虫 ……53
- 魚 ……58
- 甲殻類・貝類 ……64
- 動物素材 ……66
- 架空 ……66

鉱物 ……70
- 宝石・貴石 ……70
- 金属 ……72
- 鉱石 ……74
- その他 ……75

宇宙 ……76
- 一般 ……76
- 星 ……77
- 二十八宿 ……81
- 月 ……83
- 太陽 ……87
- 空・天 ……89

気象 ……92
- 雨 ……92
- 霧・霞 ……94
- 露・霜 ……96
- 雪 ……99
- 氷 ……103
- 雷 ……104
- 風 ……107
- 雲 ……110
- 光 ……113

地形 ……114
- 山 ……114
- 野 ……116
- 川・滝 ……117
- 海 ……121
- その他 ……125

感覚 ▼ 128

色 ……128
- 赤 ……128
- 黄 ……130
- 緑 ……130
- 青 ……131
- 紫 ……133
- 白・黒 ……134

香り ……135

音 ……137

光・闇 ……139

雰囲気 ……142

時間 ▼ 146

季節 ……146
- 春 ……146
- 夏 ……148
- 秋 ……149
- 冬 ……151
- 二十四節気 ……153

時間……154
一日……154
その他……156

人 ▼ 159
性質……159
肉体……159
能力……161
心理……164
職業……169
呼称……175
一般……175
一人称……178
二人称……179

人工 ▼ 182
器物……182
楽器……182
調度品……186
装飾品……187
薫物……189
宝物……191
道具……192
布地……196
装束……199
武器……204
一般……204
刀剣……206
弓矢……209
鎧……212
馬具……215
建物……216
数……219

宗教 ▼ 222
仏教……222
一般……222
如来……234
菩薩……237
明王……238
十二神将……239
八部衆……241
二十八部衆……242
天部……244
神道……245
一般……245
天津神……248
国津神……260
陰陽道……263
一般……263
八将神……266
十二天将……267
十干……268

平安京 ▼ 270
殿舎……270
門……272
官職……274
役所……277

旧国名 ▼ 281
旧国名……281

索引……287

本書について

●本書の趣旨

本書では、日本語のネーミングを考える際に参考となる単語の収集を目的とした。また、書名に「幻想」の名を冠している通り、現代ではあまり使われないなどの理由により、非日常的な雰囲気を持つ単語を優先的に収録している。

本書に収録した単語は、漢字表記の面白さや、音の響きの美しさ、単語の持つ意味などを考慮し、上記の目的に沿って恣意的に取捨選択したもので、事物の網羅を目的としたものではないことをお断りしておく。

また本書では、漢字のみで表記できる単語のみを収録している。

●各カテゴリーについて

自然

このカテゴリーでは、自然界に存在する物体や事象につけられた名前を集めた。起伏に富み、海と山と四季に囲まれた日本では、自然もまたバラエティ豊かな名前を持つ。

感覚

このカテゴリーでは、嗅覚、聴覚など人の五感と、五感以外の、いわゆる「何となく」感じる雰囲気につけられた名前を集めた。雰囲気を表す表現が多いのは、日本の文化を反映しているようにも思えて興味深い。

時間

このカテゴリーでは、季節や一日の移り変わりに対してつけられた名前を集めた。気温や光で感じる時間の経過に敏感なのは、厳しい自然と共に生きてきたことの証なのかもしれない。

人

このカテゴリーでは、人や、人の心理を表現する際に使われる単語を集めた。人は、自分と他人を表すために実に多種多様な表現を生み出しており、本書に収録できたのはそのほんの一端にすぎない。

人工

このカテゴリーでは、人が作った物体につけられた名前を集めた。本書の方針に従い、それこそ星の数ほどある物体のなかでも、特に物語で使われそうなジャンルのものを集めている。また、例外として、数の単位も収録してある。

宗教

このカテゴリーでは、特に日本に馴染みの深い仏教、神道、陰陽道関連の単語と神仏名を収録した。

平安京

このカテゴリーでは、平安京の殿舎と門の名称と、平安時代の官職、役所名を収録した。これらは名字など、現代に残る様々なネーミングのベースになっているケースが多い。

旧国名

このカテゴリーでは、廃藩置県以前の国名を収録した。これらもまた、名字など、現代に残る様々なネーミングのベースになっているケースが多い。

●本書の見方

❶	❷	❸
菜耳	おなもみ	キク科の一年草。夏秋に帯緑色の小花をつける。衣服につくトゲのある実を持つ。別 巻耳 ❹
女郎花	おみなえし	オミナエシ科の多年草。夏秋に黄色の小花をつける。根は漢方。秋の七草。別 おみなめし ❺
思草	おもいぐさ	ハマウツボ科の一年寄生植物。秋に淡紅紫色の花をつける。名は俯いたような花から。
沢瀉	おもだか	オモダカ科の多年草。夏に白色の花をつける。名は葉脈が隆起している所から。別 面高
万年青	おもと	ユリ科の常緑多年草。晩春に淡黄色の花を多くつける。根茎は薬用。

❶ 漢字表記

❷ 読み方

❸ 意味の解説

❹ 同じ読み方の別の漢字表記
【例】「萱《かや》」は「茅」とも表記する。この場合「別 茅」とすることにより、別の漢字表記を示す。

❺ 同じ漢字表記の別の読み方
【例】「樒《しきみ》」は「しきび」とも読む。この場合「別しきび」とすることにより、別の読み方を示す。

和の幻想
ネーミング辞典

自然▶植物▶草花

項目	よみ	解説
葵	あおい	タチアオイをはじめとするアオイ科の草木の総称。フタバアオイをアオイと呼ぶことも。
葵葛	あおいかずら	昼顔《ひるがお》の別名。
藜	あかざ	アカザ科の一年草。夏に黄緑色の花穂をつける。名は新芽が赤いことから。
茜草	あかね	アカネ科の蔓性多年草。秋に白色の小花をつける。名は漢方ともなる赤い根から。別 茜
麻	あさ	クワ科の一年草。夏に黄緑色の花をつけ、秋に実が熟す。茎から繊維、種から油を採取。
朝顔	あさがお	ヒルガオ科の蔓性一年草。夏に花をつける。品種が多く花色、形状ともに豊富。別 槿
浅沙	あさざ	リンドウ科の多年生水草。夏秋に黄色の花をつける。花は髪飾りにも。別 莕菜、荇菜
薊	あざみ	キク科アザミ属の多年草の総称。春に紅紫色の花をつける。葉や茎にトゲが多い。
亜麻	あま	アマ科の一年草。茎からは良質な繊維、種子からは良質な油がとれる。
菖蒲	あやめ	アヤメ科の多年草。初夏に紫や白色の花をつける。葉は剣状。菖蒲《しょうぶ》の古称。別 文目、綾目
紫羅欄花	あらせいとう	アブラナ科の多年草。初夏から秋にかけて白、桃、紫赤色のつける。
阿利乃比布岐	ありのひふき	桔梗《ききょう》の別名。
粟花	あわばな	女郎花《おみなえし》の別名。
藺	い	イグサ科の多年草。初夏に緑褐色の花穂をつける。茎は畳表、髄は灯心に。別 いぐさ

項目	よみ	解説
虎杖	いたどり	タデ科の多年草。夏に淡紅や白色の花穂をつける。食用。根は漢方、葉は煙草の代用品。
牛膝	いのこずち	ヒユ科の多年草。夏秋に緑色の花穂をつける。根は漢方。
茴香	ういきょう	セリ科の多年草。夏に黄白色の小花を多くつける。薬用、香辛料として用いられる。
萍	うきくさ	ウキクサ科の多年草。夏が最盛期で稀に裏面に白色の小花をつける。別 浮草、萍草
鬱金	うこん	ショウガ科の多年草。夏秋に淡黄色の花穂をつける。根茎は香辛料、漢方、染料に。
化偸草	えびね	ラン科の多年草。春に紫色の花をつける。名はエビに似た根茎から。別 海老根、蝦根
車前子	おおばこ	オオバコ科の多年草。夏に白色の花穂をつける。葉は漢方。別 車前草、大葉子
岡止々岐	おかととき	桔《き》梗《きょう》の別名。
弟切草	おとぎりそう	オトギリソウ科の多年草。夏秋に黄色の花をつける。葉には細かい油点。全草が薬用。
男郎花	おとこえし	オミナエシ科の多年草。夏秋に白色の小花をつける。茎、葉に毛が多い。
葈耳	おなもみ	キク科の一年草。夏秋に帯緑色の小花をつける。衣服につくトゲのある実を持つ。別 巻耳
女郎花	おみなえし	オミナエシ科の多年草。夏秋に黄色の小花をつける。根は漢方。秋の七草。別 おみなめし
思草	おもいぐさ	ハマウツボ科の一年寄生植物。秋に淡紅紫色の花をつける。名は俯いたような花から。
沢瀉	おもだか	オモダカ科の多年草。夏に白色の花をつける。名は葉脈が隆起している所から。別 面高
万年青	おもと	ユリ科の常緑多年草。晩春に淡黄色の花を多くつける。根茎は薬用。

項目	よみ	解説
蛙葉	かえるば	車前子《おおばこ》の別名。
燕子花	かきつばた	アヤメ科の多年草。初夏に紫や白色の花をつける。葉は広剣状。花は染料に。別 杜若
酢漿草	かたばみ	カタバミ科の多年草。春から秋に黄色の花をつける。酸味があり薬用などに用いた。
兜菊	かぶとぎく	烏兜《とりかぶと》の別名。
兜花	かぶとばな	烏兜《とりかぶと》の別名。
萱	かや	屋根を葺《ふ》くのに用いる植物の総称。別 茅
唐藍	からあい	鶏頭《けいとう》の別名。
甘草	かんぞう	マメ科の多年草。夏に淡紫色の花をつける。根は漢方、甘味料に。別 あまき、あまくさ
岩韮	がんぴ	ナデシコ科の多年草。夏至ごろに朱色の花をつける。
桔梗	ききょう	キキョウ科の多年草。夏秋に青紫や白色の花をつける。根は漢方。秋の七草。別 きちこう
菊	きく	キク科キク族の多年草。秋に花をつける。品種は非常に多く花色、形状ともに豊富。
羊蹄	ぎしぎし	タデ科の大形多年草。初夏に淡緑色の花穂をつける。酸味が強い。根は大黄の代用漢方。
狐元結	きつねのもとゆい	松蘿《さるおがせ》の別名。
擬宝珠	ぎぼうし	ユリ科の多年草である葱《ねぎ》の花。夏に白色の小花の丸い塊をつける。
君影草	きみかげそう	鈴蘭《すずらん》の別名。

項目	よみ	解説
金盞花	きんせんか	キク科の一年草。春に帯赤黄色の大きな花をつける。全草を薬用に用いる。
銀盞花	ぎんせんか	アオイ科の一年草。夏秋に白、淡黄色の花をつける。
金鳳花	きんぽうげ	キンポウゲ科の多年草。晩春から初夏に黄色い花をつける。民間療法に用いるが有毒。
金蘭	きんらん	ラン科の多年草。春に数個の黄色の花をつける。銀欄の近縁種。
銀欄	ぎんらん	ラン科の多年草。春に数個の白色の花をつける。金欄の近縁種。
金蓮花	きんれんか	ノウゼンハレン科の一年草。夏秋に黄、鮮紅色で大型の花をつける。薬用にも用いる。
葛	くず	マメ科の蔓性多年草。秋に紫紅色の花をつける。根は漢方、茎皮は繊維に。秋の七草。
苦参	くらら	マメ科の多年草。夏に淡黄色の花をつける。名はクラクラするほど苦い根から。別 眩草
鶏頭	けいとう	ヒユ科の一年草、夏秋に黄、橙、紅、赤色などの花をつける。
芥子	けし	ケシ科の越年草。初夏に白、紅、紫色などの花をつける。阿片の原料。別 罌粟
紫雲英	げんげ	マメ科の二年草の蓮華草。春に紅紫色の花をつける。古くは飼料、肥料。
御形	ごぎょう	キク科の越年草。春夏に黄色の小花を密につける。葉と茎には綿毛が密生。春の七草。
苔	こけ	石の上や木の幹などに見られる花をつけない小型の植物。苔植物。別 蘚、蘿
胡枝	こし	萩《はぎ》の別名。
鼓子花	こしか	昼顔《ひるがお》の別名。

自然▼植物▼草花

項目	よみ	解説
胡蝶蘭	こちょうらん	ラン科の常緑多年草。蝶に似た花をつける。品種改良により花色、開花時期は様々。
仙人掌	さぼてん	サボテン科の常緑多年草の総称。多肉質の茎と棘を持つ。名はシャボンと手の転化。
松蘿	さるおがせ	地衣類の一種。樹枝状で木の幹や枝にぶら下がる。漢方。別 猿尾枷、猿麻桛　別 しょうら
紫苑	しおん	キク科の多年草。夏秋に枝先に薄紫の花を多数つける。茎と根は漢方。
爺婆	じじばば	春蘭《しゅんらん》の別名。
刺草	しそう	薊《あざみ》の別名。
羊歯	しだ	シダ植物の総称。特に裏白。名は裏白の葉の形状から。胞子で繁殖する。別 歯朶
忍草	しのぶぐさ	シノブ科のシダ植物。葉は五角形で細かい切れ込みがある。観賞用。
著莪	しゃが	アヤメ科の常緑多年草。花は菖蒲《あやめ》に似ているが、小型で白色。別 射干
秋海棠	しゅうかいどう	シュウカイドウ科の多年草。茎先は赤く、秋に下向きに垂れた淡紅色の花をつける。
蕣花	しゅんか	朝顔《あさがお》の別名。
春蘭	しゅんらん	ラン科の多年草。早春に淡黄緑色の花を１つつける。花は塩漬けにして茶などに。
菖蒲	しょうぶ	サトイモ科の多年草。葉は剣状。初夏に淡黄色の花をつける。葉、茎は菖蒲湯などに。
紫蘭	しらん	ラン科の多年草。初夏に紅紫色の花をつける。基部の偽球茎は白及とよばれ漢方。
水仙	すいせん	ヒガンバナ科の多年草。葉は剣状。春に中央がラッパ状の白色や黄色の花をつける。

項目	よみ	解説
睡蓮	すいれん	スイレン科の多年生水草。込みのある丸い葉を浮かべる。花の時期は春で色は様々。
薄	すすき	イネ科の多年草。秋につける白い長い穂は花穂の種子に生える毛。秋の七草。別 芒
蘿蔔	すずしろ	大根の別名。春の七草。
篠竹	すずたけ	イネ科の多年草。笹の一種。葉は披針形で革質。行李、簾の材料。筍は食用。
菘	すずな	青菜、蕪の別名。春の七草。別 鈴菜
鈴蘭	すずらん	ユリ科の多年草。春に釣鐘状の白い花を多数つける。全草を薬用、香水に。果実は有毒。
滑歯莧	すべりひゆ	スベリヒユ科の一年草。葉は肉質。夏に黄色い小花をつける。葉、茎は食用、漢方。
菫	すみれ	スミレ科の多年草。春に５つの花弁を持つ濃紫色の花を１つつける。
石菖	せきしょう	サトイモ科の多年草。葉は剣状。初夏に肉質な穂状の淡黄色の花をつける。根は漢方。
芹	せり	セリ科の多年草。水辺の植物。夏に白い小花を多数つける。食用。別 芹子、水芹
仙翁	せんのう	ナデシコ科の多年草。全体に白い毛が生える。夏に５弁の紅色の花をつける。
千振	せんぶり	リンドウ科の二年草。名は千度振りだしても苦いの意。秋に白い花をつける。薬用。
薇	ぜんまい	ゼンマイ科の大形シダ植物。名は渦巻き状の若芽から。若芽は食用。
竹	たけ	イネ科の多年生常緑木本の総称。地下茎で繁殖し、茎は木質で多節。建材用、食用。
筍	たけのこ	竹の地下茎から出る若芽。毛の生えた鱗片状の皮で覆われる。食用。

項目	よみ	解説
多治比	たじひ	虎杖《いたどり》の別名。
蒲公英	たんぽぽ	キク科の多年草タンポポ属の総称。春に黄色い花をつける。種には羽毛状の毛。食用。
血目草	ちめぐさ	女郎花《おみなえし》の別名。
朝露草	ちょうろそう	銀盞《ぎんせん》花《か》の別名。
土筆	つくし	トクサ科の多年生シダ植物、杉菜《すぎな》の春に出る胞子茎。筆のような形で淡褐色。食用。
爪紅	つまべに	鳳仙《ほうせん》花《か》の別名。
石蕗	つわぶき	キク科の多年草。名は艶めいた蕗《ふき》から。冬に黄色い花をつける。別 艶蕗、槖吾　(別)つやぶき
木賊	とくさ	トクサ科のシダ植物。名は珪酸を含む茎を細工物を砥ぐのに用いたことから。別 砥草
鳥兜	とりかぶと	キンポウゲ科の多年草。秋に深紫色の花をつける。猛毒だが薬用植物としても有用。
薺	なずな	アブラナ科の二年草。春に十字型の白い小花を多数つける。ペンペン草。春の七草。
撫子	なでしこ	ナデシコ科の多年草。夏秋に淡紅色でギザギザの縁の花をつける。種子は漢方。別 瞿麦
生藺	なまい	沢瀉《おもだか》の別名。
捩花	ねじばな	ラン科の多年草。名は螺旋状に一列に並ぶ花から。晩春から夏に淡紅色の花をつける。
凌霄葉蓮	のうぜんはれん	金蓮《きんれん》花《か》の別名。
負醤	はいしょう	男郎花《おとこえし》の別名。

項目	よみ	解説
貝母	ばいも	ユリ科の多年草。春に網状班のある釣鐘状の淡黄緑色の花。鱗茎は漢方。別 ははくり
覇王樹	はおうじゅ	仙人掌《さぼてん》の別名。
萩	はぎ	マメ科ハギ属の低木の総称。夏秋に紅紫色や白色の蝶型の花をつける。秋の七草。別 芽子
繁縷	はこべ	ナデシコ科の二年草。群生し春に白い小花をつける。食用。春の七草。別 蘩蔞　別 はこべら
芭蕉	ばしょう	バショウ科の大形多年草。大きな長楕円の葉を持ち、夏秋に長大な花穂をつける。漢方。
蓮	はす	ハス科の多年生水生植物。名は花床が蜂の巣状なことから。夏、大輪の花。別 はちす
帚木	ははきぎ	アカザ科の一年草。夏に黄緑色の穂状の小花。名は箒の材料となる茎から。食用。
母子草	ははこぐさ	御形《ごぎょう》の別名。
浜梨	はまなし	玫瑰《はまなす》の別名。
玫瑰	はまなす	バラ科の落葉低木。夏に紅色の花。根皮は染料。花、果実は食用。別 浜茄子　別 はまなし
彼岸花	ひがんばな	ヒガンバナ科の多年草。秋の彼岸の頃に赤色の花をつける。有毒だが、鱗茎は薬用に。
向日葵	ひまわり	キク科の一年草。夏、小花の集まった大型の黄色い花をつける。種子は食用、油用に。
昼顔	ひるがお	ヒルガオ科の多年草。夏の日中、朝顔に似た淡紅色の小花をつける。蔓性。漢方。
風蘭	ふうらん	ラン科の常緑多年草。樹上、岩上にはえ、夏に長い距を持つ白い花をつける。別 富貴蘭
蕗	ふき	キク科の多年草。早春に鱗片状の苞に包まれた花茎を出す。花は糸状の小花。食用。

項目	よみ	解説
伏柴	ふししば	真菰《まこも》の別名。
節高	ふしだか	牛膝《いのこずち》の別名。
藤袴	ふじばかま	キク科の多年草。秋に淡紫色の小花を散房状に多数つける。秋の七草。
蓬蒿	ほうこう	蓬《よもぎ》の別名。
鳳仙花	ほうせんか	ツリフネソウ科の一年草。夏秋に長い距《きょ》のある紅色などの花をつける。古くは爪の染料。
鬼灯	ほおずき	ナス科の多年草。初夏、淡黄色の花をつける。果実は袋状の萼に包まれる。漢方。[別] 酸漿
黒子	ほくろ	春蘭《しゅんらん》の別名。
真菰	まこも	イネ科の多年草。秋に花穂をつけ、果実、若芽は食用。漢方。[別] 真薦　(別) かつみ
曼珠沙華	まんじゅしゃげ	彼岸花《ひがんばな》の別名。または、仏教における、天上に咲くとされる四華《しけ》の１つ。
曼陀羅華	まんだらけ	朝鮮朝顔《ちょうせんあさがお》の別名。または、仏教における、天上に咲くとされる四華《しけ》の１つ。
実栗	みくり	ミクリ科の多年草。夏に花をつける。名は集合した実がイガ栗に似ることから。[別] 三稜草
水篶	みすず	篠竹の別名。[別] 三篶
葎	むぐら	荒れ地に繁る雑草の総称。(別) うぐら、もぐら
豨薟	めなもみ	キク科の一年草。茎は角張り毛が密生。秋に黄色い花を多数つける。漢方。(別) きれん
野茨菰	やしこ	沢瀉《おもだか》の別名。

項目	よみ	解説
夕顔	ゆうがお	ウリ科の一年草。蔓性。名は夏の夕方に花開くことから。花は白くラッパ型。実は干瓢《かんぴょう》。
百合	ゆり	ユリ科ユリ属の総称。多年草で花はラッパ型で芳香がある。一部の種は鱗茎を食用に。
蓬	よもぎ	キク科の多年草。葉は羽根状で裏に白毛。秋に淡褐色の小花をつける。食用。薬用。別 艾
夜顔	よるがお	ヒルガオ科の多年草。蔓性。名は夏の夕方に花を開くことから。花は白くラッパ型。
蘭	らん	ラン科の植物の総称。多年草で樹上や岩上などに着生。花弁は３枚で距《きょ》を持つものも。
竜胆	りんどう	リンドウ科の多年草。秋に筒状で先が５裂した紫青色の花をつける。根茎、根は漢方。
藜藋	れいちょう	藜《あかざ》の別名。
蓮華	れんげ	紫雲英《げんげ》、蓮《はす》の花の別名。
山葵	わさび	アブラナ科の水生多年草。春に白い小花を多数つける。根茎は香辛料。葉は食用。
勿忘草	わすれなぐさ	ムラサキ科の多年草。春夏に淡紅色から藍色に変化する小花を多数つける。薬用。
蕨	わらび	コバノイシカゲ科のシダ植物。早春の拳状に巻いた新芽は食用。根からは蕨粉をとる。
吾亦紅	われもこう	バラ科の多年草。夏秋に長楕円形の紅紫色の小花の集まった穂をつける。漢方。別 吾木香

自然 ▶植物 ▶野菜・作物

項目	よみ	解説
瓜	うり	ウリ科の蔓性一年草の果実の総称。特に真桑瓜《まくわうり》。

項目	よみ	解説
胡瓜	きゅうり	ウリ科の蔓性一年草。初夏に黄色い花をつける。果実は細長く緑色。食用。別 黄瓜、木瓜
西瓜	すいか	ウリ科の蔓性一年草。夏に黄色の花をつける。果実は球や楕円。種、果実は食用。別 水瓜
糸瓜	へちま	ウリ科の蔓性一年草。夏秋に黄色い花をつける。長い円筒形の果実は洗浄用。別 天糸瓜
冬瓜	とうがん	ウリ科の蔓性一年草。夏に黄色い花をつける。果実は球形、楕円形で食用。㊀とうが
白瓜	しろうり	ウリ科の蔓性一年草。真桑瓜《まくわうり》の変種。果実は長楕円形で白緑色。漬けものなどに。別 越瓜
烏瓜	からすうり	ウリ科の蔓性多年草。種子は結び文に似ることから玉章《たまずさ》とも。根塊から天瓜粉《てんかふん》をとる。
南瓜	かぼちゃ	ウリ科の蔓性一年草。夏、黄色の花をつけ、結実する。世界中で広く栽培される。
瓢	ひさご	夕顔《ゆうがお》、瓢簞《ひょうたん》、冬瓜《とうがん》などの総称。特に果実や乾燥した果実から作る器。別 瓠、匏
玉蜀黍	とうもろこし	イネ科の一年草。茎先に雄花穂。いわゆる玉蜀黍は先端の髭で受粉した雌花穂。食用。
黍	きび	イネ科の一年草。秋に花穂をつける。種実は楕円形で白や黄色。食用、飼料用。別 稷
甘蔗	さとうきび	イネ科の多年草。茎を絞り砂糖の原料に。副産物も多く利用される。別 砂糖黍　㊀かんしょ
粟	あわ	イネ科の一年草。秋につける種実は黄色く極小。食用、飼料だが戦後は生産が激減。
蕎麦	そば	タデ科の一年草。品種により夏、秋収穫時期が違う。花は白や淡紅色。種実から蕎麦粉。
人参	にんじん	セリ科の一、二年草。夏に多数の白い小花をつける。根は黄色や赤色で円錐形。食用。
胡蘿蔔	こらふ	人参《にんじん》の別名。

項目	よみ	解説
茄子	なす	ナス科の一年草。夏に淡紫色の花をつける。果実は通常黒紫色で形状は様々。食用。
芋	いも	植物の根や地下茎が澱粉などを貯蔵し肥大化したものの総称。俳句では里芋。別 藷、薯
芋茎	ずいき	里芋の葉柄。主に赤い品種を用いる。乾した物は芋がらともいう。食用。
自然薯	じねんじょ	ヤマノイモ科の蔓性多年草。名は山に自生するの意。夏、白色の花穂。長い塊根は食用。
山芋	やまのいも	自然薯《じねんじょ》の別名。
馬鈴薯	ばれいしょ	ナス科の一年草。初夏に白や淡紫色の花をつける。食用されるのは塊茎。別 じゃがいも
甘藷	かんしょ	ヒルガオ科の蔓性一年草。秋、昼顔に似た花をつける。塊根は紡錘形で食用。別 甘薯
薩摩芋	さつまいも	甘藷《かんしょ》の別名。
甘藍	かんらん	アブラナ科の一、二年草。春、黄色の花をつける。葉は幅広で球状に固まる。食用。
玉菜	たまな	甘藍《かんらん》の別名。
蕪	かぶ	アブラナ科の一、二年草。春、黄色の花をつける。根は球形で冬収穫。食用。別 かぶら
生姜	しょうが	ショウガ科の多年草。夏秋に花をつけるが日本ではまれ。根茎は香辛料、漢方に。
稲	いね	イネ科の一年草。夏秋に穂を出す。秋に収穫する米は日本史上でも重要な作物。別 しね
陸稲	おかぼ	水田ではなく畑で栽培する稲。多量の水を必要としないが味、収穫量に劣る。別 りくとう
早稲	わせ	収穫期よりも早く成熟し収穫できる稲のこと。また、そうした作物。別 早生

項目	よみ	解説
中稲	なかて	早稲《わせ》と晩稲《おくて》の中間で成熟する稲のこと。また、そうした作物。【別】中生
晩稲	おくて	比較的遅く成熟する稲のこと。又そうした作物。【別】億手、晩生　（別）おしね
落稲	おちぼ	収穫の際に落ちて散らばり残った稲や麦などの穂のこと。
稗	ひえ	イネ科の一年草。秋に収穫。病虫害に強く荒地でも良く育つ。食用、鳥の餌。【別】穇
大根	だいこん	アブラナ科の一、二年草。晩春に白色の花をつける。根は大きく肥大。食用。（別）おおね
胡麻	ごま	ゴマ科の一年草。夏、白色の花をつける。いわゆる胡麻は種子。食用。油用。（別）うごま
豌豆	えんどう	マメ科の一、二年草。春に蝶形花をつける。緑色の種子は食用。飼料用にも。
野良豆	のらまめ	豌豆《えんどう》の別名。
文豆	ぶんどう	豌豆《えんどう》の別名。
小豆	あずき	マメ科の一年草。夏に黄色い蝶形花をつける。赤褐色の種子は食用。（別）しょうず
豇豆	ささげ	マメ科の一年草。夏に淡紫色の蝶形花をつける。赤い種子は小豆の代用品に。食用。
刀豆	なたまめ	マメ科の蔓性一年草。名は刀状の大きな莢から。食用。薬用。【別】鉈豆　（別）とうず、たちまめ
帯刀	たちはき	刀豆《なたまめ》の別名。
落花生	らっかせい	マメ科の一年草。春に黄色の蝶形花をつける。種子は地中の莢果の中。食用。油用。
菠薐草	ほうれんそう	アカザ科の一、二年草。長い葉柄の先に卵型の葉。根元が赤い。食用。【別】法蓮草、鳳蓮草

項目	よみ	解説
薄荷	はっか	シソ科の多年草。夏秋に淡紫色の小花を群生。葉を水蒸気蒸留して香料に。漢方。
目草	めぐさ	薄荷《はっか》の別名。
独活	うど	ウコギ科の多年草。夏に淡緑色の花をつける。茎は太く食用。日に当てない軟化栽培も。
牛蒡	ごぼう	キク科の一、二年草。夏、薊《あざみ》似の紫色の花をつける。肉質な根を食用。果実は漢方に。
韮	にら	ユリ科の多年草。夏に白い小花を束状につける。葉は長く扁平。食用 別 韭 (別) みら
久々美良	くくみら	韮《にら》の別名。
彌良	みら	韮《にら》の別名。
大蒜	にんにく	ユリ科の多年草。夏に白紫色の花。茎、鱗茎には強い臭気。食用。香辛料。漢方。別 葫
蒜	ひる	葱《ねぎ》、大蒜《にんにく》、野蒜《のびる》などのユリ科の植物の総称。別 葫
葱	ねぎ	ユリ科の多年草。夏に白い花。食べるのが葉鞘の白い部分の根深《ねぶか》、緑葉の葉葱《はねぎ》がある。
浅葱	あさつき	ユリ科の多年草。葉は青緑で長い円筒形。葉、鱗茎は食用。別 糸葱
分葱	わけぎ	ユリ科の多年草。名は株分けですぐに増やせることから。葉茎は葱《ねぎ》より柔軟。食用
玉葱	たまねぎ	ユリ科の多年草。夏に白い小花を球状につける。地下の鱗茎は球状で刺激臭。食用。
辣韮	らっきょう	ユリ科の多年草。夏に紫色の小花を球状につける。鱗茎は独特の臭い。食用。別 薤
慈姑	くわい	オモダカ科の水生多年草。秋に白い3弁花をつける。地下の塊茎は食用。

項目	よみ	解説
紫蘇	しそ	シソ科の一年草。葉は卵型で鋸歯がある。夏秋に白色などの小花を穂状につける。食用。
蓼	たで	タデ科の一年草。夏秋に赤味を帯びた小花を穂状につける。独特の苦辛味がある。食用。

自然▶植物▶樹木

項目	よみ	解説
梧桐	あおぎり	アオギリ科の落葉高木。夏に黄白色の花を群生。果実は舟形に裂ける。街路樹。別 青桐
赤実木	あかみのき	木斛《もっこく》の別名。
木通	あけび	アケビ科の蔓性落葉低木。名は熟した果実の開口から。蔓細工。食用。漢方。別 通草
赤秀	あこう	クワ科の常緑高木。幹、枝から蛸の足状の気根を出す。春に無花果《いちじく》に似た花。別 雀榕
紫陽花	あじさい	ユキノシタ科の落葉低木。初夏に球状に花をつけるが、花弁に見えるのは萼片。薬用。
馬酔木	あしび	ツツジ科の常緑低木。有毒で名は食べた牛馬が麻痺することから。㊀別 あせび、あせぼ
梓	あずさ	日本での梓が何を指すのかは諸説あり不明。梓弓の材料から水目《みずめ》とも。中国では木豇豆《きささげ》。
翌檜	あすなろ	ヒノキ科の常緑高木。名は明日は檜《ひのき》になろうの意。檜に似るが若干低質。建材などに。
蘭	あららぎ	櫟《いちい》の別名。
櫟	いちい	イチイ科の常緑高木。貴族の笏《しゃく》の材料で一位とも。材は建材、器具。庭木にも。別 柴松
銀杏	いちょう	イチョウ科の落葉高木。葉は扇型で切込み。種子は食用。材は将棋盤。別 鴨脚樹、公孫樹

項目	よみ	解説
茨	いばら	小枝が出て棘のある小木の総称。別 棘、荊 別 うばら
五加木	うこぎ	ウコギ科の落葉低木。幹には鋭い棘。夏に黄緑色の小花をつける。食用。漢方。別 むこぎ
空木	うつぎ	ユキノシタ科の落葉低木。樹皮は鱗片状。材は硬く木釘に。枝葉は薬用。生垣。別 卯木
卯花	うのはな	空木《うつぎ》の別名。
烏文木	うぶんぼく	黒檀《こくたん》の別名。
烏木	うぼく	黒檀《こくたん》の別名。
梅	うめ	ウメ科の落葉小高木。初春に香り高い白い花をつける。果実は食用だが生食では有毒。
漆	うるし	漆科の落葉高木。初夏に黄緑色の花をつける。樹液は塗料。果実からは蝋を採る。
金雀枝	えにしだ	マメ科の落葉低木。初夏に黄色い蝶形花をつける。葉茎は有毒だが薬用利用も。別 金雀児
榎	えのき	ニレ科の落葉高木。初夏に淡黄色の花をつける。果実は食用。材は薪炭、器具。漢方。
槐	えんじゅ	マメ科の落葉高木。樹皮には割目。夏に黄白色の蝶形花。材は建材。花、果実は薬用。
楝	おうち	栴檀《せんだん》の古名。別 樗
招霊木	おがたまのき	モクレン科の常緑高木。名は魂を招くの意。春に白い小花。別 黄心樹、小賀玉木
海棠	かいどう	バラ科の落葉低木。春に淡紅色の花。材は堅く器具に。果実は食用。楊貴妃の例えも。
楓	かえで	カエデ科の落葉高木の総称。名は蛙の手に似た葉から。材は器具。美しく紅葉。別 槭樹

項目	よみ	解説
樫	かし	ブナ科の常緑高木の総称。春夏に小花を密生。果実は団栗《どんぐり》。材は堅く用途。別 橿、櫧
柏	かしわ	ブナ科の落葉高木。樹皮には割目。葉は広く柏餅に。材は器具、建材、木炭。
桂	かつら	カツラ科の落葉高木。春に紫紅色の花をつける。美しく紅葉。材は船材、建材、器具。
樺	かば	カバノキ科の落葉高木の総称。主に白樺。樹皮は細工物。材は器具、薪材。(別) かんば
榧	かや	イチイ科の常緑高木。葉は革質で鋭く尖る。春に花。種子は油用、食用。材は碁盤など。
枳殻	からたち	ミカン科の落葉低木。晩春に白い小花。名は唐橘の略。果実は薬用。別 枳、枸橘　(別) きこく
雁皮	がんぴ	ジンチョウゲ科の落葉低木。初夏に淡黄色の小花をつける。樹皮は滑らかで和紙の素材。
黄藤	きふじ	槐《えんじゅ》の別名。
木密	きみつ	樒《しきみ》の別名。
夾竹桃	きょうちくとう	キョウチクトウ科の常緑低木。夏に桃色の花。葉は革質。有毒だが薬用利用も。
桐	きり	ゴマノハグサ科の落葉高木。晩春に淡紫の花。材は軽軟でくるいがなく家具、楽器など。
枸杞	くこ	ナス科の落葉小低木。夏に淡紫の小花。茎には棘。全体に強い薬効を持つ。食用。漢方。
楠	くすのき	クスノキ科の常緑樹。春に黄白色の小花。全体に芳香。材は船材、建材、樟脳。別 樟
梔子	くちなし	アカネ科の常緑低木。初夏に芳香の強い白い小花。果実は食品染料に。別 巵子、山梔
櫟	くぬぎ	ブナ科の落葉高木。初夏に黄色の花。材は薪炭。樹皮、果実は染料、漢方。別 椚、橡、櫪

項目	よみ	解説
黒木	くろき	黒檀《こくたん》の別名。
桑	くわ	クワ科の落葉高木。春に淡黄色の花。材は多用途。樹皮は紙材。葉は養蚕。果実は食用。
欅	けやき	ニレ科の落葉高木。春に淡黄緑色の花。材は強く光沢があり多用途。庭木。防風林。別 槻
香柴	こうしば	樒《しきみ》の別名。
楮	こうぞ	クワ科の落葉低木。初夏に淡黄緑色の花。樹皮は繊維、和紙の原料。別 かず、かんず
好文木	こうぶんぼく	梅《うめ》の別名。
黒檀	こくたん	カキノキ科の常緑高木。初夏に淡黄色の花。材は緻密で硬く多用途。黒色で磨くと光沢。
呉茱萸	ごしゅゆ	ミカン科の落葉小高木。初夏に緑白色の花。果実は香気と辛味があり漢方。
小手毬	こでまり	バラ科の落葉低木、名は春に白い小花を多数毬状につけることから。庭木。別 小粉団
辛夷	こぶし	モクレン科の落葉高木。早春に白い大花をつける。材や樹皮のこぶし油など多用途。
皂莢	さいかち	マメ科の落葉高木。晩春に淡黄色の花。果実は薬用、石鹸の代用。材は多用途。庭木。
榊	さかき	ツバキ科の常緑小高木。葉は革質で光沢。夏に白い花。材は建材。枝葉は神道に。別 賢木
桜	さくら	バラ科サクラ属の樹木の総称。春に花をつける。材、樹皮は多用途。染料。漢方。食用。
山茶花	さざんか	ツバキ科の常緑小高木。晩秋に白や淡紅色の花。椿《つばき》に似るが小型。種子は油用。別 茶梅
皐	さつき	ツツジ科の半常緑低木。名は陰暦5月に咲くことから。花色は様々。別 皐月、杜鵑花

項目	よみ	解説
百日紅	さるすべり	ミソハギ科の落葉高木。名は滑らかな樹皮から。夏に白や紅色の花。材は緻密で細工用。
山査子	さんざし	バラ科の落葉低木。枝に短毛と棘。春に白い花。果実は食用、薬用。【別】山樝子、山楂子
山椒	さんしょう	ミカン科の落葉低木。春に緑黄色の小花を多数つける。果実、葉は香辛料、漢方。
椎	しい	ブナ科の常緑高木。初夏に香りに強い小花。材は多用途。樹皮は染料。果実は食用。
樒	しきみ	シキミ科の常緑小高木。春の黄白色の小花は仏前花。樹皮は線香。果実は猛毒。【別】梻 (別)しきび
紫檀	したん	マメ科の常緑高木。春に黄色い蝶形花をつける。材は暗紅紫色で銘木。染料にも。
紫藤	しとう	藤《ふじ》の別名。
地錦	じにしき	蔦《つた》の別名。
繡線菊	しもつけ	バラ科の落葉低木。春夏に淡紅色の花を枝先に房状につける。【別】下野
石楠花	しゃくなげ	ツツジ科ツツジ属の常緑低木の総称。初夏に躑《つ》躅《つじ》に似た白や淡紅色の花。【別】石南花
芍薬	しゃくやく	ボタン科の多年草。観賞用、薬用として品種が多い。春に大輪の花を咲かせる。漢方。
沙羅	しゃら	ツバキ科の落葉高木、夏椿のこと。樹皮は滑らか。初夏に皺のある白い花。建材。庭木。
棕櫚	しゅろ	ヤシ科シュロ属の常緑高木の総称。葉柄は長く葉は放射状。幹には毛苞。【別】棕梠、椶櫚
白樺	しらかば	カバノキ科の落葉高木。名は白い樹皮から。蝋質で燃料、細工物に。(別)しらかんば
沈丁花	じんちょうげ	ジンチョウゲ科の常緑低木。春に外が赤紫色、内が白色の花。名は沈香《じんこう》似の香から。有毒。

項目	よみ	解説
忍冬	すいかずら	スイカズラ科の常緑蔓性木本。初夏に白や紅色の花。名は冬も葉が緑のことから。漢方。
瑞香	ずいこう	沈丁花《じんちょうげ》の別名。
杉	すぎ	スギ科の常緑針葉樹。樹皮は繊維質で屋根拭きに。材は目が粗く柔軟で多用途。**別** 椙
篠懸	すずかけ	スズカケノキ科の落葉高木。名は修験者の篠懸に似た晩秋の果実から。**別** 鈴掛、鈴懸
桷	ずみ	バラ科の落葉小高木。名は酸味の強い果実からとも。材は多用途。樹皮は染料。**別** 酸実
栴檀	せんだん	センダン科の落葉高木。春に淡紫の花。果実は漢方。材は多用途。さらし首の台にも。
千両	せんりょう	センリョウ科の常緑小低木。名は万両《まんりょう》の対。夏に黄緑色の小花。果実は正月飾り。**別** 仙蓼
素馨	そけい	モクセイ科の常緑小低木。夏に白い花。強い芳香があり香油を精製。ジャスミンの一種。
蘇鉄	そてつ	ソテツ科の常緑裸子植物。椰子《やし》に似た葉を持つ。種子は薬用。髄に澱粉があるが有毒。
冬青	そよご	モチノキ科の常緑低木。6月ごろ白い花が咲く。材木はそろばん珠の材料。
橘	たちばな	ミカン科の常緑小低木。葉に香気。夏に白い花。果実は酸味が強く、果皮、果汁は薬味。
栂	つが	マツ科の常緑高木。春に紫色の花。材は製紙など多用途。樹皮は染料。
蔦	つた	ブドウ科の落葉蔓性木本。巻髭で石木に絡む。初夏に淡黄緑色の小花。美しく紅葉。
躑躅	つつじ	ツツジ科ツツジ属の常緑、落葉の低木の総称。春夏に大型のラッパ状の花。花色は様々。
椿	つばき	ツバキ科の常緑高木。葉は革質で光沢。春に赤い大輪の花。種子は油用。**別** 海石榴、山茶

項目	よみ	解説
冬青	とうせい	冬青《そよご》または黐《もち》の別名。
満天星	どうだんつつじ	ツツジ科の落葉低木。春に壺状の黄白色の花を多数つける。名は灯台から。美しく紅葉。
毒柴	どくしば	馬酔木《あしび》の別名。
栃	とち	トチノキ科の落葉高木。春に赤味がかった白い花。種子は食用。材は多用途。[別] 橡
海桐花	とべら	トベラ科の常緑低木。初夏に白く芳香のある花をつける。除夜に扉に挟み魔除けにした。
南天	なんてん	メギ科の常緑低木。初夏に白い花。秋冬の鮮赤色の果実は有毒だが薬用。美しく紅葉。
楡	にれ	ニレ科の落葉高木の総称。名は濡れの転化。材は多用途。樹皮は製紙、纖維、漢方。
合歓	ねむ	マメ科の落葉高木。夏に紅色花。名は夜に葉を閉じる様子から。漢方。(別) ねぶ、ごうかん
凌霄花	のうぜんかずら	ノウゼンカズラ科の蔓性落葉樹。夏秋にラッパ状の橙赤色の花。蜜は豊富。有毒。
稲架木	はさぎ	赤楊《はんのき》の別名。
榛	はしばみ	カバノキ科の落葉低木。春に黄褐色の雄花、紅色の雌花。果実は食用。ヘーゼルナッツ。
椒	はじかみ	山椒《さんしょう》の別名。
櫨	はぜ	ウルシ科の落葉高木。美しく紅葉。果実から木《もく》蝋《ろう》。樹皮は染料。[別] 黄櫨、梔 (別) はじ
薔薇	ばら	バラ科バラ属の落葉低木の総称。蔓性も。品種が豊富で花型、花色は様々。香料にも。
赤楊	はんのき	カバノキ科の落葉高木。冬に暗紫褐色の花。稲穂を干すことも。樹皮、果実は染料。

項目	よみ	解説
柊	ひいらぎ	モクセイ科の常緑小高木。葉は革質で縁は刺状。秋に白い小花。古来より魔除け。別 疼木
柃	ひさささき	馬酔木《あしび》の別名。
檜	ひのき	ヒノキ科の常緑高木。春に雄雌の小花。材は最良とされ多用途。樹皮は屋根拭き。
白檀	びゃくだん	ビャクダン科の半寄生常緑高木。芯材は強い香気。材は仏像、器物に。材、樹皮は香料。
五倍子	ふし	ウルシ科の落葉小高木、白膠木《ぬるで》に生じた虫瘤、もしくはそれを乾燥した染料。(別) ごばいし
藤	ふじ	マメ科の蔓性落葉木本の総称。晩春に白や淡紫色の花を穂状に。蔓は繊維、籠など。
山毛欅	ぶな	ブナ科の落葉高木。樹皮は白い。春に黄色の花。材は建築、製紙など多用途。別 椈、橅
芙蓉	ふよう	アオイ科の落葉低木。夏秋に大型の一日花をつける。花色は様々。樹皮は製紙に。
噴雪花	ふんせっか	雪柳《ゆきやなぎ》の別名。
朴	ほお	モクレン科の落葉高木。春に黄白色で大型の花。材は均質で多用途。樹皮は漢方。別 厚朴
木瓜	ぼけ	バラ科の落葉低木。枝に棘。春に白や紅色などの花。林檎似の硬い果実をつける。(別) もけ
牡丹	ぼたん	ボタン科の落葉低木。観賞用薬用として多くの品種。春に大型の美花。根皮は漢方。
槙	まき	杉《すぎ》の古名。または檜《ひのき》の美称。別 真木
柾	まさき	ニシキギ科の常緑低木。夏に緑白色の小花を多くつける。庭木。生垣。別 正木
木天蓼	またたび	マタタビ化の蔓性落葉低木。初夏に白い花。若芽は食用。果実は漢方。猫科が好む。

項目	よみ	解説
松	まつ	マツ科の常緑高木の総称。葉は針葉。名は神が待つの意とも。材は多用途。幹から松脂《まつやに》。
茉莉	まつり	茉莉花《まつりか》の別名。
茉莉花	まつりか	モクセイ科の常緑小低木。夏の夕方に白色で香りの高い花をつける。香料。ジャスミン。
檀	まゆみ	ニシキギ科の落葉小高木。名は弓の素材としたことから。初夏に淡緑色の花。別 真弓
榲桲	まるめろ	バラ科の落葉高木。春に白や淡紅色の花。果実は洋梨形で芳香があり食用。街路樹。
金縷梅	まんさく	マンサク科の落葉大低木。早春に黄色の花。茶室に生ける花に。漢方。別 満作
万両	まんりょう	ヤブコウジ科の常緑小低木。夏に白い小花をつける。赤い果実は冬に春を持つ観賞用。
椋	むく	ニレ科の落葉高木。春に淡緑色の花。葉はザラザラで研磨に。材は器具。果実は食用。
木槿	むくげ	アオイ科の落葉大低木。夏秋に白や淡紅の花。花は朝開き夜萎む。漢方。別 槿　㊀ きはちす
無患子	むくろじ	ムクロジ科の落葉高木。初夏に淡緑色の小花。種子は黒く羽子板の玉。果皮は代用石鹸。
郁子	むべ	アケビ科の常緑蔓性低木。春に紅紫がかった白い花。果実は食用。根茎は漢方。別 野木瓜
毛輪花	もうりんか	茉莉花《まつりか》の別名。
木犀	もくせい	モクセイ科の常緑小低木の総称。主に金木犀。葉は広い針葉。秋に芳香のある花。
木蓮	もくれん	モクレン科の落葉低木。春に暗紅紫色の大形の花。種子は赤く秋に糸状柄で下垂。別 木蘭
黐	もち	モチノキ科の常緑高木。春に淡黄緑色の小花。材は緻密で印材など。樹皮から鳥もち。

項目	よみ	解説
木斛	もっこく	ツバキ科の常緑高木。夏に白い小花。果実は赤い。材は櫛など。樹皮は染料。別 厚皮香
紅葉	もみじ	カエデ科の落葉高木、楓《かえで》の別名。春に暗紅色の小花。多くは秋美しく紅葉。材は多用途。
八手	やつで	ウコギ科の常緑低木。晩秋に黄白色の小花。名は掌状葉から。葉は漢方。天狗の葉団扇とも。
柳	やなぎ	ヤナギ科ヤナギ属の落葉樹の総称。春に尾状の花穂。材はしなやかで器具。庭木。別 楊柳
山吹	やまぶき	バラ科の落葉低木。春に山吹色の花をつける。茎の髄、山吹髄は弾力があり玩具に。別 款冬
夕影草	ゆうかげぐさ	木槿《むくげ》の別名。
雪柳	ゆきやなぎ	バラ科の落葉低木。春に白い小花を枝一杯につける。名は雪の積もったような花から。
譲葉	ゆずりは	ユズリハ科の常緑高木。名は新しい葉の成長で落ちる葉から。春に小花。別 楪、交譲木
柳絮	りゅうじょ	柳の種子。綿毛を持ち春に飛散する。また、その飛散する様子。
令法	りょうぶ	リョウブ科の落葉小高木。初夏に白い花を穂状につける。材は器。若葉は食用に。
輪丁花	りんちょうげ	沈丁《じんちょう》花《げ》の別名。
連翹	れんぎょう	モクセイ科の落葉低木。早春に山吹色の筒状花をつける。果実は卵型で漢方。

自然▶植物▶果実

項目	よみ	解説
杏	あんず	バラ科の落葉高木。早春に白や淡紅色の花。梅似の果実は食用。種子は漢方。別 杏子

項目	よみ	解説
菴羅	あんら	ウルシ科の常緑高木。果実は楕円形で黄色く熟し、独特の匂いを持つ。マンゴーのこと。
安蘭樹	あんらんじゅ	榠《か》樝《りん》の別名。
苺	いちご	バラ科の小低木、もしくは多年草。春に白い花。果実は春夏に赤熟。食用。別 莓
無花果	いちじく	クワ科の落葉小低木。音は古代ペルシア語、漢字は果実状の花。食用。薬用。別 映日果
柿	かき	カキノキ科の落葉高木。初夏に黄色の花。果実は食用。渋は塗料。材は多用途。別 柹
榠樝	かりん	バラ科の落葉高木。春に淡紅色の花。果実は渋く木質で加工食品に。種子は漢方。別 花梨
甘蕉	かんしょう	バショウ科の多年草。多数の果実が房状に実る。バナナのこと。
金柑	きんかん	ミカン科の常緑低木。夏に白い小花。名は冬に金色に熟す果実から。果実は食用、漢方。
茱萸	ぐみ	グミ科の落葉、常緑低木の総称。秋に白い筒状の花。赤い果実は食用、漢方。別 胡頽子
栗	くり	ブナ科の落葉低木。夏に淡黄色の細花。秋の果実はイガに包まれ食用。材は堅く多用途。
胡桃	くるみ	クルミ科の落葉高木。夏に赤い花。種子は食用だが皮は堅固。材は多用途。樹皮は染料。
花梨木	くわりぼく	榠《か》樝《りん》の別名。
石榴	ざくろ	ザクロ科の落葉高木。夏に紅色の花。果実は秋に熟し開口。食用。別 柘榴、若榴 (別) じゃくろ
朱欒	ざぼん	ミカン科の常緑高木。初夏に白い花。果実は大きく果皮が厚い。食用。果皮は砂糖漬に。
李	すもも	バラ科の落葉小高木。春に白い花。夏に熟す果実は桃に似て食用。種子は漢方に。

項目	よみ	解説
橙	だいだい	ミカン科の常緑低木。夏に白い小花。果実は冬黄熟するが夏に緑色に。調味料。正月飾り。
団栗	どんぐり	ブナ科コナラ属の果実の総称。果皮は堅く下部は殻斗《かくと》と呼ばれる椀状のものに包まれる。
梨	なし	バラ科ナシ属の落葉高木の総称。春に白い花。秋に熟す果実は汁気が多く食用。別 梨子
棗	なつめ	クロウメモドキ科の落葉小高木。夏に黄白色の花。果実は秋に暗赤色に熟し食用。漢方。
八朔	はっさく	ミカン科の常緑低木。名は旧暦8月の朔（1日）の意。夏に熟す果実は苦みがあり食用。
蕃瓜樹	ばんかじゅ	パパイア科の常緑高木。果実は楕円形で芳香があり、食用。パパイアのこと。
枇杷	びわ	バラ科の常緑高木。冬に白い小花。果実は夏に黄熟し食用。葉は漢方。材は木刀。別 ひわ
仏手柑	ぶしゅかん	ミカン科の常緑低木。夏に白い花。名は仏の手の意で掌状の果実から。砂糖漬に。
葡萄	ぶどう	ブドウ科ブドウ属の蔓性落葉低木。初夏に淡緑色の花穂。果実は房状で秋に熟す。食用。
文旦	ぶんたん	朱欒《ざぼん》の別名。
鳳梨	ほうり	パイナップル科の常緑多年草。果実は堅い皮に覆われている。パイナップルのこと。
椪柑	ぽんかん	ミカン科の常緑低木。名はインドの都市ポネから。果実は冬に橙黄に熟す。食用。別 凸柑
蜜柑	みかん	ミカン科ミカン属の樹木と果実の総称。特に温州蜜柑。果実は食用。果皮は薬用。
桃	もも	バラ科の落葉小高木。春に白い花。夏に熟す果実は食用で古来魔除けとも。種子は漢方に。
柚子	ゆず	ミカン科の常緑低木。夏白い小花。果実は酸味が強く、果皮とともに調味料などに。別 柚

項目	よみ	解説
林檎	りんご	バラ科の落葉高木。春に白い花。夏秋に赤熟する円形の果実は甘酸っぱく食用。別 苹果
茘枝	れいし	ムクロジ科の常緑高木。果実は堅く亀甲文を持つ殻で覆われる。楊貴妃の好物とも。
檸檬	れもん	ミカン科の常緑低木。春に白い花。果実は楕円形で夏に黄熟。酸味、芳香があり食用。

自然▶植物▶海藻

項目	よみ	解説
石蓴	あおさ	アオサ科の海藻の総称。鮮緑色の葉状で2層の細胞からなる。青海苔の代用品。
荒布	あらめ	昆布科の多年生海藻。茎は円柱状で上部が叉状。食用、肥料。アルギニン酸の原料。
海髪	おごのり	オゴノリ科の海藻。名は乱髪に似ることから。食用。寒天原料。別 うご、おご
黒布	くろめ	コンブ科の海藻。乾燥で黒くなる。葉部は羽根状で皺。食用。ヨード原料。別 黒海布、黒菜
昆布	こんぶ	コンブ科やその近縁の海藻の総称。葉部は長大な帯状で食用。ヨード原料。
白藻	しらも	オゴノリ科の海藻。円柱状で羽根状の葉部が繰り返し分岐。淡紫色。食用。寒天原料。
天草	てんぐさ	テングサ科の海藻の総称。葉部は扁平で羽状に分岐。弾力に富む。寒天原料。別 石花菜
心太草	ところてんぐさ	天草《てんぐさ》の別名。
和布	にきめ	若布《わかめ》の別名。
海苔	のり	食用の柔らかな葉状の海藻の総称。特に浅草海苔のこと。生食のほか乾燥海苔にも。

項目	よみ	解説
鹿尾菜	ひじき	ホンダワラ科の海藻。茎は円柱状で肉質の枝をつける。乾燥で黒くなる。食用。別 羊栖菜
海蘿	ふのり	フノリ科の海藻の総称。紅紫色で枝状に不規則に分岐。食用。糊の原料。別 布海苔
海松	みる	ミル科の海藻。幹は肉質で叉状に枝分かれし松似の扇形になる。濃緑色。食用。別 水松
海松菜	みるな	海松《みる》の別名。
海松房	みるふさ	海松《みる》の別名。
海松布	みるめ	海松《みる》の別名。
海布葉	めのは	若布《わかめ》の別名。
水雲	もずく	モズク科の一年生海藻。粘質で糸状の体は密に分岐。緑褐色。酢の物などに。別 海蘊
若布	わかめ	チガイソ科の一年生海藻。扁平な茎と長い羽根状の葉。食用。別 和布、稚海藻、裙蔕菜

自然▶植物▶その他

項目	よみ	解説
蘆牙	あしかび	蘆の若芽のこと。名は牙のように尖った姿から。
斑葉	いさは	白や黄色の斑の入った葉のこと。転じて白髪交じりの頭の例え。
桜花	おうか	桜の花のこと。
花王	かおう	花の中で最も美しいもの。牡丹《ぼたん》を指すこともある。

項目	よみ	解説
嘉卉	かき	美しい草木のこと。
荷葉	かよう	蓮の花のこと。
菊花	きっか	菊の花のこと。
木末	こぬれ	木の枝の先端のこと。「このうれ」の音変化。
枝垂	しだれ	下に垂れることを指す「しだる」の活用形。下に長く垂れた枝のこと。
秋果	しゅうか	秋に熟する果物のこと。
珠芽	しゅが	零余子《むかご》の別名。
翠蓋	すいがい	うっそうと茂った木の枝の様子。
青糸	せいし	青く垂れている柳の枝のたとえ。
胎芽	たいが	零余子《むかご》の別名。
肉芽	にくが	零余子《むかご》の別名。
花筏	はないかだ	散った花弁が水面で筏のように連なって流れていく様子。
飛英	ひえい	散る花弁のこと。
飛花	ひか	飛び散る花のこと。主に桜。
蘖	ひこばえ	名は孫生《ひこばえ》の意。草木の切株、根から生えた新芽のこと。

項目	よみ	解説
瑞枝	みずえ	みずみずしい若い枝のこと。
零余子	むかご	芽の一種で株から離れて独自に発芽するもの。特に山芋の付け根に生じるもの。
余花	よか	春に遅れて咲く花のこと。主に初夏に咲く遅咲きの桜のこと。
余蘖	よげつ	蘖《ひこばえ》の別名。
落花	らっか	花が散り落ちる様。また、その花のこと。主に桜の花。
病葉	わくらば	病虫害で変色した葉。特に、夏の青葉の中にまじって色づく葉。若い葉とも。別 嫩葉

自然 ▶動物 ▶獣

項目	よみ	解説
熊	くま	クマ科の哺乳類の総称。四肢は太く全身に剛毛。口吻は突出し尾は短い。雑食。
羆	ひぐま	クマ科の哺乳類。日本では北海道の蝦夷《えぞ》羆《ひぐま》。気性が荒くよく人畜に被害。毛色は褐色。
狐	きつね	イヌ科の哺乳類。口吻は細長く尾は太く長い。人を化かす、稲荷神の使いとも。肉食。
鼬鼠	いたち	イタチ科の哺乳類の総称。体は細長く口吻は短い。手先が器用。肉食。逃亡時に悪臭。別 鼬
貂	てん	イタチ科テン属の哺乳類の総称。山林に単独で住み雑食。黄貂の毛皮は高級品。別 黄鼬
飯綱	いいずな	イタチ科の小型哺乳類。夏毛の色は背が褐色、腹が白色。冬は全身白色。肉食。
鼠	ねずみ	ネズミ科の齧歯類の総称。小型で繁殖力旺盛の齧歯類。穀害、伝染病の原因として嫌悪。

項目	よみ	解説
冬眠鼠	やまね	ヤマネ科の齧歯類。小型齧歯類。褐色で背に一条の黒線。名は冬眠することから。別 山鼠
鼯鼠	むささび	リス科の齧歯類。前後肢の間に皮膜があり木々の間を滑空する。夜行性で雑食。別 鼫鼠
晩鳥	ばんちょう	鼯鼠《むささび》の別名。
野衾	のぶすま	鼯鼠《むささび》の別名。
尾披	おかつぎ	鼯鼠《むささび》の別名。
摸摸具和	ももんが	リス科の小型齧歯類。鼯鼠《むささび》に似て木々の間を滑空。夜行性で雑食。人に馴れペットにも。
栗鼠	りす	リス科の齧歯類の総称。特に日本栗鼠。夏毛は赤褐色、冬毛は黄褐色で長い尾をもつ。
木鼠	きねずみ	栗鼠《りす》の別名。
土竜	もぐら	モグラ科の哺乳類の総称。地中に住む。掌は頑丈。農地に有害。別 鼹鼠　㊝ むぐら、うぐら
田鼠	たねずみ	土竜《もぐら》の別名。
馬	うま	ウマ科の哺乳類の総称。性質は穏やかで古来乗用、運搬、農耕家畜として重要視。草食。
駱駝	らくだ	ラクダ科の大型哺乳類の総称。鼻孔開閉や厚い足、脂肪層の瘤など砂漠に対応。草食。
駝馬	だば	駱駝《らくだ》の別名。
両峰駝	りょうほうだ	駱駝《らくだ》の別名。
騾馬	らば	雄驢馬《ろば》と雌馬の雑種。外観は驢馬に似て小型。忍耐強く草食で粗食。労役用。生殖不能。

項目	よみ	解説
驢馬	ろば	ウマ科の哺乳類。小型で耳が長く尾毛は先端のみ。忍耐強く草食で粗食。乗用、労役用。
鹿	しか	シカ科の哺乳類の総称。枝状で骨質の角は春に生え代わる。草食。食用、角は細工物に。
羚羊	かもしか	ウシ科の哺乳類。毛色は黒褐色で短い2対の角。草食。食用。毛から織物も。別 氈鹿
青鹿	あおしし	羚羊《かもしか》の別名。
鞍鹿	くらしし	羚羊《かもしか》の別名。
馴鹿	となかい	シカ科の大型哺乳類。大型の角があり体毛は灰褐色。名はアイヌ語から。食用、衣料用。
麞	のろ	シカ科の哺乳類。夏毛は赤褐色、冬毛は灰褐色。角は短く複雑。名は朝鮮語。別 麞、麐
兎	うさぎ	ウサギ科の哺乳類の総称。尾、前肢は短く耳、後肢は長い。草食。食用。毛は筆などに。
狸	たぬき	イヌ科の哺乳類。毛色は茶褐色で四肢は黒。雑食。人を騙し腹鼓を打つとも。別 貍
貛	あなぐま	イタチ科の哺乳類。穴に住み貍に似る。狢《むじな》、猯《まみ》とも言われ人を化かすとも。毛皮用。別 穴熊
穴掘	あなほり	貛《あなぐま》の別名。
笹熊	ささぐま	貛《あなぐま》の別名。
狢	むじな	穴熊の別名。よく混同され狸《たぬき》の別名としても用いられる。別 貉
猯	まみ	穴熊の別名。よく混同され狸《たぬき》の別名としても用いられる。別 猯
白鼻心	はくびしん	ジャコウネコ科の哺乳類。名は白い鼻筋から。毛色は黒褐色で四肢は黒。雑食で食害も。

項目	よみ	解説
穿山甲	せんざんこう	センザンコウ科の哺乳類。鱗を持ち危機には丸くなる。鱗は蛍光性で夜に光る。白蟻食。
山荒	やまあらし	ヤマアラシ科、アメリカヤマアラシ科の哺乳類の総称。背に棘状の剛毛を持ち雑食。
蟻食	ありくい	アリクイ科の哺乳類の総称。前肢に蟻塚を壊す大型の爪、蟻を舐めとる細長い舌を持つ。
獏	ばく	バク科の哺乳類の総称。口吻は長く体はズングリ。四肢は短い。黒褐色で腰は白。別 貘
猿	さる	人以外の霊長類の総称。四肢の第一指が他指と向かい合い物を握れ、目は顔の前を向く。
猩々	しょうじょう	ショウジョウ科の類人猿。オランウータンのこと。赤褐色で長毛。草食で樹上生活する。
狒々	ひひ	オナガザル科のアフリカ産大型種の総称。口吻は突出し犬歯が発達。雑食で気性は荒い。
蝙蝠	こうもり	翼手目の哺乳類の総称。果実食、虫食、まれに吸血のものも。暗所で頭を下にして休息。
猪	いのしし	イノシシ科の哺乳類。口吻は突出し鋭い牙を持つ。褐色。雑食。別 しし、い、いのこ
豚	ぶた	イノシシ科の哺乳類。猪《いのしし》を家畜化したもので牙は無く胴が長い。食用。毛はブラシなど。
犬	いぬ	イヌ科の哺乳類。歴史上最も古い家畜で品種も豊富。嗅覚が鋭く群れで狩り。雑食。別 狗
狼	おおかみ	イヌ科の哺乳類。名は大神の意とも。口吻は長く尾は垂れ耳は小さい。家族単位で狩猟。
豺	やまいぬ	狼《おおかみ》の別名。山野に住む野犬もいう。
河馬	かば	カバ科の大型哺乳類。口は大きく四肢は短く太い。日中は水中で過ごす。草食。汗は赤。
犀	さい	サイ科の大型哺乳類の総称。鼻先に骨芯の無い角があり漢方に。視覚は弱い。草食。

項目	よみ	解説
獅子	しし	ネコ科の大型哺乳類。ライオン。尾先に毛房。雄にはたてがみ。家族単位で狩猟。肉食。
虎	とら	ネコ科の大型哺乳類。黄地に黒の横縞があり尾は長い。単独で狩猟し水泳も巧み。肉食。
豹	ひょう	ネコ科の哺乳類。黄地に黒班。単独で狩猟。木登りが巧みで獲物は樹上に運ぶ。肉食。
猫	ねこ	ネコ科の小型哺乳類の総称。特徴は出入自在の爪、足の肉球、柔軟な体、鋭敏は髭など。
象	ぞう	ゾウ科の大型哺乳類。鼻、上唇が長く、上顎の門歯は牙状。アジア象は穏やかで家畜に。
樹懶	なまけもの	ナマケモノ科の原始的な哺乳類。動作は緩慢で樹上からほとんど降りない。草食。
牛	うし	ウシ科の大型哺乳類の総称。角を持ち尾は細く先に毛房。草食。家畜。肉用。乳用。
犛	やく	ウシ科の大型哺乳類。肩は盛り上がり毛足は長い。家畜。荷運び用。肉用。乳用などに。
羊	ひつじ	ウシ科の哺乳類。古来家畜として飼育。毛は灰白色で巻き縮む。毛用。肉用。乳用。
山羊	やぎ	ウシ科ヤギ属の哺乳類の総称。古来家畜として飼育。雄は顎髭。毛用。肉用。乳用。
羚羊	れいよう	ウシ科の哺乳類のうち速く走るのに向いたものの総称。鹿に似る。アンテロープ。

自然 ▶動物 ▶海獣

項目	よみ	解説
海豹	あざらし	アザラシ科の海生哺乳類の総称。体はズングリして耳介は無い。四肢は鰭状。魚介食。
海驢	あしか	アシカ科の海生哺乳類の総称。褐色。人に良く馴れ芸を仕込める。魚介食。別 葦鹿

項目	よみ	解説
膃肭臍	おっとせい	アシカ科の海生哺乳類。名は精力剤となる雄の性器。四肢は鰭状。雄はハーレムを作る。
儒艮	じゅごん	ジュゴン科の海生哺乳類。尾は扁平な尾鰭状で足は退化。人魚のモデルともされる。
犀魚	ざんのうお	儒艮《じゅごん》の別名。
海象	せいうち	セイウチ科の海生哺乳類。褐色の粗毛があり老獣は肌が裸出。犬歯は長い牙状。**別** 海馬
鰡	とど	アシカ科の海生哺乳類。アシカに似るが大型。淡茶褐色。夜行性で日中は休息。**別** 胡獱
猟虎	らっこ	イタチ科の哺乳類。尾は扁平で後脚は鰭状。腹上で貝を割り食べる。**別** 海獺、海猟、獺猢
鯨	くじら	クジラ目の海生哺乳類の総称。前肢は鰭、後肢は退化。尾は尾鰭状。歯鯨、髭鯨に分類。
海豚	いるか	ハクジラ類のうち小型の海生哺乳類の総称。音波で意思疎通し、群れをなして遊泳。
砂滑	すなめり	ネズミイルカ科の海生哺乳類。頭は丸く背びれはない。灰褐色だが死ぬと黒くなる。
波魚	なみのうお	砂滑《すなめり》の別名。
鯱	しゃち	イルカ科の海生哺乳類。背面は黒色、腹は白色。獰猛で鈍食。群れを作って行動する。

自然 ▶動物 ▶鳥

項目	よみ	解説
赤翡翠	あかしょうびん	カワセミ科の小鳥。背が朱色、腰は瑠璃色、腹は黄褐色。嘴は長く赤い。
鯵刺	あじさし	アジサシ亜科の海鳥。体は白色で、頭は黒、嘴、脚は赤い。羽など末端部が尖っている。

項目	よみ	解説
獦子鳥	あとり	アトリ科の渡り鳥。体は黄褐色で腹は白色。黒、白色の模様がある。別 花鶏
家鴨	あひる	カモ科の家禽。マガモを品種改良したもので色はさまざま。飛べない。別 鶩
信天翁	あほうどり	アホウドリ科の海鳥。体は白色で翼や尾羽の先端が黒い。別 阿呆鳥
鵤	いかる	アトリ科の鳥。体は灰色で頭、風切羽、尾羽は黒色。翼に白斑。嘴は黄色で太い。別 斑鳩
斑鳩	いかるが	鵤《いかる》の別名。
交喙鳥	いすか	アトリ科の渡り鳥。雄は暗紅色、雌は黄緑色。嘴の上下が食い違っている。別 鶍、交喙
鸚哥	いんこ	オウム科の鳥。頭は丸く羽冠が無い。嘴は太く下に曲がっている。種類が多く色は様々。
鵜	う	ウ科の大形水鳥の総称。全身黒色のものが多い。鵜飼などに用いられる。
魚鷹	うおたか	鶚《みさご》の別名。
鶯	うぐいす	ウグイス科の小鳥。背は褐緑色で腹は白色。白い眉斑がある。雄の鳴き声が愛される。
烏鵲	うじゃく	鵲《かささぎ》の別名。
鶉	うずら	キジ科の小鳥。褐色地に黒色や黄白色の斑紋がある。古くは鳴き声を愛された。食用。
鷽	うそ	アトリ科の小鳥。頭、尾、翼は黒色で、背は青灰色。雄は頬、喉が赤い。
海猫	うみねこ	カモメ科の海鳥。全身は白色で背、翼が青灰色。尾羽に黒帯がある。猫に似た声で鳴く。
柄長	えなが	エナガ科の小鳥。尾羽が黒く長い。頭は白色で、背は黒色、淡赤色、白色の斑紋。別 鵯雀

項目	よみ	解説
鸚鵡	おうむ	オウム科の鳥。大型で頭に羽冠があり尾は短い。嘴は太く下に曲がっている。
大扇	おおおうぎ	差羽《さしば》の別名。
鴛鴦	おしどり	ガンカモ科の水鳥。全身は暗褐色。雄の翼の冬羽は橙色で美しい。つがいで生活する。
鳰	かいつぶり	カイツブリ科の水鳥。名は「掻いつ潜りつ」の略とも。潜水が得意。【別】鸊鷉　(別)にお
懸巣	かけす	カラス科の鳥。全身は葡萄色。翼に白色と藍色の班がある。尾は黒色。鳴き真似が得意。
鵲	かささぎ	カラス科の鳥。全身は黒色。肩羽と腹は白い。朝鮮から持ち込まれたとする説がある。
鵞鳥	がちょう	カモ科の家禽。雁《かり》から作出された。食用。羽色は白色もしくは灰褐色。【別】鵝鳥
郭公	かっこう	カッコウ科の鳥。名は鳴き声から。背は灰褐色で腹は白色に斑紋がある。尾は長い。
金糸雀	かなりあ	アトリ科の小鳥。羽色は通常黄色で背中に黒色の斑紋がある。声と姿が美しく愛玩用。
鹿子翡翠	かのこしょうびん	山翡翠《やませみ》の別名。
鴨	かも	カモ科の水鳥の総称。小型で雌雄の色が違うものを指す。冬に渡来するものも多い。【別】鳧
鴎	かもめ	カモメ科の海鳥。全身は白色で、背と翼は灰青色、風切羽は黒色。冬に渡来する。
鴉	からす	カラス科の近縁の総称。羽色は光沢のある黒色。神の使い、不吉の象徴とも。【別】烏
雁	かり	カモ科のうち比較的大型の水鳥の総称。首は長く雌雄の色は同じ。冬に渡来する。(別)がん
翡翠	かわせみ	カワセミ科の鳥。瑠璃色の美しい姿から空飛ぶ宝石とも。【別】川蝉　(別)ひすい、しょうびん

項目	よみ	解説
菊戴	きくいただき	ヒタキ科の極めて小型の鳥。羽色は暗緑色。名は頭頂部が橙黄色で菊花に似る所から。
雉	きじ	キジ科の鳥。雄は暗緑色で胸と背が紫色。雌は褐色。食用。別 雉子　(別) きぎす、きぎし
啄木鳥	きつつき	キツツキ科の鳥の総称。嘴、鉤爪は鋭く、尾羽は体を支えるために硬い。雄は頭が赤い。
九官鳥	きゅうかんちょう	ムクドリ科の鳥。全身は光沢のある黒紫色で翼に白斑。頬、足は黄色。人語を真似る。
行々子	ぎょぎょうし	葦切《よしきり》の別名。
水鶏	くいな	クイナ科の水鳥。背は茶褐色で黒班があり、腹は灰鼠色。嘴、足が長い。別 秧鶏
鵠	くぐい	カモ科の水鳥である白鳥の別名。全身白色。冬に渡来する。(別) こく、くくい
孔雀	くじゃく	キジ科の鳥。雄は羽冠、長い尾筒をもつ。羽色は青色や紫色などで美麗。雌は褐色。
倶知	くち	鷹《たか》の別名。
熊啄木鳥	くまげら	キツツキ科の鳥。大型で羽色は黒で、雄の頭頂は鮮紅色。
黒鵐	くろじ	ホオジロ科の小鳥。雄は暗灰色で黒班があり、雌は赤褐色。名は雄の色から。
鳧	けり	チドリ科の鳥。背は灰色で腹は白、胸や翼などに黒帯。名は鳴き声から。別 計里、水札
玄鳥	げんちょう	燕《つばめ》の別名。
鸛鶴	こうづる	鸛《こうのとり》の別名。
鸛	こうのとり	コウノトリ科の鳥。全身白色で翼は黒色。脚は赤く、嘴は太く長い。松などに巣を作る。

項目	よみ	解説
五十雀	ごじゅうから	ゴジュウカラ科の小鳥。背は灰青色､腹は白色。嘴が長く尾は短い。樹幹を自由に移動。
小綬鶏	こじゅけい	キジ科の鳥。羽色は褐色で腹は黄褐色、胸は灰色。「ちょっとこい」と鳴く。
木葉木菟	このはずく	フクロウ科の鳥。黒班のある淡黄褐色で頭上に耳羽がある。「ぶっぽうそう」と鳴く。
駒鳥	こまどり	ツグミ科の小鳥。雄は暗赤褐色。胸は橙赤色で下部に黒帯。名は馬に似た鳴き声から。
逆鉾	さかほこ	五十雀《ごじゅうから》の別名。
鷺	さぎ	サギ科の鳥の総称。嘴、首、脚が長く、尾羽は短い。形は鶴に似ている。
笹五位	ささごい	サギ科の鳥。背は暗緑青色で蓑毛がある。頭には黒い冠毛があり、腹は淡灰色。
差羽	さしば	タカ科の鳥。背は褐色、腹は白地に赤褐色の斑紋。尾羽は縦に黒縞がある。別 鸇
秦吉了	さるか	九官鳥《きゅうかんちょう》の別名。別 しんきつりょう
三光鳥	さんこうちょう	鵤《いかる》の別名。
山鵲	さんじゃく	カラス科の鳥。頭は灰色で顔は黒色。腹は白く翼、尾は灰青色。尾は長い。めでたい鳥。
鴫	しぎ	シギ科の鳥の総称。嘴、脚が長い。翼は細長く飛翔能力が高い。羽色は褐色に斑紋。別 鷸
四十雀	しじゅうから	シジュウカラ科の小鳥。頭頂、喉から腹にかけては黒色。背は緑黄色で頬と横腹は白色。
七面鳥	しちめんちょう	シチメンチョウ科の鳥。頭に肉瘤、頬に肉垂がある。名は派手な肉垂の色から。食用。
息長鳥	しながとり	鳰《かいつぶり》の別名。

項目	よみ	解説
蝋嘴鳥	しめ	アトリ科の小鳥。嘴が太く頭は大きい。羽色は褐色で翼は青黒色に白斑。首は灰色。別 鴲
軍鶏	しゃも	鶏の一品種。羽色は白、黒、赤笹(褐色)、銀笹(黒に白班)。闘鶏、食用、愛玩用。
十姉妹	じゅうしまつ	カエデチョウ科の小鳥。羽色は白色で褐色の斑紋を持つものも。愛玩用。㊓ じゅうしまい
春鳥	しゅんちょう	鶯《うぐいす》の別名。
尉鶲	じょうびたき	ヒタキ科の鳥。まるで紋付の着物のように翼に白斑がある。人をあまり恐れない。
雀	すずめ	ハタオドリ科の小鳥。背は赤褐色で黒班があり腹は白色。喉は黒い。人里近くに住む。
洲鳥	すどり	鶚《みさご》の別名。
鶺鴒	せきれい	セキレイ科の小鳥の総称。長い尾を持ち、それを上下などに振る習性がある。
雪加	せっか	ウグイス科の小鳥。背は黒褐色で腹は黄褐色。蜘蛛の糸と草葉で巣を作る。別 雪下
鴗	そにどり	翡翠《かわせみ》の別名。㊓ そび
鷹	たか	小型、中型のワシタカ科の総称。強い嘴と鉤爪を持つ。羽色は主に暗褐色。鷹狩りに。
啄木	たくぼく	啄木鳥《きつつき》の別名。
田鳧	たげり	チドリ科の鳥。背は緑黒色で後頭部に黒い羽冠を持つ。水田や湿地帯にすむ。別 田計里
駝鳥	だちょう	ダチョウ科の鳥。現存の鳥類で最大。長い首と強靭な脚を持ち地上を走る。
丹頂	たんちょう	ツル科の鳥。名は頭頂が赤いことから。羽色は白く、頬や首、翼の一部が黒色。瑞鳥。

項目	よみ	解説
千鳥	ちどり	チドリ科の鳥の総称。名は多数での群飛もしくは鳴き声から。頭は丸く嘴は短い。別 鵆
矮鶏	ちゃぼ	鶏の一種。小型で尾羽は直立し、脚は短い。名はチャンパ国から。観賞用品種。
長元坊	ちょうげんぼう	ハヤブサ科の鳥。比較的小型。背は赤褐色で黒班がある。頭、尾羽は灰青色。
鴆	ちん	中国の伝承にある毒鳥。息、糞すらも猛毒で、羽根をひたした酒は毒酒となる。
鶇	つぐみ	ツグミ科の鳥。背は褐色斑のある黒褐色。顔は黄白色で目に黒班。秋に渡来する。別 鶫
燕	つばめ	ツバメ科の鳥。黒色で尾は2つに分かれる。春に渡来。㊎ つばくら、つばくろ、つばくらめ
鶴	つる	ツル科の鳥の総称。名は鳴き声からとも。大型で首、嘴、脚ともに長い。水辺に住む。
唐雁	とうがん	鵞鳥《がちょう》の別名。
藤九郎	とうくろう	信天翁《あほうどり》の別名。
鴇	とき	トキ科の鳥。冠毛と長い嘴を持つ。羽色は白色で翼と尾羽の先端は朱鷺色。別 朱鷺
鳶	とび	タカ科の鳥。羽色は暗褐色で尾は楔形。生きた獲物はあまりとらない。別 鴟、鵄　㊎ とんび
鍋鳧	なべげり	田鳧《たげり》の別名。
鶏	にわとり	キジ科の家禽。鶏冠を持つ。食用、卵用、愛玩用など。別 鷄　㊎ かけ、くたかけ
野鵐	のじこ	ホオジロ科の小鳥。背は灰緑色で斑紋がある。美声で籠鳥として愛好される。別 野路子
馬鹿鳥	ばかどり	信天翁《あほうどり》の別名。

項目	よみ	解説
白鳥	はくちょう	カモ科ハクチョウ属の水鳥の総称。大型で多くは羽色が純白。冬に渡来。(別) しらとり
白頭翁	はくとうおう	椋鳥《むくどり》の別名。
鳩	はと	ハト科の鳥の総称。種類は300種で大きさは様々。体形はズングリとし嘴は短い。【別】鴿
隼	はやぶさ	ハヤブサ科の鳥。背は暗灰色で腹は灰白色に斑紋。古来、鷹狩りに用いられる。
春告鳥	はるつげどり	鶯《うぐいす》の別名。
鷭	ばん	クイナ科の水鳥。羽色は灰褐色で額に赤い肉質の額板がある。夏に渡来。
火食鳥	ひくいどり	ヒクイドリ科の大形の鳥。名は裸出した頭部の派手な色彩から。羽色は黒。地上を走る。
鶲	ひたき	ヒタキ科の小鳥の総称。名は火打石を打つような鳴き声から。(別種の尉鶲とも) 【別】火焼
人来鳥	ひとくどり	鶯《うぐいす》の別名。
雲雀	ひばり	ヒバリ科の小鳥。背は黄褐色で黒褐色の斑紋。雄は空高くのぼりさえずる。【別】告天子
鵯	ひよどり	ヒヨドリ科の鳥。青灰色で頬は栗色。ヒヨヒヨと鳴き、頭の毛は逆立つ。【別】白頭鳥 (別) ひよ
鶸	ひわ	アトリ科の小鳥の総称。ごく短い嘴を持ち雑食。世界の広い地域に生息。【別】金翅雀
便追	びんずい	セキレイ科の鳥。背は緑褐色に黒班、眉、腹は黄白色。よく尾を振る。【別】木鷚 (別) べんずい
梟	ふくろう	フクロウ科の鳥。正面に並んだ大きな目と湾曲した短い嘴を持つ。夜行性。【別】母喰鳥
仏法僧	ぶっぽうそう	ブッポウソウ科の鳥。羽色は青緑色で翼の中央に青白色の大班。嘴、脚は赤い。霊鳥。

項目	よみ	解説
伽藍鳥	ぺりかん	ペリカン科の水鳥の総称。羽色は白色や灰色。長大な嘴には袋がある。別 がらんどり
頬白	ほおじろ	ホオジロ科の鳥。背は栗褐色で腹は淡褐色。頭は黒く頬に名の由来である白斑がある。
時鳥	ほととぎす	カッコウ科の鳥。名は鳴き声から。別 不如帰、杜鵑、子規、社宇、郭公、霍公鳥
珠鶏	ほろほろちょう	ホロホロチョウ科の家禽。鶏に良く似ているが尾羽は極端に短い。食用で美味。
猿子鳥	ましこ	アトリ科の小鳥のなかで雄の羽色が赤いものの総称。
鶚	みさご	タカ科の鳥。背は暗褐色で腹は白色に斑紋。顔は白色。海辺に住み、急降下で魚を捕る。
鷦鷯	みそさざい	ミソサザイ科の小鳥。羽色は焦茶色で翼や尾羽、腹には黒斑がある。日本最小の鳥。
密教	みつおしえ	ミツオシエ科の鳥の総称。名は大型哺乳類に蜂の巣を教えおこぼれにあずかることから。
蓑五位	みのごい	笹《ささ》五《ご》位《い》の別名。
木菟	みみずく	フクロウ科の鳥のうち耳羽のあるものの総称。別 鴟鵂、角鴟
都鳥	みやこどり	ミヤコドリ科の鳥。背は黒色、腹と翼の一部は白色。長い嘴で貝をこじ開けて食べる。
椋鳥	むくどり	ムクドリ科の鳥。羽色は灰褐色で嘴と脚は黄色。群生し、時におびただしい数が集まる。
目白	めじろ	メジロ科の小鳥。背は緑色で腹は白。名は白い目の周囲から。籠鳥として愛好される。
目細	めぼそ	ヒタキ科の鳥。背は緑褐色で腹は淡黄色。黄色い眉班がある。樹上で虫を食べる。
百舌	もず	モズ科の小鳥。獲物を枝に刺す早贄《はやにえ》で有名。雄は目の周囲が帯状に黒い。別 鵙

項目	よみ	解説
百千鳥	ももちどり	鶯《うぐいす》の別名。
戴勝	やつがしら	ヤツガシラ科の鳥。名の勝は女性の髪飾りのこと。頭部に黄と黒色の羽冠をもつ。
藪雨	やぶさめ	ヒタキ科の小鳥。背は濃褐色で腹、眉班は黄白色。虫に似た声で鳴く。夏に渡来。
山雀	やまがら	シジュウカラ科の小鳥。黒や白色、赤褐色、灰青色の派手な羽色。おみくじを引く芸も。
山翡翠	やませみ	カワセミ科の鳥。大型で羽色は黒色と白色の鹿子斑。頭部に羽冠を持つ。別 山魚狗
山鳥	やまどり	キジ科の鳥。羽色は赤銅色で黒班がある。顔は裸出し赤色。雄の尾羽は極めて長い。
葦切	よしきり	ヒタキ科の鳥の総称。背は淡褐色で腹は黄白色。ギヨギヨと鳴く。夏に渡来。別 葭切
葦五位	よしごい	サギ科の鳥。羽色は淡褐色で頭、風切羽、尾羽が黒色。葦にまぎれ隠れる。㊀ あしごい
呼子鳥	よぶこどり	人を呼ぶような鳴き声の鳥の総称。古今伝授の三鳥の一つ。別 喚子鳥
雷鶏	らいけい	雷鳥《らいちょう》の別名。
雷鳥	らいちょう	ライチョウ科の鳥。夏羽は褐色、白色の斑で冬羽は純白。目の上に肉冠。㊀ らいのとり
瑠璃鳥	るりちょう	ヒタキ科の小鳥。羽色は紫青色で白の斑紋。背が瑠璃色で腹は白色の大瑠璃の別名。
連雀	れんじゃく	レンジャク科の鳥の総称。冬に渡来。日本に渡来する連雀は２種で羽冠が顕著。
鷲	わし	ワシタカ科の鳥のうち大型のものの総称。羽色は暗褐色に斑紋が多い。嘴、爪は鋭い。

自然▶動物▶両生類・爬虫類

項目	よみ	解説
蛇	へび	有鱗目ヘビ亜目に属する爬虫類。体は円筒形で手足は退化。舌先は2分。神とも魔とも。
蟒蛇	うわばみ	熱帯性の大蛇。もしくは伝説上の酒を好み煙草の脂に弱い大蛇のこと。別 蟒
波布	はぶ	クサリヘビ科の爬虫類。三角形の頭は飯盛り用の匙に例えられる。攻撃性が強く猛毒。
蝮	まむし	クサリヘビ科の爬虫類。頭は三角形で背面に輪状紋。攻撃性が強く猛毒。民間薬に。
日計	ひばかり	ナミヘビ科の爬虫類。名は噛まれたらその日ばかりで死ぬの意。実際は無毒。別 熇尾蛇
山楝蛇	やまかがし	ナミヘビ科の爬虫類。褐色地に黒班。上顎と頸部に毒線があり、奥歯は毒牙。別 赤楝蛇
梅花蛇	ばいかだ	ナミヘビ科の爬虫類。
地潜	じむぐり	ナミヘビ科の爬虫類。小豆色や黄褐色で背に黒班。無毒での耕地の鼠などを良く捕る。
臭蛇	しゅうだ	ナミヘビ科の爬虫類。
蜥蜴	とかげ	トカゲ亜目の爬虫類の総称。主に四肢で歩行、尻尾を自切、再生。別 蝘蜓、石竜子
金蛇	かなへび	カナヘビ科の爬虫類。名は体色が金色（褐色）で細長いことから。
井守	いもり	イモリ科の両生類。名は井戸を守るの意。尾は扁平。背は黒色、腹は赤色に黒班。別 蠑螈
家守	やもり	ヤモリ科の爬虫類。名は家を守るから。蜥蜴に似るが指先に吸盤。虫食。別 守宮
蛙	かえる	無尾目の両生類の総称。頭部胴部は連続し、後肢が発達。幼生はオタマジャクシ。別 蛤、蝦

項目	よみ	解説
蟇	ひき	ヒキガエル科の両生類の総称。耳線の疣から出る乳白色の毒は漢方にも。冬眠して越冬。
蝦蟇	がま	蟇《ひき》の別名。古来霊力を持つとされ、千年生きたものを食せば仙人になるとも。
亀	かめ	カメ目の爬虫類の総称。背甲と腹甲を持つ。四肢が鰭に発達した海亀と陸亀に大別。
鼈	すっぽん	スッポン科の爬虫類の総称。柔らかい甲羅を持つ。噛みついたら離さないという俗信も。
玳瑁	たいまい	ウミガメ科の爬虫類。鼈甲の原料となる背甲は黄色で黒い班紋。四肢は鰭状。別 瑇瑁

自然 ▶動物 ▶虫

項目	よみ	解説
秋津	あきず	蜻蛉《とんぼ》の別名。
朝顔	あさがお	蜉蝣《かげろう》の別名。
虻	あぶ	双翅目アブ科の昆虫の総称。雄は花蜜や樹液が主食。雌は吸血性で伝染病を媒介。
雨彦	あまひこ	馬陸《やすで》の別名。
水馬	あめんぼ	アメンボ科の昆虫の総称。水上を滑走。名は甘い匂いから。別 水黽、飴坊 ㊙ あめんぼう
蟻	あり	アリ科の昆虫の総称。触角がくの字で胸腹間にくびれ。女王、雄、働き蟻で社会を構成。
蝗	いなご	バッタ科の昆虫。体は緑や黒色で翅は淡褐色。稲の害虫で群れをなして移動。別 稲子
疣尻	いぼじり	蟷螂《かまきり》の別名。

項目	よみ	解説
疣毟	いぼむしり	蟷螂《かまきり》の別名。
蛆	うじ	双翅目、膜翅目の幼虫の総称。脚はなく疣状突起で這う。全体に付属物が無くノッペリ。
優曇華	うどんげ	草蜻蛉《くさとんぼ》の卵。一見、花のようで本来花をつけないものにつくので吉兆、凶兆とされる。
馬追	うまおい	キリギリス科の昆虫。緑色で長い触覚は体の倍ほど。スイッチョやジッチョと鳴く。
浮塵子	うんか	ウンカ科の昆虫の総称。小型で蝉に似るが後脚も発達。稲の害虫で群れをなして移動。
尺蠖	おぎむし	尺取《しゃくとり》の別名。
螻蛄	おけら	ケラ科の昆虫。大きい目と大きく太い前足を持ち土を掘る。地中でジーと鳴く。(別)けら
筬虫	おさむし	馬陸《やすで》の別名。
御白様	おしらさま	蚕《かいこ》の別名。
蚊	か	カ科の昆虫の総称。独特の羽音を出して飛行。雌は吸血し伝染病を媒介するものも。
蛾	が	鱗翅目の昆虫で蝶以外の総称。静止時の羽根は水平などの特徴で便宜的に区別。(別)ひひる
蚕	かいこ	カイコガ科の昆虫。繭から絹糸をとるために古来から養蚕がおこなわれてきた。
蜉蝣	かげろう	カゲロウ目の昆虫の総称。成虫は短命ではかなさの例えにも。別 蜻蛉　(別)かぎろう、ふゆう
鉦叩	かねたたき	カネタタキ科の昆虫。名は鉦を叩くような鳴声から。黒褐色で雄は翅が短く雌はない。
兜虫	かぶとむし	コガネムシ科の大型甲虫。名は雄の角が兜の前立に似ることから。黒褐色。別 甲虫

項目	よみ	解説
蟷螂	かまきり	カマキリ目の昆虫の総称。頭は三角で前肢は鎌状。色や大きさは様々。別 螳螂、鎌切
竈馬	かまどうま	カマドウマ科の昆虫。暗褐色に縞模様。触角は長く後脚が発達。暗所を好む。別 いとど
天牛	かみきりむし	カミキリムシ科の甲虫の総称。強力な大顎と長い触角を持つ。幼虫は鉄砲虫。別 髪切虫
川蜘蛛	かわぐも	水馬《あめんぼ》の別名。
邯鄲	かんたん	コオロギ科の昆虫。名は中国の邯鄲から。淡黄緑色で長い触角をもつ。ルル……と鳴く。
雲母虫	きららむし	紙魚《しみ》の別名。
蟋蟀	きりぎりす	キリギリス科の昆虫。緑色に褐色斑。通常は短翅。チョンギースと鳴く。別 螽斯
轡虫	くつわむし	キリギリス科の昆虫。緑色ないし黄褐色。名は轡の音に似た鳴き声から。翅は広く長い。
蜘蛛	くも	クモ目の節足動物の総称。頭胸部と腹部に分かれ脚は４対。網を張らないものもいる。
鍬形虫	くわがたむし	クワガタムシ科の甲虫の総称。名は雄の大きな顎が兜の鍬形に似る所から。体は平たい。
蚰蜒	げじげじ	ゲジ目の節足動物の総称。長い触角と15対の長い脚を持つ。別 げじ、げぢ、げぢげぢ
蟋蟀	こおろぎ	コオロギ科の昆虫の総称。後脚は長く黒褐色が多い。夏秋に雄が鳴く。別 ちちろ
沙蚕	ごかい	ゴカイ科の環形生物。多くの環節を持ち、各環節側面にある剛毛の疣足で移動。釣り餌。
黄金虫	こがねむし	コガネムシ科の甲虫の総称。金属光沢があり色は様々。食葉群、食糞群がいる。別 金亀虫
胡蝶	こちょう	蝶《ちょう》の別名。

項目	よみ	解説
蠍	さそり	サソリ目の節足動物の総称。2対の鋏を持ち、細く伸びた腹部の先には毒刺がある。
莎鶏	さのとり	蟋蟀《きりぎりす》の別名。
紙魚	しみ	シミ科の昆虫の総称。銀色の鱗を持ち細長く無翅。紙や衣類など糊質の物を食べる。
尺取	しゃくとり	シャクガ科の蛾の幼虫の総称。名は移動時の姿が尺を取る（測る）のに似ることから。
虱	しらみ	シラミ目の昆虫の総称。哺乳類に寄生し吸血する。甚だ痒い。目、翅共に退化し扁平。
白虫	しらむし	虱《しらみ》の別名。
地竜	じりゅう	蚯蚓《みみず》の別名。
鈴虫	すずむし	コオロギ科の昆虫。暗褐色で平たい卵型。触角は長い。雄はリインリインと鳴く。
青蚨	せいふ	蜉蝣《かげろう》の別名。
精霊	せいれい	蜻蛉《とんぼ》の別名。
赤竜	せきりゅう	蚯蚓《みみず》の別名。
蝉	せみ	セミ科の昆虫の総称。頭部は三角形で前肢、口吻は長大。雄は腹の発声器官で鳴く。
田亀	たがめ	コオイムシ科の昆虫。体は扁平。逞しい前肢で獲物を捕え体液を吸う。別 田鼈、水爬虫
壁蝨	だに	ダニ目の節足動物の総称。人畜、農作物に有害なもの、有用なものなど様々。別 蜱、八脚子
筑紫恋	ちくしこいし	蛁蟟《つくつくぼうし》の別名。

項目	よみ	解説
蝶	ちょう	鱗翅目の昆虫で蛾《が》以外の総称。触角の先端、螺旋状の口吻などの特徴で便宜的に区別。
蛁蟟	つくつくぼうし	セミ科の昆虫。暗黄緑色で黒斑。細身。名はオーシツクツクという鳴き声から。別 寒蝉
天道虫	てんとうむし	テントウムシ科の甲虫の総称。半球形で小型。前翅には斑点。別 瓢虫、紅娘、店頭虫
蜻蛉	とんぼ	トンボ目の昆虫の総称。細長い腹と2対の長い透明な翅、大きな複眼。別 蜻蜓　(別) かげろう
夏虫	なつむし	蛍《ほたる》の別名。
蚤	のみ	ノミ科の昆虫の総称。扁平。後脚が発達し体長の60倍も跳ねる。人畜を吸血する。
蠅	はえ	双翅目ハエ亜目の昆虫の総称。長い口吻で液体などを舐める。伝染病を媒介者とも。
蜂	はち	アリ科以外の膜翅目の昆虫の総称。多くは産卵管が毒針。女王中心社会のものも。
半風子	はんぷうし	虱《しらみ》の別名。
斑猫	はんみょう	ハンミョウ科の甲虫の総称。濃紫色地に金色の縞。路上で人の前を軽快に飛ぶ。別 斑蝥
蛜	ひおむし	蜉蝣《かげろう》の別名。
蜩	ひぐらし	セミ科の昆虫。栗褐色で緑色や黒色の斑紋。夏秋の薄暗い時間カナカナと鳴く。別 茅蜩
蛭	ひる	ヒル綱の環形動物の総称。体節は34で体の前後に吸盤。吸血または肉食。
孑孑	ぼうふら	カ科の幼虫。水中で生活。蛹は2本の呼吸角を持ち鬼孑孑とも。別 孒孒　(別) ぼうふり
蛍	ほたる	ホタル科の甲虫の総称。細長く扁平。多くは腹端に発光機。死者の魂とも。(別) ほたろ

項目	よみ	解説
鼓虫	まいまい	ミズスマシ科の小型の甲虫、水澄《みずすまし》のこと。黒色。楕円形で背と腹に１対の目を持つ。
松虫	まつむし	コオロギ科の昆虫。淡褐色。扁平で後脚は長い。チンチロリンと美しい声で鳴く。
水澄	みずすまし	ミズスマシ科の甲虫の総称。
道教	みちおしえ	斑猫《はんみょう》の別名。別 路教
道標	みちしるべ	斑猫《はんみょう》の別名。
蓑虫	みのむし	ミノガ科の蛾《が》の幼虫。葉を綴った袋で生活。名は袋の外見から。雌は成虫も袋で生活。
蚯蚓	みみず	貧毛綱の環形動物の総称。細長く多くの体節を持つ。帯状の環を持つ方が前方。漢方。
蜈蚣	むかで	唇脚綱の節足動物。細長く扁平で各体節に１対の脚。毒顎を持つ。縁起物とも。別 百足
馬陸	やすで	倍脚綱の節足動物の総称。円筒形や扁平で体節に２対の脚。触ると丸まり悪臭を放つ。
夜盗虫	よとう	夜盗蛾の幼虫。暗褐色。名は夜に土中から出て野菜を食害することから。㊓ やとうむし

自然 ▶動物 ▶魚

項目	よみ	解説
鮎並	あいなめ	アイナメ科の海産硬骨魚。岩礁付近に生息。褐色で鱗が小さい。食用。別 鮎魚女
油目	あぶらめ	鮎並《あいなめ》の別名。
鰺	あじ	アジ科の海産硬骨魚の総称。主に真鰺。背は青色で腹は銀白色。側線に刺状鱗。食用。

項目	よみ	解説
穴子	あなご	アナゴ科の海産硬骨魚の総称。主に真穴子。褐色地に白点線。ウナギ似で細長。食用。
鮎	あゆ	アユ科の淡水産硬骨魚。餌の珪藻類に似た香気がある。食用。別 香魚、年魚　㊊ あい
鮟鱇	あんこう	アンコウ科の海産硬骨魚。扁平で海底に潜み疑似餌と大きな口で獲物をとる。食用。
玉筋魚	いかなご	イカナゴ科の海産硬骨魚。小型で細長い。背は青褐色、腹は銀白色。食用。別 鮊子
鰍	いなだ	鰤《ぶり》の別名。
石首魚	いしもち	ニベ科の海産硬骨魚。名は大きな耳石を持つことから。主にかまぼこの材料。別 石持
鰯	いわし	ニシン科、カタクチイワシ科の海産硬骨魚の総称。名は弱しとも。食用、油用。別 鰮
岩魚	いわな	サケ科の淡水産硬骨魚。背は褐色に円状斑紋。貪欲で鳥や蛇も襲う。食用。
鰻	うなぎ	ウナギ科の硬骨魚。円筒状で表面は粘液に覆われる。海で生まれ成長後河川に。食用。
馬面	うまづら	皮剥《かわはぎ》の別名。
虎魚	おこぜ	オニオコゼ科の海産硬骨魚の総称。主に鬼虎魚。醜悪で大きな背鰭に毒。食用。別 螣
嘉魚	かぎょ	岩魚《いわな》の別名。
杜父魚	かくぶつ	カジカ科の淡水産硬骨魚。頭は大きく丸い。鰓蓋の刺で鮎を捕るという俗説も。食用。
河鹿	かじか	アオガエル科の両生類。名は鹿のような鳴き声から。暗褐色で指先には吸盤を持つ。
鰍	かじか	カジカ科の淡水産硬骨魚。背は灰色や褐色に斑紋。食用。別 杜父魚　㊊ かじか

自然▼動物▼魚

項目	よみ	解説
旗魚	かじき	マカジキ科とメカジキ科の海産硬骨魚の総称。体は鮪に似るが上顎が剣状。食用。
鰹	かつお	サバ科の海産硬骨魚。背は暗緑色で腹は銀白色。名は堅い魚から。食用。**別** 松魚、堅魚
鰤子	かますご	玉筋魚《いかなご》の別名。
鰈	かれい	カレイ科の海産硬骨魚の総称。扁平で目が体の右側に集まる。背は保護色。食用。**別** 鮃
皮剥	かわはぎ	カワハギ科の海産硬骨魚。扁平で馬面。名は皮がつるりと剥けることから。食用。
黄顙魚	ぎぎ	ギギ科の淡水産硬骨魚。名はギーギー鳴くことから。暗褐色で4対の髭。食用。**別** 義義
鱚	きす	キス科の硬骨魚の総称。比較的小型で背は淡黄灰色。鱗は小さく禿げやすい。食用。
鯉	こい	コイ科の淡水産硬骨魚。2対の口髭、約36枚の側線鱗を持つ。色は様々。食用、観賞用。
小女子	こうなご	玉筋魚《いかなご》の別名。
鮗	このしろ	ニシン科の海産硬骨魚。背は暗青色に黒班。名を変える出世魚。食用。**別** 鰶、鯯、鱅
小鰭	こはだ	鮗《このしろ》の別名。
氷下魚	こまい	タラ科の海産硬骨魚。真鱈に似るが小型。名は氷を割って漁することから。食用。
鮴	ごり	ハゼ科の淡水産硬骨魚の葦登《よしのぼり》や魦《いさざ》、カジカ科の淡水産硬骨魚の鰍《かじか》などの俗称。
鮭	さけ	サケ科の硬骨魚。海で育ち川で産卵。名はアイヌ語の夏や裂けやすさなど。食用。**別** 鮏
鯖	さば	サバ科の海産硬骨魚の総称。主に真鯖。紡錘形で背は緑地に青黒色の波模様。食用。**別** 鯵

項目	よみ	解説
鮫	さめ	エイ以外の板鰓類の軟骨魚の総称。体側に5～7対の鰓孔と大きな背鰭。食用、装飾用。
鱵	さより	サヨリ科の海産硬骨魚。青緑色で細長く、下顎は長い嘴状。食用。別 細魚、針魚
鰆	さわら	サバ科の海産硬骨魚。左右に扁平で背には青緑色に斑紋。名は狭い腹から。食用。
秋刀魚	さんま	サンマ科の海産硬骨魚。左右に扁平で細長い。背は青黒色で腹は銀白色。食用。
鱰	しいら	シイラ科の海産硬骨魚。大型で左右に扁平。雄の額は隆起。食用。別 鱪、勒魚、鬼頭魚
柳葉魚	ししゃも	キュウリウオ科の硬骨魚。海で育ち川で産卵。名はアイヌ語の柳葉から。食用。
白魚	しらうお	シラウオ科の硬骨魚。海で育ち川で産卵。無色透明で死ぬと白くなる。食用。別 鱠残魚
銀魚	ぎんうお	白魚《しらうお》の別名。
鱸	すずき	スズキ科の海産硬骨魚。細長で左右に扁平。背は灰青色で腹は銀白色。出世魚。食用。
鮬	せいご	鱸《すずき》の別名。
鯛	たい	タイ科の海産硬骨魚の総称。主に真鯛。紅地に青緑色の斑紋があり左右に扁平。食用。
太刀魚	たちうお	タチウオ科の海産硬骨魚。名は太刀に似た姿から。模造真珠の素材が取れる。食用。
鱈	たら	タラ科の海産硬骨魚の総称。主に真鱈。背は褐色で膨れた腹は白色。食用。
泥鰌	どじょう	ドジョウ科の淡水産硬骨魚。緑褐色で斑紋。円筒形で細長く口に5対の髭。食用。別 鰌
飛魚	とびうお	トビウオ科の海産硬骨魚の総称。発達した胸鰭で飛行。背は蒼黒色で腹は淡色。食用。

項目	よみ	解説
鯰	なまず	ナマズ科の淡水産硬骨魚。背は黒色で腹は白色。大口で２対の髭を持ち頭は扁平。食用。
名吉	なよし	鯔《ぼら》の別名。
鰊	にしん	ニシン科の海産硬骨魚。鰯《いわし》に似る。卵巣は数の子。食用、肥料用、油用など。別 鯡
鰣	はす	コイ科の淡水産硬骨魚。下顎が前に張り出し上顎はへの字に曲がる。完全魚食性。
鯊	はぜ	ハゼ科の硬骨魚。主に真鯊。水底に住み腹鰭が吸盤状のものも。食用。別 沙魚、蝦虎魚
羽太	はた	ハタ科の硬骨魚の総称。主に真羽太。背鰭に棘があり有毒のものも。色は派手。食用。
鰰	はたはた	ハタハタ科の海産硬骨魚。口は大きく鰓蓋に棘がある。鱗は無い。食用。別 燭魚、鱩
魬	はまち	鰤《ぶり》の別名。
鱧	はも	ハモ科の海産硬骨魚。名は蛇類の古名ハミから。細長く口は尖り鋭い歯が並ぶ。食用。
氷魚	ひお	鮎の稚魚。名は半透明に近い白色の体色から。別 ひうお、ひのいお
鰉	ひがい	コイ科の淡水産硬骨魚。名の漢字は明治天皇が好んだため。小型で唇が厚い。食用。
平目	ひらめ	ヒラメ科の海産硬骨魚の総称。体は扁平で両目が体の左に寄る。食用。別 比目魚、鮃
河豚	ふぐ	フグ科の硬骨魚類の総称。体は丸く尾鰭は小さい。毒を持つものも。食用。別 ふくべ
鮒	ふな	コイ科フナ属の硬骨魚の総称。髭は無く背中は大きく隆起。変種に金魚、鉄魚など。
鱶	ふか	関西での鮫《さめ》の呼び名。関東では大型の鮫をこう呼ぶこともある。鱶鰭《ふかひれ》は高級食材。

項目	よみ	解説
鰤	ぶり	ブリ科の海産硬骨魚。長い紡錘形で体側には特徴的に淡黄色の帯。出世魚。食用。
竹麦魚	ほうぼう	ホウボウ科の海産硬骨魚類。胸鰭は大きく、3本の指状突起で海底を這う。食用。**別** 魴鮄
鯔	ぼら	ボラ科の硬骨魚。胃は算盤玉に似る。卵巣はカラスミ。出世魚。食用。**別** 鰡
鮪	まぐろ	サバ科マグロ属の海産硬骨魚の総称。紡錘形で腹部は太い。名は眼黒の意。食用。
鱒	ます	本来はサケ科の硬骨魚、桜鱒のこと。現在はサケ科の様々な魚も鱒と呼ぶ。食用。
鯥	むつ	ムツ科の海産硬骨魚。背は紫黒色で目と口が大きい。深海に住む。卵巣は鯥の子。食用。
鯥五郎	むつごろう	ハゼ科の海産硬骨魚。小型で水陸両生。胸鰭で干潟を這う。目は大きく突出。食用。
目高	めだか	メダカ科の淡水硬骨魚。小型で群れをなす。褐色で目は大きい。国産は絶滅危惧種。
目張	めばる	フサカサゴ科の海産硬骨魚。体色は環境で変化し、体側に5～6状の横帯。食用。**別** 眼張
諸子	もろこ	コイ科の淡水産硬骨魚のうち小型で細長いものの総称。名は諸々の子から。食用。
山女	やまめ	桜鱒の幼魚や海に出ない陸封型のもの。緑褐色や青黒色で体側に斑紋。食用。
公魚	わかさぎ	キュウリウオ科の硬骨魚。小型で群れをなす。体側に縦縞。食用。**別** 若鷺、鰙
若魚子	わかなご	鰤《ぶり》の別名。
鰐	わに	鮫《さめ》の別名。

自然▼動物▼魚

自然▶動物▶甲殻類・貝類

項目	よみ	解説
望潮	しおまねき	スナガニ科の蟹。雄は片方の鋏が大。名は上下に動かす雄の鋏から。食用。別 潮招
寄居虫	やどかり	ヤドカリ上科とホンヤドカリ上科の甲殻類の総称。別 家借　(別) ごうな、かみな
蝲蛄	ざりがに	ザリガニ科の海老。名はあとしざり（ずさり）する性質から。剣状の頭。食用。別 蜊蛄
蝦蛄	しゃこ	シャコ科の甲殻類の総称。体は扁平で鎌切《かまきり》のような鋏と長い腹を持つ。食用。別 青竜蝦
蝤蛑	がざみ	ワタリガニ科の蟹。青緑色。甲羅は菱形で鋏は大きい。日中は海底の砂に潜む。食用。
蟹	かに	十脚目短尾類の甲殻類の総称。扁平で横長な頭胸部と小さい腹部、1対の鋏を持つ。
海老	えび	十脚目長尾類の甲殻類の総称。頭胸部と7節に分かれよく発達した腹部を持つ。別 蝦
浅蜊	あさり	マルスダレガイ科の海産二枚貝。殻は長卵型で放射状の細かい模様。食用。別 蛤仔
蜆	しじみ	ヤマトシジミガイ科の二枚貝の総称。漆黒色で内側は薄紫色。淡水、汽水産。食用。
蛤	はまぐり	マルスダレガイ科の海産二枚貝。つるりとした厚い殻は碁石にも。食用。別 文蛤、蚌
鮑	あわび	ミミガイ科の海産巻貝の総称。楕円形で呼吸口のある殻は螺鈿などの材料。食用。別 鰒
石決明	せっけつめい	鮑《あわび》の別名。
牡蠣	かき	イタボガキ科の海産二枚貝。主に真牡蠣。左殻で岩石などに付着。食用。(別) ぼれい
田螺	たにし	タニシ科の淡水産巻貝の総称。灰黒色で殻口に角質の蓋を持つため乾燥に強い。食用。

項目	よみ	解説
蜷	にな	巻貝の一群の総称。古典、俳諧では主に川蜷。食用だが肝臓ジストマを媒介。別 蝸螺
雨虎	あめふらし	アメフラシ科の巻貝。蛞蝓に似るが扁平。殻は退化し体内。危機には紫色の粘液を放出。
蝸牛	かたつむり	有肺類の一群の陸生巻貝の総称。殻は右巻きが多い。長い触角の先端に目。雌雄同体。
蛞蝓	なめくじ	ナメクジ科の陸生巻貝。触覚は長短2対で長触覚の先端に目。(別) なめくじり、なめくじら
烏賊	いか	頭足綱のコウイカ目、ツツイカ目の軟体動物。触腕2本で足は8本。食用。別 墨魚、柔魚
蛸	たこ	頭足綱の八腕形目、コウモリダコ目の軟体動物。鰭、触腕はない。食用。別 章魚
栄螺	さざえ	リュウテンサザエ科の海産巻貝。殻は拳状で多くの突起。殻口には蓋。食用。別 拳螺
細螺	きさご	ニシキウズガイ科の海産巻貝。食用。殻は貝細工にも。食用。別 扁螺、喜佐古　(別) きしゃこ
小贏子	しただみ	細螺《きさご》の別名。
雲丹	うに	ウニ綱の棘皮動物。長い棘に覆われる。上面に肛門、下面に口。食用。別 海肝、海栗
霊螺子	れいらし	雲丹《うに》の別名。
水母	くらげ	浮遊生活を送る腔腸動物の総称。寒天質の胴に長い触手。多くは毒性。別 海月、海母
海鼠	なまこ	ナマコ綱の棘皮動物の総称。円筒状。危機には内蔵を肛門から出す。食用。(別) かいそ
海星	ひとで	ヒトデ綱の棘皮動物の総称。5本の腕を持ち扁平。名は人の手から。別 人手、海盤車

自然▶動物▶動物素材

項目	よみ	解説
鼈甲	べっこう	海亀の玳瑁《たいまい》の甲羅を加工したもの。黄色に淡褐色の斑があり半透明。装飾品の素材などに。
象牙	ぞうげ	長く伸びた象の上顎門歯。淡黄白色で木目状の模様がある。装飾品の素材などに。
珊瑚	さんご	花虫類の腔腸動物とその残存骨格。木目状や縞の模様。色は赤色や白色で不透明。
真珠	しんじゅ	阿古屋貝《あこやがい》などの二枚貝が体内の異物を真珠質でくるんだもの。独特の淡い光沢を持つ。

自然▶動物▶架空

項目	よみ	解説
龍	りゅう	鱗虫の王とされる架空の生物。中国の四瑞。全生物の特徴を持つ細長い体を持つ。㊎たつ
鳳凰	ほうおう	鳥の王とされる架空の鳥。中国の四瑞。羽根は5つの徳を表す5色。鳳《ほう》が雄で凰《おう》が雌。
麒麟	きりん	聖人誕生の前兆とされる架空の獣。中国の四瑞。肉で覆われた角、鹿の体、牛の尾を持つ。
霊亀	れいき	甲羅に蓬莱山を背負った巨大な亀。中国の四瑞。蓬莱山には仙人が住むとされる。
朱雀	すざく	古代中国の四神。陰陽五行では朱、南、夏、火を司る。火に包まれた鳥。㊎しゅじゃく
青龍	せいりゅう	古代中国の四神。陰陽五行では青、東、春、木を司る。青い竜。㊎せいりょう
白虎	びゃっこ	古代中国の四神。陰陽五行では白、西、秋、金（金属）を司る。白い虎。
玄武	げんぶ	古代中国の四神。陰陽五行では玄（黒）、北、冬、水を司る。蛇の巻き付いた亀。

項目	よみ	解説
窮奇	きゅうき	古代中国の四凶。針鼠の毛を持つ牛とも、羽根を持つ虎とも。善を退け悪を勧めるという。
渾沌	こんとん	古代中国の四凶。六本脚に4枚の羽根を持ち、目鼻耳はない。原始の混沌の象徴とも。
檮杌	とうこつ	古代中国の四凶。人面虎身で豚のような歯と長い尾を持つ。善訓に耳を傾けず悪をなす。
饕餮	とうてつ	古代中国の四凶。豚面人身で毛で覆われる。貪欲で蓄財に熱心。魔除けの紋とされる。
解豸	かいち	古代中国の瑞獣。1本角を持つ青毛の羊とされる。日本では狛犬と混同されたとも。
白澤	はくたく	古代中国の瑞獣。王者出現の前兆。人語、森羅万象に通じ、その図は護符として流行。
飛廉	ひれん	古代中国の架空の鳥。雀のような頭に角、蛇の尾。羽色は鹿のような斑紋。**別** 蜚廉
焦螟	しょうめい	蚊の睫毛に巣を作るという中国の架空の虫のこと。転じて微細なものの例え。**別** 蟭螟
蜃	しん	蛤《はまぐり》の別名。中国の『彙苑』によれば春秋に気を吐き海上に蜃気楼を作るとされる。
鸞	らん	古代中国の架空の鳥。姿は鶏に似て赤く5つの徳を表す5色の羽根、5色の声を持つ。
鵬	ほう	古代中国の架空の大鳥。『荘子』によれば鯤《こん》という魚の変化。1羽ばたきで9里を飛ぶ。
大鵬	たいほう	鵬《ほう》の別名。
鸞鳳	らんほう	瑞兆として現れるとされる中国の架空の鳥のこと。転じて賢い人、優れた人の例え。
金鵄	きんし	金色の鵄《とび》。神武東征の際、その弓の先に止まって軍を勝利に導いたとされる。
八咫烏	やたがらす	神武東征の際、熊野から大和までの案内をした烏。金烏《きんう》の伝承と結び付き3本足とも。

項目	よみ	解説
雷獣	らいじゅう	落雷とともに地上に落ちてくるという妖怪。白鼻《はくび》心《しん》ともされるが書物により外見は様々。
大蛇	おろち	『和漢三才図会《わかんさんさいずえ》』によれば最大級の大蛇のこと。名の「お」は峰、「ち」は霊の意。
水蛇	みずち	架空の生物。名は水の霊の意。角と4脚を持ち風雨を操る。長じて竜になるとも。
野槌	のづち	架空の生物。名は野の霊の意。植物神 草祖草《くさのおやかや》野姫《のひめ》の別名。目鼻の無い猛毒の大蛇とも。
河童	かっぱ	水辺に住む妖怪。多種多様だが多くは頭に皿、背に甲羅を持ち、相撲、胡瓜《きゅうり》を好む。好色。
水虎	すいこ	中国の水辺に住む妖怪。全身堅い鱗に覆われ、膝頭は虎の爪に似る。青森では水神。
鵺	ぬえ	頭は猿、体は狸、四肢は虎、尾は蛇という妖怪。近衛天皇を悩ませ 源 頼政《みなもとのよりまさ》に退治された。
天狗	てんぐ	深山に住む妖怪。修験者姿で背には羽根、高い鼻や鳥の顔を持つ。神通力で人を惑わす。
天狐	てんこ	近世の妖怪としての狐の最高位。実体がない神に近い存在で人を害さない。天狗《てんぐ》とも。
猫又	ねこまた	猫の妖怪。近世以降は年老いた猫の尾が裂け人を化かすようになったもの。
犬神	いぬがみ	犬神筋とされる家系が使役すると信じられた妖怪。土中に埋めて首を切った犬の霊。
狛犬	こまいぬ	社寺の前に置く1対の獅子に似た魔除けの像。名は高麗の犬の意。当初は犬に似て有角。
竜馬	りゅうま	竜と雌馬の混血とされる中国の架空の馬。1日千里を走るとされ日本でも渇望された。
火鼠	かそ	中国の架空の動物。南海火山の中に住む白鼠で、その毛の織物は燃えないとされる。
鎌鼬	かまいたち	突然皮膚に切傷を生じるという越後七不思議。旋風に乗る3匹1組の鼬《いたち》の仕業とされた。

項目	よみ	解説
管狐	くだぎつね	管使いとされる家系や術者が使役するとされた妖怪。竹筒に入る小さな狐で人に憑く。
飯綱	いづな	飯綱山の神から管狐を使役する方法を学んだ術者。また、彼らの使役する管狐のこと。
件	くだん	大きな災厄の前に生まれ予言をなす妖怪。その直後に死ぬとされる。図は護符とも。
木霊	こだま	樹木の精。山中のこだまはこの精や山の精（山彦）の返すものと考えられた。
鬼	おに	元来は怪異の総称。名は隠《おん》。近世以降、現在の姿が定着。角と虎の褌は丑寅の連想から。
産女	うぶめ	子を抱いて夜をさ迷い、人に子を抱かせる妖怪。産褥死した女性、鳥の怪とも。**別** 姑獲鳥
火車	かしゃ	悪行を重ねた人の葬儀に黒雲と共に現れ、その死体を奪いバラバラに引き裂く妖怪。
狂骨	きょうこつ	『今昔百鬼拾遺《こんじゃくひゃっきしゅうい》』によれば、古井戸から現れる白骨の妖怪。甚だしい恨みを持つ。
百々目鬼	どどめき	盗癖のある女性が銭の精に祟られて腕に無数の目を生じたとされる妖怪。
陰摩羅鬼	おんもらき	新たな死体から昇る気が変じたとされる妖怪。鶴に似て黒く灯火のような目を持つ。
餓鬼	がき	生前の罪から餓鬼道に落ちた人間。常に飢えと乾きに苦しみ腹ばかり出た姿をしている。
魑魅	ちみ	『史記』によれば魑は虎の姿の山神、魅は猪頭人身の沢神。共に山野の精気から生じる。
魍魎	もうりょう	『百鬼夜行《ひゃっきやぎょう》』では死体を貪る耳の長い子供。山川の精気から生じ、特に水と関係が深い。
滑瓢	ぬらりひょん	夕刻の忙しいおりに人家に上がり込み長居する妖怪。名はのらりくらりとした様子から。

自然▶鉱物▶宝石・貴石

項目	よみ	解説
玉	ぎょく	宝石類のこと。特に翡翠《ひすい》。
金剛石	こんごうせき	ダイヤモンドの和名。最も硬い金属の意。色は様々。金剛光沢で透明。硬度10。
紅玉	こうぎょく	ルビーの和名。鋼玉。色は赤色中心。ガラス光沢で透明。レーザー素子にも。硬度9。
碧玉	へきぎょく	ジャスパーの和名。玉髄の一種で多くの不純物を含む。緑色や黄色、赤色で縞や斑文。
青玉	せいぎょく	サファイアの和名。赤色以外の鋼玉の総称で通常は青色。ガラス光沢で透明。硬度9。
蒼玉	そうぎょく	青玉《せいぎょく》の別名。
翠玉	すいぎょく	エメラルドの和名。緑柱石《りょくちゅうせき》。色は緑色。ガラス光沢で透明。非常に脆い。硬度7.5。
緑玉	りょくぎょく	翠玉《すいぎょく》の別名。
翠緑玉	すいりょくぎょく	翠玉《すいぎょく》の別名。
藍玉	らんぎょく	アクアマリンの和名。緑柱石《りょくちゅうせき》。色は空色や海緑色など。ガラス光沢で透明。硬度7.5。
黄玉	おうぎょく	トパーズの和名。色は様々だが黄色が多い。ガラス光沢で透明。硬度8。
黒玉	こくぎょく	ジェットの別名。色は黒色や濃褐色。植物化石。ビロード状光沢で不透明。硬度2.5。
鋼玉	こうぎょく	酸化アルミニウムの結晶からなる鉱物のこと。コランダム。ルビーやサファイアなども。
翡翠	ひすい	ジェーダイド、ネフライトの総称。色は緑や白色。脂肪光沢で半透明。硬度7か6.5。

項目	よみ	解説
翡翠輝石	ひすいきせき	翡翠《ひすい》の一種ジェーダイド（硬玉）のこと。
瑠璃	るり	ラピスラズリの和名。藍色のラーズライトを中心に様々な鉱石が混じる。硬度5.5。
玻璃	はり	ガラスの和名。仏教の七宝《しっぽう》の1つ。別 玻瓈
琥珀	こはく	植物樹脂の化石。色は黄色。虫や水の入った物も。脂肪光沢で透明、半透明。硬度2.5。
瑪瑙	めのう	アゲートの和名。独特の縞状構造をもつ玉髄の一種。ガラス光沢で半透明。硬度7。
蛋白石	たんぱくせき	オパールの和名。遊色効果で様々な色に煌めく。ガラス光沢で透明、半透明。硬度6。
橄欖石	かんらんせき	ペリドットの和名。色は黄緑色。複屈折率が高い。油脂、脂肪光沢で透明。硬度6.5。
石榴石	ざくろいし	ガーネットの和名。珪酸塩鉱物の一種。色は赤色など様々。ガラス光沢で透明。硬度7。
水晶	すいしょう	珪酸塩鉱物の一種、石英の結晶。色は様々で主に無色。ガラス光沢で透明。硬度7。別 水精
黄水晶	きすいしょう	シトリンの和名。水晶の一種で微量の鉄、アルミニウムを含む。色は淡黄色。
紫水晶	むらさきすいしょう	アメジストの和名。水晶の一種で微量の鉄アルミニウムを含む。色は紫色。
紅水晶	べにすいしょう	ローズクオーツの和名。水晶の一種で微量の鉄やチタンを含む。色はピンク。
薔薇水晶	ばらすいしょう	紅水晶《べにすいしょう》の別名。
玉髄	ぎょくずい	カルセドニーの和名。微細石英の集合体。色は様々。ガラス、蝋光沢で半透明。硬度7。
紅玉髄	べにぎょくずい	カーネリアンの和名。玉髄の一種で微量の鉄を含む。褐色や赤色でかすかに縞模様も。

項目	よみ	解説
緑玉髄	りょくぎょくずい	クリソプレーズの和名。玉髄の一種で微量のニッケルを含む。色は黄緑色や淡緑色。
血玉髄	けつぎょくずい	ブラッドストーンの和名。玉髄の一種で酸化鉄などを含む。濃緑色地に血のような班文。

自然 ▶鉱物 ▶金属

項目	よみ	解説
金	きん	黄色の金属。展延、耐食性に優れ熱、電気共に高伝導。貴金属。Au。㊖こがね
銀	ぎん	白色の金属。硫黄化合物で黒く酸化。熱、電気共に高伝導。貴金属。Ag。㊖しろがね
銅	どう	赤色の金属。展延性に優れ、熱、電気ともに高伝導。酸化で緑青に。Cu。㊖あかがね
鉄	てつ	白色の金属。硬質で展延性に優れ、炭素化合で強度増。酸化しやすい。Fe。㊖くろがね
真金	まかね	鉄、金の別名。どちらも真の金属の意。
白金	はっきん	灰白色の金属。展延、耐食性に優れる。熱、電気共に高伝導で多用途。貴金属。Pt。
錫	すず	白色の金属。展延、耐食性に優れる。青銅《せいどう》などの合金の材料。Sn。
鉛	なまり	青灰色の金属。重く展性、耐食性に富むが延性に乏しい。多用途だが鉛毒も。Pb。
亜鉛	あえん	青白色の金属。脆く湿気で酸化。トタン板、真《しん》鍮《ちゅう》などの合金に。Zn。
水銀	すいぎん	唯一、常温で液体の金属。様々な金属と合金が作れ多用途。有毒。Hg。**別** 汞　㊖みずがね
燐	りん	不安定な鉱物で自然界では燐酸塩や燐酸カルシウムの形で存在。燃料、肥料に利用。P。

項目	よみ	解説
黄燐	おうりん	淡黄色蝋状の燐《りん》の同素体。暗所で発光し、空気中で自然発火。極めて有毒。
白燐	はくりん	燐《りん》の同素体。不純物の無い黄燐《おうりん》のこと。
赤燐	せきりん	赤色の燐《りん》の同素体。黄燐《おうりん》を無酸素状態で熱して生成。空気中で自然発火せず無毒。
紫燐	しりん	紫色の燐《りん》の同素体。赤燐《せきりん》を摂氏550度で加熱して作る。空気中で自然発光せず無毒。
黒燐	こくりん	灰黒色の燐《りん》の同素体。黄燐《おうりん》を長時間加熱して作る。最も安定。
真鍮	しんちゅう	銅《どう》と亜鉛《あえん》の黄色い合金。展延性に優れ、腐食にも強い。工業製品の部品など多用途。
黄銅	おうどう	真鍮《しんちゅう》の別名。
丹銅	たんどう	真鍮《しんちゅう》の一種。亜鉛《あえん》を5～20%含む。赤味を帯び黄金色。加工しやすく装飾品などに。
鋼	はがね	炭素濃度2%以下の鉄と炭素の合金。成分や熱処理で様々な性質を持たせられ多用途。
青銅	せいどう	銅《どう》と錫《すず》の合金。必要に応じて金、銀、亜鉛《あえん》など金属を加え日常の様々な場面に活用。
紫銅	しどう	青銅《せいどう》の別名。
赤銅	しゃくどう	銅《どう》に少量の金と銀を加え、特殊な溶液で煮沸した日本独特の合金。黒味を帯びた紫色。
紫金	しきん	赤銅《しゃくどう》の別名。
烏金	うきん	赤銅《しゃくどう》の別名。
白銅	はくどう	ニッケル15～25%を含む白い銅合金。展延、耐食性に優れ硬貨や美術品などに。

項目	よみ	解説
洋白	ようはく	ニッケル、亜鉛、銅の合金。ニッケル量で白色〜黄色。展延、耐食性に優れ工業用途に。
硬鉛	こうえん	鉛とアンチモンの合金。硬度が上がり多用途。鉛管、ケーブル被服、乾電池などに。
錆	さび	空気中の様々な物質と反応して金属の表面に生じる酸化物質、水酸化物質。別 銹、鏽
緑青	ろくしょう	銅や銅合金表面に生じる青緑色の錆。塩基性炭酸銅で二酸化炭素、水と反応。
銅青	どうせい	緑青《ろくしょう》の別名。
銅銹	どうしゅう	緑青《ろくしょう》の別名。

自然 ▶鉱物 ▶鉱石

項目	よみ	解説
丹	に	水銀《すいぎん》と硫黄《いおう》の化合物。赤い結晶で顔料、薬用に。
辰砂	しんしゃ	丹《に》の別名。
真赭	まそお	丹《に》の美称。別 まそほ
埴	はに	丹《に》の別名。
硫黄	いおう	黄色く脆い結晶。不水溶で燃やすと青い炎。ゴム、火薬、マッチの原料など多用途。
雲母	うんも	珪酸塩鉱物。真珠光沢があり剥がれやすい。絶縁、耐熱性に優れる。別 まいか、きらら
胆礬	たんばん	主に硫酸銅からなる鉱物。半透明の青い鉱物でガラス状光沢をもつ。

項目	よみ	解説
呉須	ごす	酸化コバルト、マンガン、鉄などを含む藍色顔料。磁器の染め付けに用いる。
石黄	せきおう	硫化砒素を主成分とする黄色の鉱物。有毒。
石墨	せきぼく	炭素鉱物。金属光沢のある鉄黒色。電気の良伝導体で電気材料、鉛筆の芯に。
黒鉛	こくえん	石墨《せきぼく》の別名。
銅藍	どうらん	硫化銅からなる鉱物。濃藍色。

自然▶鉱物▶その他

項目	よみ	解説
仮晶	かしょう	外見は元のままで中身が別の鉱物に変化してしまったもののこと。別 仮像
空晶	くうしょう	中空の鉱物で内側が結晶に覆われたもののこと。
双晶	そうしょう	特定の位置関係と境界面をもつ2つ以上の単結晶のこと。多くは境界面を境に面対称。
晶群	しょうぐん	多くの小さな結晶が密接して集まった固まりのこと。
片理	へんり	長柱、鱗状の鉱物が並列する鉱物のこと。薄板、レンズ状に剥がれやすい。
脈窠	すかり	鉱脈内にある空間のこと。かざあなとも。内側に美しい結晶を生ずることも。
暈色	うんしょく	主に放射能を持つ鉱物の表面や内面に生じる同心円状の虹のような色彩のこと。
面角	めんかく	交わった2つの平面の間にできる角のこと。とくに結晶の2つ面の間にできる角。

項目	よみ	解説
粗金	あらがね	鉱山から掘り出したままで、まだ精錬されていない金属のこと。鉄の別名。別 鉱　㊖ なまがね
鉱滓	こうし	金属を精錬する際に生じる非金属製の滓のこと。溶融した金属の上に浮かぶ。
尾鉱	びこう	採鉱した鉱石から有用なものを分別した後に残った低品質の鉱石のこと。
砂錫	さすず	海浜、川床などの錫の砂状鉱床。流水で鉱脈が砕かれ運ばれて沈積する。
雷汞	らいこう	硝酸水銀とエチルアルコールを反応させて作る起爆剤の一種。銃弾の雷管などに用いる。
焙焼	ばいしょう	融解点以下の温度で金属や化合物を加熱する技法。酸化や粉鉱の焼き固めをする。
椀掛	わんがけ	椀に砂と水をいれて攪拌し、中央に残る重い鉱物を採取する方法。主に砂金採取に。

自然 ▶宇宙 ▶一般

項目	よみ	解説
星雲	せいうん	輝く雲のように見えるガス状物質からなる天体。
星霧	せいむ	星雲《せいうん》の別名。
蝕	しょく	太陽や月などの天体の全体、一部がほかの天体の影で欠けたように隠れる現象。別 食
星虹	せいこう	亜光速で移動する宇宙船から星空の色が同心円状に変化して虹のように見える現象。
銀河	ぎんが	天の川、もしくは銀河系と同様の形態を持つ天体。無数の恒星とガス状物質からなる。
銀漢	ぎんかん	天の川の別名。

項目	よみ	解説
雲漢	うんかん	天の川の別名。
天漢	てんかん	天の川の別名。
河漢	かかん	天の川の別名。
星河	せいが	天の川の別名。
銀湾	ぎんわん	天の川の別名。

自然▶宇宙▶星

項目	よみ	解説
星辰	せいしん	星。もしくは星座のこと。
星宿	せいしゅく	星座のこと。太陰太陽暦の黄道に沿って天球を27ないし28に区分。㊓ほしのやどり
月宿	げっしゅく	星宿《せいしゅく》のこと。太陽太陰暦に基づくことによる。
北辰	ほくしん	北天の星辰《せいしん》の意。北極星、もしくは北斗七星のこと。天子や帝居を指すことも。
妙見	みょうけん	優れた視力の意で仏典に由来。北極星もしくは北斗七星を神格化した妙見菩薩のこと。
心星	しんぼし	北極星のこと。天の中心の意。
昴	すばる	プレヤデス星団のこと。二十八宿の1つ。農漁期を知る目印に用いられた。㊓すまる
六連星	むつらぼし	昴《すばる》の別名。

項目	よみ	解説
夕星	ゆうづつ	夕刻に西の空に見える金星。宵の明星。(別)ゆうつづ、ゆうずつ
赤星	あかぼし	夜明け前に東の空に見える金星のこと。明けの明星。[別]啓明、明星
明星	みょうじょう	夜明け前に東の空に見える金星のこと。明けの明星。(別)あかぼし
天狼	てんろう	大犬座α星、シリウスの中国名。
青星	あおぼし	大犬座α星、シリウスの和名。
色白	いろしろ	小犬座α星、プロキオンの和名。出雲《いずも》地方などでの呼び方。
熒惑	けいこく	火星。古代中国の五星。禍、戦争の前兆とも。(別)けいごく、けいわく、ほのおぼし
太白	たいはく	金星。古代中国の五星。陰陽道の方位神、八将神の大将軍と歳殺神《さいせつしん》。
歳星	さいせい	木星。古代中国の五星。陰陽道の方位神、八将神の大歳神《たいさいしん》。(別)さいしょう
鎮星	ちんせい	土星。古代中国の五星。陰陽道の方位神、八将神では太陰神《だいおんしん》と歳《さい》破《は》神《しん》。
填星	てんせい	鎮星《ちんせい》の別名。
辰星	しんせい	時刻の基準恒星。もしくは水星。古代中国の五星。陰陽道の方位神、八将神では歳刑神《さいきょうしん》。
羅喉	らご	古代インドで日食、月食の原因とされた架空の星。九陽星の1つ。[別]羅睺　(別)らごう
計都	けいと	古代インドで日食、月食の原因とされた架空の星。九陽星の1つ。
七曜	しちよう	肉眼で確認できる火星、水星、木星、金星、土星の五星に太陽、月を合わせたもの。

項目	よみ	解説
九曜	くよう	七曜に架空の惑星の羅喉《らご》、計都《けいと》を加えたもの。古代インド思想で陰陽道にも影響。
七星	しちせい	北斗七星のこと。古代中国の貪狼《たんろう》、巨門《こもん》、禄在《ろくそん》、文曲《もんごく》、廉貞《せんそく》、武曲《むごく》、破軍《はぐん》の総称。
七剣星	ひちけんぼし	北斗七星の別名。
斗魁	とかい	北斗七星を柄杓《ひしゃく》に見立てた時に枡《ます》の部分となる4つの星の総称。
斗柄	とへい	北斗七星を柄杓《ひしゃく》に見立てた時に柄の部分となる3つの星の総称。
天枢	てんすう	大熊座α星、ドゥーベの中国名。
天魁	てんかい	大熊座α星、ドゥーベの中国名。
天璇	てんせん	大熊座β星、メラクの中国名。
天璣	てんき	大熊座γ星、フェクダの中国名。
天権	てんけん	大熊座σ星、メグレズの中国名。
玉衝	ぎょくしょう	大熊座ε星、アリオトの中国名。
開陽	かいよう	大熊座ζ星、ミザールの中国名。
揺光	ようこう	大熊座θ星、ベネトナシュの中国名。
貪狼	たんろう	大熊座α星、ドゥーベの中国名。
巨門	こもん	大熊座β星、メラクの中国名。

項目	よみ	解説
禄存	ろくそん	大熊座γ星、フェクダの中国名。
文曲	もんごく	大熊座σ星、メグレズの中国名。
廉貞	れんちょう	大熊座ε星、アリオトの中国名。
武曲	むごく	大熊座ζ星、ミザールの中国名。
破軍	はぐん	大熊座θ星、ベネトナシュの中国名。
軒轅	けんえん	獅子座の頭部の６つの星に小さい星々を加えたもの。名は中国の黄帝（黄龍）の名から。
北落師門	ほくらくしもん	魚座α星、フォーマルハウトの中国名。
碇星	いかりぼし	カシオペア座の和名。
彗星	すいせい	太陽系に所属する小天体で起動は特殊。太陽接近で明るく輝く頭部と尾を観測。凶兆。
箒星	ほうきぼし	彗星《すいせい》のこと。
帚星	ははきぼし	彗星《すいせい》のこと。
流星	りゅうせい	宇宙に浮遊する塵などが引力で大気圏内に入り摩擦熱で発光する現象。㊎ながれぼし
妖星	ようせい	災害の兆しとして現れるとされる星。彗星《すいせい》や流星《りゅうせい》のように長い尾を引く星。
三垣	さんえん	天球を北極星を中心に３つに分けた区分。
星影	ほしかげ	星の光、星明かりのこと。

項目	よみ	解説
星彩	せいさい	星の光、星明かりのこと。
星屑	ほしくず	たくさんの小さな星のこと。
煌星	きらぼし	空に無数に輝く星。金星とも。別 綺羅星
晨星	しんせい	明け方の空に残る星のこと。
残星	ざんせい	明け方の空に残る星のこと。
星供	ほしく	除災、救福のために行われる密教の星まつり。
星食	せいしょく	月や惑星によって恒星、惑星、衛星が隠され、地球から観測できなくなる現象。

自然▶宇宙▶二十八宿

項目	よみ	解説
角	すぼし	乙女座のスピカとその周辺。二十八宿の東方七宿（蒼竜宮）。名は竜の角の意。㊕ かく
亢	あみぼし	乙女座の東部分。二十八宿の東方七宿（蒼竜宮）。名は竜の喉の意。別 網星　㊕ こう
氐	ともぼし	天秤座の東部分。二十八宿の東方七宿（蒼竜宮）。名は竜の角の根元の意。㊕ てい
房	そいぼし	蠍座の西部分。二十八宿の東方七宿（蒼竜宮）。名は竜の心房の意。㊕ ぼう
心	なかごぼし	蠍座の中央部分。二十八宿の東方七宿（蒼竜宮）。名は竜の心臓の意。㊕ しん
尾	あしたれぼし	蠍座の南東部分。二十八宿の東方七宿（蒼竜宮）。名は竜の尾の意。別 足垂星　㊕ び

項目	よみ	解説
箕	みぼし	射手座の東部分。二十八宿の東方七宿(蒼竜宮)。名は農機具の箕の意。(別)き
斗	ひきつぼし	射手座の中央部分。二十八宿の北方七宿（玄武宮）。南斗六星。(別)と
牛	いなみぼし	山羊座の西部分。二十八宿の北方七宿(玄武宮)。名は牽牛の意。[別]稲見星　(別)ぎゅう
女	うるきぼし	水瓶座の西部分。二十八宿の北方七宿(玄武宮)。名は織姫の意。(別)じょ
虚	とみてぼし	水瓶座の中央部分。二十八宿の北方七宿（玄武宮）。(別)きょ
危	うみやめぼし	水瓶座の東部分。二十八宿の北方七宿(玄武宮)。名は亀甲の転。(別)き
室	はついぼし	ペガサス座の中央部分。二十八宿の北方七宿(玄武宮)。名は離れ屋の意。(別)しつ
壁	なまめぼし	ペガサス座の東部分。二十八宿の北方七宿（玄武宮）。名は方形の部屋の意。(別)へき
奎	とかきぼし	アンドロメダ座の西部分。二十八宿の西方七宿(白虎宮)。[別]斗掻星　(別)けい
婁	たたらぼし	牡羊座の西部分。二十八宿の西方七宿(白虎宮)。名は小さな丘の意。(別)ろう
胃	えきえぼし	牡羊座の東部分。二十八宿の西方七宿(白虎宮)。天の食糧庫、転じて胃の腑。(別)い
昴	すばるぼし	プレヤデス星団。二十八宿の西方七宿(白虎宮)。(別)ぼう
畢	あめふりぼし	牡牛座の中央部分。二十八宿の西方七宿（白虎宮）。名は兎を捕える網。[別]雨降星　(別)ひつ
觜	とろきぼし	オリオン座の北部分。二十八宿の西方七宿（白虎宮）名は嘴で虎の口の部分。(別)し
参	からすきぼし	オリオン座の中心部分。二十八宿の西方七宿(白虎宮)。名は唐鋤から。[別]唐鋤星　(別)しん

項目	よみ	解説
井	ちちりぼし	双子座の西部分。二十八宿の南方七宿(朱雀宮)。(別)せい
鬼	たまをのぼし	蟹座の中心部の星。二十八宿の南方七宿（朱雀宮)。名は鬼火から。[別]魂讃星　(別)き
柳	ぬりこぼし	海蛇座の北端。二十八宿の南方七宿（朱雀宮)。名は柳の枝。朱雀の体部分。(別)りゅう
星	ほとおりぼし	海蛇座の中央部分。二十八宿の南方七宿（朱雀宮)。中央の星。朱雀の体部分。(別)せい
張	ちりこぼし	海蛇座の東部分。二十八宿の南方七宿(朱雀宮)。張った朱雀の翼部分。(別)ちょう
翼	たすきぼし	コップ座。二十八宿の南方七宿（朱雀宮)。朱雀の翼部分。[別]襷星　(別)よく
軫	みつかけぼし	烏座。二十八宿の南方七宿（朱雀宮)。名は車輪の意。(別)しん

自然 ▶宇宙 ▶月

項目	よみ	解説
姮娥	こうが	月の別名。中国の、夫が西王母から授かった仙薬を盗み月に逃げ込んだ仙女の故事による。
嫦娥	じょうが	姮娥《こうが》の別名。
玉兎	ぎょくと	月の別名。月に住む兎の故事による。太陽に住むという金烏《きんう》と一対。(別)たまうさぎ
月魄	げっぱく	月の別名。月の精、もしくは月神。
新月	しんげつ	地球から見て月と太陽が同じ方向になる時。陰暦の月の第1日。月は見えないほど細い。
朔	さく	新月の別名。月が現れるの意。

項目	よみ	解説
初月	はつづき	陰暦で月の初めの夕方に見える月。
晦	つきこもり	陰暦の月の末日。月が隠れるの意。㊄つごもり
三日月	みかづき	陰暦の月の第3日に出る月。細い月で眉の形に例えられる。
繊月	せんげつ	細い月の総称。三日月《みかづき》。
眉月	まゆづき	女性の眉に似た月の意。新月や三日月《みかづき》など細い月の別名。㊄びげつ
初魄	しょはく	三日月《みかづき》の別名。
銀鉤	ぎんこう	三日月《みかづき》の別名。
上弦	じょうげん	新月から満月にいたるまでの月。南中に際して月の右側が輝く。
初弦	しょげん	上弦《じょうげん》の別名。
弓張月	ゆみはりづき	半月のこと。弓を張ったように見える月の意。
弦月	げんげつ	弓張月《ゆみはりづき》の別名。
半月	はんげつ	半円形に輝く月。上弦《じょうげん》、下弦《かげん》どちらの場合もこう呼ぶ。
片割月	かたわれづき	半月《はんげつ》のこと。半身を失った月の意。
待宵	まつよい	陰暦8月14日の夜。翌日の十五夜を待つの意。
満月	まんげつ	円形に輝く月。地球から見て太陽と月が反対方向にある時。特に陰暦の8月15日。

項目	よみ	解説
望月	もちづき	陰暦8月15日の満月のこと。㊙ぼうげつ
天満月	あまみつつき	満月の別名。
明月	めいげつ	清く澄み渡った月の意。もしくは陰暦8月15日、および9月13日の月。
名月	めいげつ	陰暦8月15日、および9月13日の月。
良夜	りょうや	月の明るい夜、良い夜の意。陰暦8月15日、および9月13日の月。
良宵	りょうしょう	良い宵。晴れて気持ちの良い夜の意。
佳宵	かしょう	月良き夜のこと。多くは陰暦8月15日の月のこと。
月夕	げっせき	陰暦8月15日の夜。月の明るい夜のこと。
無月	むげつ	空が曇って月が見えないの意。特に陰暦8月15日に月が見えないことを指す。
雨月	うげつ	雨の夜の月の意。名月が雨で見られない状態。
十六夜	いざよい	陰暦16日、もしくはその夜。
既満	きぼう	既に満月が終わったの意。陰暦16日の夜、もしくはその夜の月。
立待月	たちまちづき	立って待っている間に登る月の意。陰暦17日の夜の月。特に陰暦8月17日。
居待月	いまちづき	少し出るのが遅いので座って待つ月の意。陰暦18日の月。
臥待月	ふしまちづき	出るのが遅いので臥して待つ月の意。陰暦19日の月。

項目	よみ	解説
寝待月	ねまちづき	出るのが遅いので寝て待つ月の意。陰暦19日の月。
更待月	ふけまちづき	夜も更けるころに昇る月の意。陰暦20日の月。
宵闇	よいやみ	陰暦16日から20日頃までの月がまで出ない宵（夕方と夜の間）の暗闇。
下弦	かげん	満月から次の新月にいたるまでの月。南中に際して月の左側が輝く。㊓げげん
朧月	おぼろづき	水蒸気などによって霞んで朧《おぼろ》に見える月。春の夜の月のこと。㊓ろうげつ
淡月	たんげつ	光の淡い月。朧月《おぼろづき》の別名。
薄月	うすづき	薄雲に隠れてほのかに照る月。
有明	ありあけ	夜明けに空に残る月。
朝月	あさづき	有明《ありあけ》の別名。
夕月	ゆうづき	夕方の月。三《み》日《か》月《づき》などの細い月を指すことも。
宵月	よいづき	日が暮れて間もない宵（夕方と夜の間）の時間に昇る月。
月夜	つきよ	月が出ている夜、もしくは月の明るい夜。月や月光を指すことも。㊓つくよ
月夜烏	つきよがらす	月夜に浮かれて鳴く烏のこと。転じて月夜に浮かれて遊び歩く人物。
幻月	げんげつ	空気中の微細な氷晶による光の屈折で、月の両端に１つずつ別の月が見える現象。
孤月	こげつ	ものさびしく見える月のこと。

項目	よみ	解説
氷輪	ひょうりん	冷たく凍ったような月のこと。
月白	つきしろ	月の出初めに東の空が白く明るくなる様子。
月宮殿	げつきゅうでん	月にあるという宮殿のこと。
寒月	かんげつ	冷たく冴えた冬の月。
月前	げつぜん	月の光が照らす場所。
月影	つきかげ	月の光や姿、もしくはそれの光で照らしだされた物の姿。
月痕	げっこん	夜明けに残る月影。
月暈	つきかさ	微細な氷晶による光の屈折によって、月の周りに出来る光の輪。㊀げつうん
月食	げっしょく	月の輝く面の一部、もしくは全体が地球の陰に隠れてしまう現象。

自然 ▶宇宙 ▶太陽

項目	よみ	解説
日輪	にちりん	太陽の別名。
日華	にっか	太陽の別名。
天日	てんじつ	太陽の別名。
天道	てんとう	太陽の別名。

項目	よみ	解説
紅鏡	こうきょう	太陽の別名。
飛輪	ひりん	太陽の別名。
金烏	きんう	太陽の別名。太陽に住む３本足の烏の故事による。月に住むという玉兎《ぎょくと》と一対。
赤烏	せきう	金烏《きんう》の別名。
烏兎	うと	太陽と月。金烏《きんう》玉兎《ぎょくと》の略。
赤日	せきじつ	夏の太陽。
炎陽	えんよう	夏の太陽。
烈日	れつじつ	激しく照りつける夏の太陽。
朝日	あさひ	朝に昇る太陽。また、その光。別 旭
夕日	ゆうひ	夕方に沈む太陽。また、その光。別 夕陽
斜日	しゃじつ	西に傾いた太陽。夕日。
斜陽	しゃよう	西に傾いた太陽。夕日。没落しつつあるもののたとえにも使われる。
夕陽	せきよう	西に傾いた太陽。夕日。
仄日	そくじつ	西に傾いた太陽。夕日。
落日	らくじつ	沈みつつある太陽。

項目	よみ	解説
落暉	らっき	沈みつつある太陽。
日暈	ひがさ	微細な氷晶による光の屈折によって、太陽の周りに出来る光の輪。㊡にちうん
幻日	げんじつ	空気中の微細な氷晶による光の屈折で、太陽の両端に別の太陽があるように見える現象。
紅炎	こうえん	太陽の彩層からコロナの中に出現する炎状のガス。別 紅焔
白夜	はくや	太陽が沈まない、もしくは沈んだあとも薄明かりの残る現象。㊡びゃくや
極夜	きょくや	太陽が一日中昇らない日。南極や北極で見られる。

自然▶宇宙▶空・天

項目	よみ	解説
中天	ちゅうてん	天の中心のこと。㊡なかぞら
天心	てんしん	天の中心のこと。
天涯	てんがい	空の限り、空の果て。転じて遠い土地、世界中。
虚空	こくう	なにもない空間のこと。仏教用語。
九霄	きゅうしょう	天の最も高い場所。
紫霄	ししょう	大空、天のこと。
九天	きゅうてん	天を９方位に分けた中国での呼び名。もしくは高い空。

項目	よみ	解説
鈞天	きんてん	九天《きゅうてん》における中央の空のこと。
蒼天	そうてん	青空。四天《してん》における春の空、九天《きゅうてん》における東の空のこと。
昊天	こうてん	広い空。四天《してん》における夏の空、九天《きゅうてん》における西の空のこと。
炎天	えんてん	夏のやけつくような空。九天《きゅうてん》における南の空のこと。
玄天	げんてん	北の空。九天《きゅうてん》における北の空のこと。
変天	へんてん	九天《きゅうてん》における東北の空のこと。
幽天	ゆうてん	九天《きゅうてん》における西北の空のこと。
朱天	しゅてん	九天《きゅうてん》における西南の空のこと。
陽天	ようてん	九天《きゅうてん》における東南の空のこと。
蒼穹	そうきゅう	青空、大空のこと。蒼天《そうてん》の別名。
蒼昊	そうこう	青空、空、天のこと。
碧虚	へききょ	青空のこと。
碧霄	へきしょう	青空のこと。
碧天	へきてん	青空のこと。
四天	してん	春夏秋冬の四季節の空の総称。

項目	よみ	解説
旻天	びんてん	四天《してん》における秋の空のこと。
上天	じょうてん	上にある空。四天《してん》における冬の空のこと。
暁天	ぎょうてん	夜明けの空のこと。
朝焼	あさやけ	日の出前に東の空が燃えるように赤く染まる現象。
夕焼	ゆうやけ	日没時に西の地平線近くが燃えるような赤に染まる現象。
梅天	ばいてん	梅雨時の空のこと。
秋天	しゅうてん	秋の空のこと。
寒天	かんてん	寒い冬の空のこと。
冬天	とうてん	冬の天気、冬の空のこと。
凍空	いてぞら	凍りつくように寒い冬の空のこと。
凍曇	いてぐもり	凍りつくように寒々とした曇り空のこと。
霜天	そうてん	霜のおりた寒い日の空のこと。
夜天	やてん	夜の空のこと。

自然 ▶気象 ▶雨

項目	よみ	解説
一雨	いちう	1回の雨、ひとしきり降る雨のこと。
暗雨	あんう	闇夜に降る雨のこと。
黒雨	こくう	空を黒くするような大雨のこと。
時雨	じう	ほどよいときに降る雨のこと。
俄雨	にわかあめ	にわかに降ってきてすぐに止む雨のこと。
白雨	しらさめ	夕立、にわか雨のこと。㊔はくう、びゃくう
速雨	はやさめ	夕立、にわか雨のこと。別 暴雨
叢雨	むらさめ	しきりに強く降ってくる雨のこと。名は群れをなして降る雨の意。別 村雨
漫雨	そぞろあめ	思いがけなくも降る雨のこと。
戯	そばえ	ある場所にだけ降っている局地的な雨のこと。日が出ているのに降る雨。別 日照雨
天泣	てんきゅう	雲が全く見えないのに雨や雪が降る現象のこと。
銀竹	ぎんちく	雨を竹に例えた言葉。転じて夕立のこと。
霧雨	きりさめ	霧のように細かい雨のこと。
甘雨	かんう	草木を潤し育てる雨のこと。

項目	よみ	解説
春雨	はるさめ	春、静かに降る細やかな雨のこと。
紅雨	こうう	春に花に降り注ぐ雨のこと。赤い花の散る様を雨に例えたものとも。
翠雨	すいう	青葉に降りかかる雨のこと。
緑雨	りょくう	新緑の頃に降る雨のこと。
長雨	ながあめ	何日も降り続く雨のこと。別 霖　㊓ ながめ
霖雨	りんう	何日も降り続く雨のこと。
梅雨	つゆ	陰暦5月頃に降り続ける長雨のこと。また、その雨の降る時期。別 黴雨
梅霖	ばいりん	梅雨の別名。
春霖	しゅんりん	春の長雨のこと。
秋霖	しゅうりん	秋に降る長雨のこと。秋の梅雨に似た気圧配置によって発生する。
神水	しんすい	陰暦5月5日丑の刻の雨が降っているときに竹の節にある水のこと。調薬に効くとも。
五月雨	さみだれ	陰暦5月頃に降り続ける長雨のこと。また、その雨の降る時期。
夕立	ゆうだち	積乱雲によって昼過ぎから夕方にかけて突然激しく降り始める大粒の雨のこと。
神立	かんだち	雷や雷鳴、にわか雨など突然の悪天候。
驟雨	しゅうう	急に降りだす雨のこと。

項目	よみ	解説
喜雨	きう	長く日照りの続いたあとに降る雨のこと。
慈雨	じう	万物を潤す雨、日照り続きの時に降る雨のこと。
時雨	しぐれ	晩秋から初冬にかけての降ったり止んだりする雨のこと。また、その雨の様子。
液雨	えきう	陰暦10月頃に降る雨のこと。
氷雨	ひさめ	氷や霰《あられ》のこと。別 冰雨
樹雨	きさめ	枝や葉についた霧が水滴になって落ちること。
雨飛	うひ	(弾丸などが)雨のごとくに注ぎ飛ぶとこと。

自然 ▶気象 ▶霧・霞

項目	よみ	解説
霧	きり	地表や水上などで水蒸気が凝結して細かい水滴となり空気中を浮遊する現象のこと。
靄	もや	霧と同じ現象だが、霧よりも見通しのきく状態。
狭霧	さぎり	霧のこと。「さ」は文法上変化をもたらすための接頭語。
海霧	じり	春や夏に海上で発生する霧のこと。別 かいむ、うみぎり
川霧	かわぎり	川に立つ霧のこと。
水霧	すいむ	川に立つ霧のこと。

項目	よみ	解説
夏霧	なつぎり	夏に立つ霧のこと。
朝霧	あさぎり	早朝から朝にかけて立ちこめる霧のこと。
夕霧	ゆうぎり	夕方の霧、夕方に立つ霧のこと。
夜霧	よぎり	夜の霧、夜立つ霧のこと。
暁霧	ぎょうむ	明け方に立つ霧のこと。
薄霧	うすぎり	薄くかかった霧のこと。
濃霧	のうむ	濃く深く立ち込めた霧のこと。
迷霧	めいむ	方角がわからないほどの深い霧のこと。
霧襖	きりぶすま	霧が深く襖《ふすま》のように見える様子のこと。
霧雫	きりしずく	霧の中で出来る雫のこと。
氷霧	ひょうむ	微細な氷の結晶が霧状に立ちこめる現象。視界は1メートル以下。㊊こおりぎり
煙霧	えんむ	スモッグのこと。排煙、排気などが空気中を浮遊して遠くが乳白色などに煙って見える。
霧海	むかい	霧が一面に深く立ちこめている様子。
凍靄	いてもや	急激な寒気で空気中の水蒸気が凝結し靄となる様子。
霞	かすみ	空気中の微細な水滴や塵などで遠くの空や風景がぼやけて見える現象のこと。春の霧。

項目	よみ	解説
紅霞	こうか	夕焼けで赤く染まった霞のこと。
春霞	しゅんか	春の霞のこと。㊕はるがすみ
花霞	はながすみ	桜の花が霞のように見える様子。
凍霞	いてがすみ	凍りつくように寒々とした冬の霞のこと。
晩霞	ばんか	夕方に立つ霞のこと。
夕霞	ゆうがすみ	夕方に立つ霞のこと。

自然 ▶気象 ▶露・霜

項目	よみ	解説
露	つゆ	空気中の水蒸気が凝結して地表の草や木の葉などの上で水滴になったもの。
白露	しらつゆ	光が反射して光って見える露のこと。
初露	はつつゆ	秋、最初に降りる露のこと。
夕露	ゆうづゆ	夕方、草や木の葉の上などにおく露のこと。
夜露	よつゆ	夜間、草や木の葉の上などにおく露のこと。
朝露	あさつゆ	朝、草や木の葉の上などにおく露のこと。
暁露	ぎょうろ	朝方におく露のこと。

項目	よみ	解説
上露	うわつゆ	草や木の葉などの上にある露のこと。
下露	したつゆ	山影や木下などにある露。人が触ったことで地面に落ちた露もいう。
露葎	つゆむぐら	露が残る葎《むぐら》の様子のこと。
凍露	とうろ	露が凍結してできた氷のこと。
玉露	ぎょくろ	露の美称。玉のように美しい露。
甘露	かんろ	君主の仁政に天が降らせるという中国の伝説の甘い雨。転じて非常に美味、甘いこと。
涓露	けんろ	ほんの少しの水のこと。
松露	しょうろ	松の葉におく露のこと。
草露	そうろ	草の葉の上の露のこと。転じて儚いものの例え。
霜露	そうろ	霜と露のこと。儚いもののたとえ。
風露	ふうろ	風と露のこと。
霜	しも	氷点下に冷えた地物に水蒸気が冷やされ昇華した白い氷片。草木を凋落させるとも。
青女	せいじょ	霜や雪を降らせるという女神。転じて霜や雪のこと。
霜夜	しもよ	霜の降りる寒い夜のこと。
霜晴	しもばれ	霜が降りた日が晴れていること。

項目	よみ	解説
霜凪	しもなぎ	霜の降りた朝、風も波もなく海が穏やかなこと。
霜風	しもかぜ	霜の降りそうな冷たい風のこと。
霜雫	しもしずく	霜が雫になったもののこと。
大霜	おおしも	一面真っ白になるほどたくさん降りた霜のこと。
深霜	ふかしも	多く降りた霜のこと。
濃霜	こしも	濃く降りた霜のこと。
強霜	つよしも	ひどい霜のこと。
朝霜	あさしも	朝方に降りている霜。㊕あさじも
夜霜	よしも	夜の霜のこと。
霜柱	しもばしら	夜の間に土の中の水分が凍結してできる細かい氷の柱のこと。
霜葉	そうよう	霜が降りて紅葉した葉のこと。
霜楓	そうふう	霜が降りて紅葉した楓《かえで》のこと。
霜林	そうりん	霜が降りた林のこと。

自然 ▶気象 ▶雪

項目	よみ	解説
白雪	しらゆき	雪の美称。
銀雪	ぎんせつ	銀色に輝く雪。
珂雪	かせつ	純白の雪。
六花	むつのはな	雪片を花に例えていう言葉。㊕りっか
雪華	せっか	雪片を花に例えていう言葉。別 雪花
吹雪	ふぶき	強い風を伴って激しく降る雪。
雪片	せっぺん	雪の一片。雪の結晶が集まってある程度の大きさになったもの。
風花	かざはな	晴天時にちらつく小雪片のこと。
飛雪	ひせつ	風に飛ばされた雪のこと。
淡雪	あわゆき	春先などに降る、降ってすぐに消えてしまうような雪のこと。別 沫雪、泡雪
泡雪	あやゆき	淡雪《あわゆき》の別名。
新雪	しんせつ	新しく降り積もった雪のこと。
大雪	おおゆき	たくさん降る雪のこと。
小雪	こゆき	少し降る雪、わずかに降る雪のこと。

項目	よみ	解説
深雪	みゆき	深く積もった雪のこと。
斑雪	はだれ	ハラハラとまばらに降る雪のこと。うっすら降り積もった雪。まだらに溶け残った雪。
残雪	ざんせつ	春になっても溶けずに残っている雪。
根雪	ねゆき	積もったまま溶けずに残る雪のこと。
真雪	さねゆき	春まで溶けない雪のこと。
弥弥雪	いややゆき	根雪の上にさらに積もる雪のこと。
陰雪	かげゆき	山影などに溶け残った雪のこと。
霧雪	むせつ	雲や霧から落下する白色不透明の非常に小さな氷の結晶。㊞ きりゆき
湿雪	しっせつ	湿っぽく重たい雪のこと。
粗目雪	ざらめゆき	春、昼夜の温度差で生じる粗目糖状の雪のこと。
細雪	ささめゆき	細かに降る雪、間隔を開けて降る雪のこと。
粉雪	こなゆき	寒さが厳しいときに降るサラサラした粉状の雪のこと。
小米雪	こごめゆき	粉米に似た細かい雪のこと。
餅雪	もちゆき	餅のようにふわふわした雪のこと。
綿雪	わたゆき	綿をちぎったような雪片の大きな雪のこと。

項目	よみ	解説
牡丹雪	ぼたゆき	湿気を含んだ大粒の雪のこと。㊎ぼたんゆき
涅槃雪	ねはんゆき	陰暦2月15日の釈迦の涅槃会の頃に降る雪。
衾雪	ふすまゆき	地面に衾を掛けたかのように一面真っ白な様子。
雪間	ゆきま	雪が溶けかかり地面が見えている部分のこと。
雪崩	なだれ	山などの斜面に積もった雪が何らかの原因で崩れる現象。表層雪崩と底雪崩がある。
赤雪	あかゆき	高山などで積雪に藻類が繁殖して赤く見える雪のこと。㊎せきせつ
紅雪	こうせつ	赤雪《あかゆき》の別名。
冠雪	かむりゆき	山などの上に雪が積もること。また、その様子のこと。
雪冠	ゆきかむり	門柱、電柱などに雪が積もり茸の傘状になった様子。
筒雪	つつゆき	電線などに凍り付き筒状になった雪のこと。
雪庇	せっぴ	山の稜線から風下に突き出した雪のひさしのこと。
雪紐	ゆきひも	木の枝などに積もった雪が溶けて滑り落ち、紐の如く垂下がったもののこと。
雪空	ゆきぞら	雪が振りだしそうな空模様のこと。
雪気	ゆきげ	雪になりそうな気配のこと。
雪明	ゆきあかり	夜、積雪の反射で周囲が明るく見えること。またその明かり。

項目	よみ	解説
雪月夜	ゆきづきよ	雪のある月夜のこと。
雪晴	ゆきばれ	雪がやみ空が晴れること。また、その晴れ間。
雪曇	ゆきぐもり	雪雲で空が曇ること。空が雲って雪模様になること。
雪暗	ゆきぐれ	降雪で空が暗くなること。また、降雪中に日が暮れること。
暮雪	ぼせつ	夕暮れ時に降る雪のこと。また、夕暮れ時の雪景色。
雪消	ゆきげ	雪解け、雪が消えること。また、その時や場所。
雪代	ゆきしろ	雪解けの水のこと。
雪菜	ゆきな	雪の中で栽培することで、柔らかく育つ菜類のこと。
絮雪	じょせつ	柳の花のこと。白い花が絮（わた）や雪のように舞うことから。
霰	あられ	晩秋から初冬にかけて降る白色不透明の氷の小塊。過冷却水滴が雪と結び付いたもの。
急霰	きゅうさん	にわかに降る霰のこと。霰が激しく降る音。
春霰	しゅんさん	春に降る霰のこと。
雹	ひょう	積乱雲から雷雨を伴って降る氷塊。夏、人畜、作物に被害を与える。
霙	みぞれ	雪が溶けかかって雨混じりに降るもののこと。氷雨。
水雪	みずゆき	雨混じりの雪、みぞれのこと。

項目	よみ	解説
薄氷	うすらい	薄い氷のこと。
雨氷	うひょう	過冷却状態の雨が氷点下の樹木や地面に接触して凍りついた透明な氷のこと。
細氷	さいひょう	水蒸気が昇華した極めて小さい氷の結晶が、中に浮かび煌めく現象。ダイヤモンドダスト。
氷晶	ひょうしょう	大気中にできる氷の結晶のこと。雪の結晶になる以前の小さな結晶。
氷塵	ひょうじん	大気中に出来る微細な氷の結晶のこと。晴れた日に空中に浮かび七彩に輝く。
樹霜	じゅそう	空気中の水蒸気が樹皮上で昇華して霜として付着したもの。
霧氷	むひょう	水蒸気や過冷却の水滴が樹木の表面で氷結して層をなす現象の総称。
粗氷	そひょう	過冷却した水蒸気が樹皮などに氷着して層をなしたもののこと。霧氷《むひょう》の一種。
樹氷	じゅひょう	雲や霧が樹皮に付着し、氷結して層をなしたもののこと。
木花	きばな	樹木の枝などに霧が氷着して花のようになったもののこと。別 木華
氷花	ひょうか	樹木の枝などに霧が氷着して花のようになったもののこと。別 氷華
氷柱	つらら	雨雪が軒先に滴ったものが垂れて棒状に凍ったもの。
垂氷	たるひ	氷柱《つらら》の別名。名は垂れる姿から。
氷条	ひょうじょう	氷柱《つらら》の別名。

項目	よみ	解説
氷箸	ひょうちょ	氷柱《つらら》の別名。
氷笋	ひょうじゅん	氷柱《つらら》の別名。
氷筋	ひょうきん	氷柱《つらら》の別名。
立氷	たちひ	下から立った氷のこと。氷柱《つらら》を指す垂氷《たるひ》の対語。
氷面	ひも	氷の張った面のこと。紐にかけて使う。
流氷	りゅうひょう	春頃に海流に運ばれ海を漂う海氷の塊のこと。主に高緯度地方での現象。
氷河	ひょうが	高山の圧縮された万年雪が、上層の積雪に押されて氷塊となって低地に流れる現象。
氷山	ひょうざん	氷《ひょう》河《が》などの端が海に押し出され、山ほどの塊になって浮かぶもの。
氷海	ひょうかい	氷が張りつめた、もしくは氷山や氷塊がおびただしく浮いた海のこと。
氷原	ひょうげん	地表が氷で覆われた野のこと。
氷刃	ひょうじん	氷のように研ぎ澄まされた刃のこと。

自然 ▶ 気象 ▶ 雷

項目	よみ	解説
雷	かみなり	雲と雲、雲と地上物との間で行われる放電現象とその音のこと。㊉いかずち
天雷	てんらい	雷のこと。

項目	よみ	解説
地雷	ちらい	地上で雷が鳴るような怒濤《どとう》の音などの例え。
雷霆	らいてい	雷のこと。霆は激しい雷の意。
稲妻	いなずま	雷の空中放電の際に生ずる火花。名は稲のつま（配偶者）の意。稲の育成を促すとの俗信から。
雷電	らいでん	稲妻と雷のこと。
雷火	らいか	稲光、もしくは稲妻。落雷のために起こった火事のこと。
疾雷	しつらい	急に鳴る雷、激しい雷のこと。
迅雷	じんらい	激しい雷のこと。
激雷	げきらい	激しく鳴り響く雷のこと。
紫電	しでん	紫色の雷光のこと。また、鋭い光。
雷鳴	らいめい	鳴り響く雷のこと。また、その音。
雷声	らいせい	雷の音、雷鳴のこと。
鳴神	なるかみ	雷、雷鳴のこと。歌舞伎十八番の１つに鳴神がある。㊀別 いかづち、はたたがみ
霹靂	へきれき	急激な雷鳴のこと。また、激しい音響。
雷響	らいきょう	雷の響く音。
百雷	ひゃくらい	多くの雷のこと。転じて大音響、大音声の例え。

項目	よみ	解説
万雷	ばんらい	非常にたくさんの雷のこと。また、大きな音の例え。
遠雷	えんらい	遠くで鳴っている雷のこと。
軽雷	けいらい	かすかに鳴り響く雷、小さな雷鳴のこと。
日雷	ひがみなり	晴天時の雷鳴。日照りの前兆とも。別 火雷、火神鳴
水雷	みずがみなり	雨を降らせる雷。また、落ちても火を出さない雷のこと。別 水神鳴
夕電	せきでん	夕方の雷のこと。転じて儚いものの例え。
電泡	でんほう	雷と泡のこと。転じて儚くむなしいものの例え。
渦雷	からい	台風や低気圧の中心の上昇気流によって生じる雷のこと。㊐ うずらい
落雷	らくらい	雷が落ちること。人や建築物に被害をもたらすことも。
春雷	しゅんらい	春に鳴る雷のこと。寒冷前線の影響で起こる。
雷雨	らいう	雷雲によって生じる稲光と雷鳴を伴う雨のこと。雷のあとに降る雨。
寒雷	かんらい	寒中の雷、冬に鳴る雷のこと。寒冷前線の影響で起こる。
雷神	らいじん	電雷を起こす神。鬼のような姿で背中に太鼓を背負う。雷と稲妻の神格化。
雷公	らいこう	雷神《らいじん》の別名。
雷師	らいし	雷神《らいじん》の別名。

項目	よみ	解説
光神	ひかりのかみ	雷神《らいじん》の別名。
雷鼓	らいこ	雷の鳴る音。雷神が背中に背負うとされる太鼓。㊝はたたく
雷斧	らいふ	石器時代の石斧などを、落雷の際に天からもたらされたと考えたもの。

自然▶気象▶風

項目	よみ	解説
凪	なぎ	風が止んで波が穏やかになること。
朝凪	あさなぎ	朝に風が止んで無風状態になること。
夕凪	ゆうなぎ	夕方に風が止んで無風状態になること。夏などは暑さが耐えがたいものとなる。
夜凪	よなぎ	夜、風が止んで無風状態になること。また、波が穏やかになること。
疾風	はやて	急に激しく吹く風のこと。突風。「て（ち）」は風の意。**別** 早手　㊝はやち、しっぷう
颪	おろし	山の方から吹き下ろしてくる風のこと。フェーン型、ボラ型の２種類ある。
風炎	ふうえん	山から吹き下ろす熱風のこと。フェーンの和名。災害の原因にも。**別** 風焔
嶺渡	ねわたし	高い峰から吹き下ろす風のこと。
山瀬	やませ	山を越えてくる風。名は山背風の略。北海道、東北では稲作に悪影響の冷湿な風。**別** 山背
波颪	なみおろし	水面を吹きわたり波を立たせる強い風のこと。

項目	よみ	解説
風巻	しまき	風が強く吹き荒れること。また、その風。特に海上を吹き荒れる暴風のしぶき。
旋風	つむじかぜ	渦のように巻いて吹き上がる風のこと。 ㊓せんぷう
竜巻	たつまき	強烈な風による渦巻き。名は天に昇る竜の例え。通過点に甚大な被害をもたらす。
颶風	ぐふう	四方から吹き回してくる強烈な風のこと。かつては台風などにも用いた。
時化	しけ	暴風雨が続き海が荒れること。また、暴風雨によって魚がとれない状態。
野風	のかぜ	野に吹く風のこと。
翠嵐	すいらん	翠に映えた山の気のこと。山に吹く風。
松籟	しょうらい	松に吹き付ける風のこと。
松濤	しょうとう	松に吹き付ける風の音を波の音に例えた語。
瑞風	みずかぜ	みずみずしい風。吉兆をあらわす、めでたい風のこと。
祥風	しょうふう	めでたい風のこと。
光風	こうふう	雨上がりに光をおびた草木の中を吹き抜ける風のこと。
時風	ときつかぜ	季節や時刻によって吹く風。丁度良いときに吹く風。
暁風	ぎょうふう	明け方に吹く風のこと。
春一番	はるいちばん	冬から春への季節の変わり目に吹く、その年一番最初の強い南風のこと。

項目	よみ	解説
春風	はるかぜ	春に南や東から吹く暖かい風。
恵風	けいふう	陰暦2月の別名。恵みの風。春風のこと。
貝寄	かいよせ	陰暦2月10日頃に吹く西風。細工物に使う貝を難波浦に吹き寄せる風の意。
和風	わふう	おだやかな、暖かな風のこと。春風。
東風	こち	春に東から吹く風のこと。「ち」は風の意。
春嵐	はるあらし	春先に吹く強い南風のこと。雨を伴うことも。
花風	かふう	花、特に桜の盛りに吹く風。花を散らす風のこと。
荷風	かふう	蓮の上を吹く風。
夏嵐	なつあらし	緑を揺るがして吹く風。夏の嵐。
南風	はえ	梅雨から夏にかけて吹く南風のこと。主に西日本でいう。
真風	まじ	春から夏にかけて吹く暖かい南寄りの風。名は良い風の意。㊖まぜ
薫風	くんぷう	草木の緑の中を吹き抜けてくる、初夏の快い風のこと。
青嵐	あおあらし	青葉の中を吹き荒れる初夏の嵐のこと。㊖せいらん
青北	あおきた	主に西日本で初秋に北から吹く風。
雁渡	かりわたし	初秋に北から吹く風。名は雁の渡りの季節から。

項目	よみ	解説
金風	きんぷう	秋風、西風のこと。名は五行説における秋、西が金気であることから。
爽籟	そうらい	秋風の音の爽やかな響きのこと。
野分	のわき	元旦から210日、220日前後に吹く暴風。名は野の草を分けて吹くの意。㊕のわけ
凩	こがらし	晩秋から初冬にかけて吹く強く冷たい風。名は木枯らしの意。
凍風	いてかぜ	凍りつくように冷たい冬の風のこと。
雪風	ゆきかぜ	雪と風、雪混じりの風のこと。
霾	つちふる	中国などから黄砂が吹き寄せ、空が黄色く染まること。
黄沙	こうさ	霾《つちふる》の別名。
黄塵	こうじん	霾《つちふる》の別名。
虎落笛	もがりぶえ	冬の烈風が棚や竹垣などに吹きつけることで発せられる笛のような音。

自然 ▶ 気象 ▶ 雲

項目	よみ	解説
靄雲	あいうん	立ち込めている雲のこと。
霧雲	きりぐも	霧のようにかかる雲のこと。
風雲	かざぐも	風と雲のこと。また、強い風の前触れとされる雲。

項目	よみ	解説
障雲	しょううん	日の光をさえぎる雲のこと。
暗雲	あんうん	今にも雨が降り出しそうな黒い雲のこと。
陰雲	いんうん	暗く空をおおう雲のこと。
烏雲	ううん	黒い雲のこと。
玄雲	げんうん	黒い雲のこと。
青雲	せいうん	青味がかった雲のこと。青空。
紅雲	こううん	赤く染まった雲のこと。
紫雲	しうん	紫色の雲のこと。念仏修行者の臨終の際に来迎する仏の乗り物。吉兆。
慶雲	けいうん	めでたい事の前兆として現れる雲。別 景雲、卿雲
彩雲	さいうん	雲の縁、全体が美しく彩られる現象。微細な水滴による光の屈折で起こる。吉兆とも。
瑞雲	ずいうん	めでたい事の前兆として現れる雲。
芳雲	ほううん	春の素晴らしい雲のこと。
秋雲	しゅううん	秋の頃に出る雲。
凍雲	いてぐも	凍りつくように寒々と見える雲のこと。㊗ とううん
暁雲	ぎょううん	明け方の空の雲のこと。

項目	よみ	解説
東雲	しののめ	明け方、東の空にたなびく雲。もしくは夜明けの薄明かり。
陣雲	じんうん	戦場に広がる雲のこと。
閑雲	かんうん	穏やかに空に浮かんでいる雲のこと。
行雲	こううん	空を流れていく雲のこと。
飛雲	ひうん	風に吹かれて飛んでゆく雲のこと。
孤雲	こうん	空に１つだけ浮かぶ雲のこと。
水雲	すいうん	水と雲のこと。転じて、自然そのものを指す。雲水。
雲影	うんえい	雲の影のこと。別 雲翳
桜雲	おううん	桜の花が一面に咲いて、雲のように見えること。
雲霞	うんか	雲と霞。
雲海	うんかい	高所から見下ろしたときに海のように広がる雲。雲の広がる海を指すことも。
雲塊	うんかい	雲の塊のこと。
叢雲	むらくも	むらがりたつような雲、もしくはその一塊。
雲居	くもい	雲、もしくは雲のある場所。遥か遠く、皇居などの例え。別 雲井
八雲	やくも	幾重にも重なる雲のこと。八は多いことの意。

項目	よみ	解説
雲外	うんがい	雲の上、もしくはその遥か彼方の空のこと。

自然▶気象▶光

項目	よみ	解説
日光	にっこう	太陽の光線のこと。
月光	げっこう	月の光線のこと。
曙光	しょこう	夜明けの太陽の光のこと。
旭光	きょっこう	夜明けの太陽の光のこと。
暁光	ぎょうこう	夜明けの太陽の光のこと。
残光	ざんこう	夕方に落ちていく太陽の光のこと。
残照	ざんしょう	日没後、まだ空に残っている夕日の光のこと。
余光	よこう	日が落ちた後に残っている光のこと。
春光	しゅんこう	春の景色のこと。
秋光	しゅうこう	秋の景色のこと。
夜天光	やてんこう	月の光を除く夜空の光の総称。
星夜光	せいやこう	大球上の星々の集まりによってもたらされる夜空の光。別 星野光

項目	よみ	解説
蜃気楼	しんきろう	温度差による大気の密度変化で光が屈折し、現実にはありえない風景が見える現象。
陽炎	かげろう	日射により熱せられた空気が不規則に光を屈折させ、風景が揺らいで見える現象。
糸遊	いとゆう	陽炎《かげろう》の別名。
遊糸	ゆうし	陽炎《かげろう》の別名。
陽焔	ようえん	陽炎《かげろう》の別名。
極光	きょっこう	高緯度地方で、上空に現れる光のこと。オーロラ。
虹	にじ	雨上がりなどに光源の反対側に七色の円弧を描く光の帯が現れる現象。別 霓　㊖のじ、ぬじ
暈	かさ	空気中の微細な氷晶による光の屈折で、太陽、月の周囲に光の環ができる現象。
白虹	はっこう	暈《かさ》の別名。㊖しろにじ
月虹	げっこう	月の光によって生じる月のこと。吉兆とも。
夕虹	ゆうにじ	夕方に出る虹のこと。
光冠	こうかん	薄い雲による光の屈折で、太陽や月の周りに青白い光の円盤が見える現象。別 光環

自然 ▶地形 ▶山

項目	よみ	解説
峰	みね	山の頂のとがった部分のこと。山頂。転じてものの高くなった場所。刀の背。別 嶺、峯

項目	よみ	解説
岳	たけ	ごつごつとした高い山。また、それを数える語。転じて高い山のように偉大な人物。別 嶽
頂	いただき	ものの一番高いところのこと。頭や山頂、位など様々に用いる。
中腹	ちゅうふく	山頂と山麓《さんろく》の中間地点のこと。山腹《さんぷく》。
麓	ふもと	山の下方、土台部分のこと。山の裾、山麓《さんろく》。
裾廻	すそみ	山の麓《ふもと》をぐるりと巡った周囲のこと。別 裾回 別 すそわ
岫	くき	山の洞穴のこと。
峠	とうげ	山道の上り坂を上り詰め、下り坂に転じる場所のこと。名は道祖神への手向けの転とも。
高嶺	たかね	高い山、高い峰のこと。別 高根
翠嶺	すいれい	植物で緑色に染まった山の頂のこと。
銀嶺	ぎんれい	降り積もった雪で銀色に輝く山の頂のこと。
雪嶺	せつれい	雪が降り積もった山の頂のこと。
雪渓	せっけい	高山の斜面や窪みなどで、夏になっても雪が大きく溶け残ったもののこと。
積翠	せきすい	積み重なった緑のこと。木々が青々と繁った山や海、空の形容詞。
崖錐	がんすい	崖や急斜面の下に落下した岩石などが堆積して出来た半円錐形の地形のこと。
主峰	しゅほう	山脈や山塊の中で最も高い山の頂のこと。

項目	よみ	解説
山塊	さんかい	断層などによって他の山脈から隔てられ塊状になった産地のこと。
円丘	えんきゅう	頂上が丸くなった小さな山や塚のこと。

自然 ▶地形 ▶野

項目	よみ	解説
野辺	のべ	野のあたり、野原のこと。火葬場や埋葬場のこともこう呼ぶ。
野良	のら	野原、野のこと。良《ら》は接尾語。田畑などもこう呼ぶ。
湿原	しつげん	低温、多湿の土地に広がる草原のこと。死んだ動植物が腐敗しづらく泥炭層となる。
平原	へいげん	樹木がなく広々とした平坦な野原のこと。
裾野	すその	山の麓が遠く緩やかに傾斜して広がる野原のこと。
荒野	あらの	自然のまま荒れるに任せた野、人気の無い寂しい野のこと。[別] 曠野　(別) あれの
朽野	くだらの	草木が枯れ果て寂しげな様子となった野原のこと。
原頭	げんとう	野原のほとりのこと。
中原	ちゅうげん	広い野原の中央のこと。
野阜	のづかさ	野の中にある小高い場所、丘のこと。[別] 野司
野面	のもせ	野原一面のこと。野も狭いほどの意。(別) のづら

項目	よみ	解説
郊野	こうや	郊外にある野原のこと。
焦土	しょうど	焼けて黒くなった土のこと。もしくは家屋や草木が焼け失せ跡形もなくなった土地。
戦野	せんや	戦場、戦場となった野原のこと。
花野	はなの	色とりどりの秋の草花が満ち溢れた野原のこと。
緑野	りょくや	草木が青々と繁った野原のこと。
平蕪	へいぶ	雑草が生い茂った平野のこと。
悪地	あくち	痩せた軟弱な地層からなり、雨水の侵食により生じた溝で交通が不便になった場所。
雨裂	うれつ	雨水や雪解け水が軟弱な土壌を削って生じる溝状地形。
末黒野	すぐろの	害虫駆除と若芽の育成のために野焼きをし黒々とした野原のこと。
野火	のび	春に新芽の発育を促すために枯れ草を燃やす野焼きの火のこと。
燎原	りょうげん	野原を焼くこと。また火の燃え広がった野原。火の勢いは強い。

自然▶地形▶川・滝

項目	よみ	解説
瀬	せ	川などで徒歩で渡れる浅い場所のこと。また、流れの速い場所。別 湍
高瀬	たかせ	川の瀬の浅い場所のこと。

項目	よみ	解説
早瀬	はやせ	水の流れの速い瀬のこと。
幾瀬	いくせ	いくつかの瀬のこと。また、どれ程多くの意。
七瀬	ななせ	七つの瀬、多くの瀬のこと。また、七つの瀬で行う陰陽道の祓いの儀式。
八十瀬	やそせ	多くの瀬のこと。
瀬々	ぜぜ	多くの瀬のこと。
川瀬	かわせ	川の中の底が浅く流れの速い場所のこと。
曲瀬	くせ	川の底が浅く砂や石が集まった場所のこと。
平瀬	ひらせ	静かで波の立たない広々とした川の瀬のこと。
梁瀬	やなせ	魚を捕るための罠の一種、梁《やな》を仕掛けた川の瀬のこと。
淀瀬	よどせ	流れが緩やかで水が淀んでいる川の瀬のこと。
渡瀬	わたせ	歩いて渡ることのできる浅瀬のこと。
急瀬	きゅうらい	急流の浅瀬のこと。
瀬枕	せまくら	川の早瀬の波が水中の岩などに当たり枕のように水面から盛り上がったところのこと。
瀬頭	せがしら	緩やかな流れから波が立ち流れが速くなり始める場所のこと。瀬の始まる場所。
瀬尻	せじり	流れが揺るやかになり、淵や淀が始まる場所。瀬の終わりの場所。

項目	よみ	解説
網代	あじろ	浅瀬に仕掛ける魚を捕るための罠の一種のこと。また、その設置場所。網の代わりの意。
川津	かわづ	川の渡し場所、船着き場のこと。また、洗濯を行う場所。
川門	かわと	川の両岸が迫り狭くなった場所のこと。川の渡し場。
急湍	きゅうたん	流れの速い浅瀬のこと。
飛湍	ひたん	流れの激しい浅瀬、急流のこと。
奔湍	ほんたん	水の勢いの激しい浅瀬のこと。急流。
激湍	げきたん	谷川などの流れが激しい浅瀬のこと。
淵	ふち	川や沼、湖などの中で水が深く淀んだ場所のこと。別 潭
深淵	しんえん	深い淵のこと。転じて奥深いこと、底知れないことの例え。
淵瀬	ふちせ	淵と瀬のこと。世の中の無常の例え。
瀞	とろ	河川などで水が深くなり流れが揺るやかになった場所のこと。流れに侵食された深い淵。
淀	よど	川などで水が流れずに淀むこと。また、水の淀んだ場所。別 澱
川淀	かわよど	川の流れがゆるく水が淀んでいる場所のこと。
潭水	たんすい	淵の底深くにたたえられた水のこと。
水泡	みなわ	水の泡のこと。転じて儚いものの例え。別 水沫

項目	よみ	解説
飛沫	しぶき	細かく飛び散った液体のこと。㊕ひまつ
大曲	おおわだ	河川や湖などが陸地に深く入り込んで淀んでいる場所のこと。
懸河	けんが	急な傾斜面を滝のような勢いで流れる川のこと。
滝	たき	高い所から勢い良く流れ落ちる水の流れ、またその場所。古くは傾斜の急な川の瀬。
滝口	たきぐち	滝の流れ落ちる場所のこと。
滝壺	たきつぼ	滝の水が落ち込んで深く侵食された淵のこと。
滝波	たきなみ	落下する滝の水のこと。
水簾	すいれん	滝の美称。水の簾《すだれ》の意。
垂水	たるみ	垂れ落ちる水、滝のこと。
瀑布	ばくふ	滝、特に規模の大きい滝のこと。
飛瀑	ひばく	高い所から落下する滝のこと。
飛泉	ひせん	高い所から落下する水、滝のこと。
白竜	はくりょう	白く泡立つ渓流や滝を白い竜に例えたもののこと。

自然▶地形▶海

項目	よみ	解説
海原	うなばら	広々と広がる海のこと。池や湖でもいう。別 わたのはら
海鳴	うみなり	暴風雨や津波の前兆として海から響く音。波のうねりが岸壁で砕けて起こる。別 かいめい
潮騒	しおさい	潮が満ちてくるときに波が音をたてること。また、その音。別 しおざい
蒼海	そうかい	青い海原、大海のこと。別 滄海
碧海	へきかい	青い海、青い海原のこと。
潮	うしお	太陽や月の引力によって起こる海面の昇降のこと。潮の満ち引き。海水。別 汐　別 しお
朝潮	あさしお	朝方に満ちる潮のこと。別 朝汐
夕潮	ゆうしお	夕方に満ちる潮、もしくは夕方に引く潮のこと。別 夕汐
黒潮	くろしお	日本列島に沿って南西から東北に向けて流れる暖流。名は藍黒色の水の流れから。
上紺水	じょうこんすい	黒潮の別名。
真潮	ましお	黒潮や沿岸流のように日本沿岸を流れる大潮流のこと。逆潮《さかしお》に対応した言葉。
逆潮	さかしお	地形や風の影響によって通常の大潮流とは反対方向に流れる潮流のこと。
青潮	あおしお	海洋生物に有害な硫化水素を含む低酸素な低層水。季語としては初夏の青葉の頃の黒潮。
落潮	おとしお	引き潮のこと。

項目	よみ	解説
渦潮	うずしお	渦を巻いて流れる潮流のこと。
大潮	おおしお	干潮の差が最も大きい潮のこと。もしくはそのとき。満月や新月の時に起こる。
春潮	しゅんちょう	春、潮の藍色が薄く明るくなり、潮の満ち引きもゆったりと大きなものへと変わること。
波	なみ	水面の上下運動のこと。別 浪、濤
白波	しらなみ	白く泡立つ波、白く砕ける波のこと。
逆波	さかなみ	流れに逆らって立つ波、逆巻く波のこと。
逆浪	げきろう	逆巻く波のこと。転じて世の中が乱れることの例え。
小波	さざなみ	水面に細かく立つ波のこと。
細小波	いさらなみ	霧の別名。
八重波	やえなみ	幾重にも立つ波のこと。
五百重波	いおえなみ	幾重にも重なって立つ波のこと。
頻波	しきなみ	次から次へと頻りに打ち寄せてくる波のこと。
徒波	あだなみ	むやみやたらに立ち騒ぐ波のこと。転じてうつろいやすい人の心の例え。
砕波	さいは	岩などにぶつかって砕ける高い波のこと。また、その様子。
煙波	えんぱ	水面が煙るかのように遠くまで波立っている様子。

項目	よみ	解説
煙浪	えんろう	煙波《えんぱ》の別名。
波座	なぐら	波のうねり、沖の高波のこと。主に宮城、茨城、和歌山、静岡などでいう。
卯波	うなみ	陰暦４月、卯月の頃に立つ波のこと。
濤	とう	大きな波のこと。
波濤	はとう	うねりの大きな波、大波のこと。
怒濤	どとう	激しく荒れ狂う大波のこと。
狂濤	きょうとう	荒れ狂う大波のこと。
煙濤	えんとう	煙波《えんぱ》の別名。
澪	みお	川や海の中で小型船舶の通行に適す帯状の深い水路。水の尾の意。船の航跡。別 水脈
澪標	みおつくし	船の通路を示すために水中に刺した杭のこと。名は澪の串の意。
瀬戸	せと	幅の狭い海峡のこと。名は狭い門の意。干潮によって激しい潮流を生じる。
灘	なだ	波や潮流の流れが早くて航海が困難な海域のこと。
海門	うなと	海が陸地に挟まれて狭くなっている場所のこと。
岬	みさき	海や湖に細長く突き出た陸地、またその先端のこと。
岸	きし	川、湖、海などに接した陸地のこと。また、岩石や土地などの切り立っている場所。

項目	よみ	解説
渚	なぎさ	川、湖、海などの波が打ち寄せる場所のこと。水際。別 汀
汀	みぎわ	陸地と水の接するところ。水際の意。
浜	はま	海や湖の水際に沿って広がる平坦な陸地のこと。特に砂地。
磯	いそ	海や湖の水際で岩石の多い場所のこと。
磯廻	いそみ	磯の曲がって入り込んだ場所のこと。別 磯回
浦	うら	海や湖が湾曲して陸地に入り込んだ場所のこと。入江。
浦廻	うらみ	海岸の曲がりくねった場所のこと。別 浦回 ㊠うらわ、うらま
沖	おき	海や湖、川などの岸から遠く離れた水面のこと。
礁	しょう	水面に見え隠れする岩のこと。
砂嘴	さし	沿岸流に運ばれた砂礫が湾口などに堆積し、細い堤状に突き出したもののこと。㊠しゃし
砂州	さす	砂嘴が伸びて対岸に接したもの、もしくはほとんど接しそうな状態のもののこと。別 砂洲
絶海	ぜっかい	陸地から遠く離れた海のこと。
砂紋	さもん	砂や泥に現れる規則正しい模様のこと。波や風の影響で形作られる。
不知火	しらぬい	陰暦7月末ごろ九州八代の海に現れる火影。古くは景行天皇の熊蘇討伐に記録がある。
龍燈	りゅうとう	夜、海上に点々と灯火が連なって見える現象。別 竜灯

項目	よみ	解説
漁火	いさりび	夜、魚などを誘き押せるために船上で炊く火のこと。

自然▶地形▶その他

項目	よみ	解説
辻	つじ	道路が十字型に交わっている場所のこと。四つ辻。多く人が往来する場所のこと。
巷	ちまた	物事の分かれ道、分かれ目のこと。世間のこと。別 岐、衢
八衢	やちまた	道がいくつもにも分かれた場所のこと。八は多いの意。迷いやすいことの例え。
関所	せきしょ	要地、国境に通行人などを調べるため設けた施設。転じて通り抜けるのが難しい場所。
県	あがた	大和朝廷時代の行政区分のこと。西日本に広く分布。
葛折	つづらおり	幾重にも曲がりくねった坂道のこと。葛藤の蔓のように曲がりくねっているの意。
蝸角	かかく	蝸牛《かたつむり》の触角のこと。転じて狭い場所の例え。
新墾	あらき	新しく開墾すること。また、その開墾された土地。別 新開、荒開
垣内	かいと	垣根で囲み他と区別した区画のこと。古代、中世では私有権の強い村の一区画。(別) かきつ
地尻	じじり	ある区画の土地の端、敷地の奥、宅地の裏の部屋のこと。
泥砂	でいしゃ	泥と砂のこと。転じて価値の近いものの例え。別 泥沙　(別) でいさ
泥土	でいど	水を含んだ土、泥のこと。転じて値打ちのない、つまらないものの例え。

項目	よみ	解説
絶佳	ぜっか	風景などが優れて美しいこと。
水郷	すいきょう	水辺にある村や町、またその水辺の景色が美しい村や町のこと。(別) すいごう
水都	すいと	美しい川や湖などを中心にできる都のこと。水の都。
楽都	がくと	音楽が盛んに行われている都市のこと。音楽の都。
華夏	かか	文化の開けた土地のこと。都。
異郷	いきょう	郷里や母国から遠く離れた土地のこと。
異土	いど	異国の土地のこと。
胡地	こち	北方の異民族を表す胡《こ》の国のこと。転じて未開の土地。
夷	えびす	東方の異民族を表す言葉。古くは蝦夷《えぞ》のこと。後に東国武士の呼称にも。別 戎、蝦
西天	せいてん	西方の土地、特に仏教におけるインド、天竺《てんじく》のこと。
黄泉	よみ	死後、死者が赴き住むと信じられた地下の国のこと。名は闇の転とも。(別) こうせん
冥土	めいど	黄泉《よみ》の別名。
根国	ねのくに	黄泉《よみ》の別名。
泉下	せんか	黄泉の下、黄泉のほとりのこと。人が死後に行くという世界。
泉界	せんかい	死後の世界、あの世のこと。

項目	よみ	解説
泉門	せんもん	黄泉の国の入り口のこと。
九泉	きゅうせん	九重の地の底のこと。黄泉の国、あの世。転じて墓地、墓場のこと。
九原	きゅうげん	墓地、あの世、黄泉路のこと。中国春秋時代の卿大夫の墳墓のあった地名に基づく。
彼方	かなた	話し手から遠く離れた方向。あちらがた、むこうのこと。

感覚▶色▶赤

項目	よみ	解説
紅	べに	鮮やかな赤色。黄色味がなく、色調は柔らか。紅花の染料による染め物から。別 くれない
紅赤	べにあか	鮮やかな紅赤色。江戸時代に大流行した。
唐紅	からくれない	極めて濃い紅赤色。「から」、「紅（呉藍の転化）」は共に舶来の染料の意味。別 韓紅
真紅	しんく	濃い紅色。茜染めなどによる紅色に似せた色に対する言葉。
深紅	しんく	濃い紅色のこと。
暗紅	あんこう	黒味をおびた紅色のこと。
退紅	たいこう	極めて薄い紅色。名は庶民に許された薄い紅花染めが色褪せた様子から。別 あらぞめ
緋	あけ	黄色味のある深い赤色。炎の燃える色にも例えられる。初期は濃い茜染めのこと。別 ひ
火色	ひいろ	緋《あけ》の別名。
浅緋	うすあけ	薄い緋色のこと。衣服令では五位の色。
深緋	こきひ	黒味の強い黄赤色。濃い茜染めの色。衣服令では四位の色。別 こきあけ、ふかひ
紅緋	べにひ	冴えた黄色味のある赤色。緋より赤味が強い。女官の袴の色として有名。
茜	あかね	暗くくすんだ赤色。名は茜で染めた色から。
纁	そひ	淡い黄赤色。灰汁《あく》焙煎を用いた茜染めの色をいう。大宝律令などに名がみられる。別 蘇比

項目	よみ	解説
朱	しゅ	わずかに黄色味がかった鮮烈な赤色。硫化水銀の染料による色で、宗教的にも珍重。
真朱	しんしゅ	淡い黄色味のあるくすんだ赤色。名は天然の硫化水銀染料の真朱から。㊀まそほ
銀朱	ぎんしゅ	黄色味の強い深い赤色。名は水銀を加工して作った染料の銀朱から。
洗朱	あらいしゅ	非常に淡い朱色。名は洗って淡くなった朱色の意。一説には洗い鮮やかにした朱色とも。
朱華	はねず	皇太子の衣服に用いる黄丹《おうに》を植物の色になぞらえた呼び名。別 朱花、唐棣花
錆朱	さびしゅ	くすんだ朱色。「錆」は金属の酸化物の意。くすんだ明度の低い色に冠することが多い。
赭	そほ	纁《そひ》よりもかなりくすんだ淡い黄赤色。名は赤土の意。
代赭	たいしゃ	黄色味の強い赤褐色。赤鉄鉱の染料、代赭で染めた色。
蘇芳	すおう	青味のある赤色。植物の蘇芳で染めた色。退色しやすく古いものは茶色がかることも。
臙脂	えんじ	青味のある濃い赤色。貝殻虫の染料で染めるが、古くは紅花の染料を重ねたもの。
滅赤	けしあか	鈍い灰色がかった赤のこと。
弁柄	べんがら	赤味の強い褐色。名はインド、ベンガル地方から。染料は酸化鉄を含む粘土。
黄丹	おうに	赤味を帯びた橙色。紅花と梔子の染料で染める。皇太子の礼服の色。
紅藤	べにふじ	赤味をおびた藤色のこと。
紅紫	こうし	紅と紫。転じて、色とりどりの美しい色彩の例え。

感覚 ▶色 ▶黄

項目	よみ	解説
黄土	おうど	黄褐色。酸化鉄の染料、黄土で染めた色。
刈安	かりやす	緑味を帯びた明るい黄色。刈安というイネ科の植物の染料で染めた色。
空五倍子	うつぶし	非常に濃い黄褐色で、ほとんど黒。五倍子《ふし》というヌルデ科の木の瘤の染料で染めた色。
雄黄	ゆうおう	やや赤味の強い黄色。硫化砒素の染料のなかでも特に赤い部分の色。
雌黄	しおう	やや赤味のある黄色。硫化砒素の染料のなかでも黄色い部分の色。
籐黄	とうおう	やや赤味のある冴えた黄色。草雌黄というオトギリソウ科の植物から採る顔料の色。
金赤	きんあか	黄色味が強い明るい赤茶色。
金茶	きんちゃ	金色に近い黄褐色。江戸初期には赤味のある白茶色のこと。

感覚 ▶色 ▶緑

項目	よみ	解説
翠	みどり	翡翠《ひすい》のような光沢のある濃い青緑色。㋲すい
碧	みどり	浮き出すような光沢のある青緑色。㋲へき
老緑	おいみどり	老いたようなくすんだ緑色。
萌黄	もえぎ	冴えた黄緑色。名は萌えいずる新緑から。別 萌葱、萌木

項目	よみ	解説
白緑	びゃくろく	非常に淡い青緑色。孔雀石の顔料、岩緑青の粒子の細かい部分で作る色。
浅緑	あさみどり	くすみのある淡い緑色。
若緑	わかみどり	明るめの淡い緑色。
深緑	ふかみどり	藍色がかった濃い緑色。別 こきみどり
灰緑	はいみどり	くすんだ灰いろがかった緑色のこと。
黒緑	くろみどり	殆ど黒に近い緑色のこと。
常磐	ときわ	やや茶色味がかった深い緑色。名は常緑樹を指す常盤木から。
麹塵	きくじん	抹茶色に似た、くすんだ黄緑色。名は麹黴《こうじかび》の色から。天皇だけが身に付ける禁色。
青丹	あおに	暗く鈍い黄緑色。孔雀石の顔料、岩緑青の古名。別 青土
青摺	あおずり	山藍をすりつけて染めた青味がかった緑色のこと。

感覚▶色▶青

項目	よみ	解説
蒼	あお	生気の無いくすんだ青色。別 そう
縹	はなだ	薄い藍色。別 花田
濃縹	こきはなだ	濃い縹色。深縹。

項目	よみ	解説
深縹	ふかはなだ	濃い縹色。養老律令の衣服令では八位の官服の色。
中縹	なかはなだ	深縹の次に濃い縹色。
次縹	つぎのはなだ	中縹の次に濃い縹色。
浅縹	あさはなだ	薄い縹色。養老律令の衣服令では大初位、少初位の官服の色。
藍	あい	深い青緑色。藍と黄蘗《きはだ》の染料で染める。明治以降は紫がかった深い青色のことも。
青藍	せいらん	鮮やかな藍色のこと。
濃藍	こいあい	紺色一歩手前の濃い藍色。
海松藍	みるあい	青みの強い深い黄緑色。名は海の浅瀬に生える海草、海松《みる》から。
紺	こん	わずかに赤、もしくは紫がかった深く濃い青色。
紺碧	こんぺき	やや黒味を帯びた青色。
紺青	こんじょう	紫がかった濃い青色。藍銅鉱の顔料でも特に濃い紫がかった部分の色。
紺藍	こんあい	濃い青紫色。
留紺	とめこん	非常に濃い紺色。名はこれ以上は濃く染まらないの意。
鉄紺	てつこん	黒味をおびた紺色。名は鉄色をおびた藍色の意。
群青	ぐんじょう	澄んだ青色。藍銅鉱やラピスラズリの顔料の色。

項目	よみ	解説
浅葱	あさぎ	濃いめの水色。薄い藍色とも。田舎武士の羽織の裏地をからかって浅葱裏とも。**別** 浅黄
白群	びゃくぐん	白身をおびた淡青色。藍銅鉱の顔料の粒子の細かいものの色。
灰青	はいあお	灰いろがかった鈍い青色のこと。
青碧	せいへき	青味がかった鈍い翡翠《ひすい》色のこと。
紅碧	べにみどり	やや赤味がかった薄い青紫色。
青鈍	あおにび	灰色がかった鈍い青色。平安時代には喪の衣装の色に用いられた。
瓶覗	かめのぞき	極めて薄い藍色。名は藍瓶に覗く程度のほんの少しの時間だけ漬ける染色方から。
白殺	しろころし	瓶覗《かめのぞき》の別名。

感覚 ▶ 色 ▶ 紫

項目	よみ	解説
紫	むらさき	赤色と青色の混じった色。可視スペクトルの中には紫色はない。
濃色	こきいろ	黒味がかった濃い紫色。紫根染め。古代では単に濃い薄いとする場合紫を指す。
薄色	うすいろ	薄い紫色。名は濃色《こきいろ》に対して薄い紫色であることから。紫根染め。
半	はした	濃色《こきいろ》と薄色《うすいろ》の中間ぐらいの濃さの紫色。紫根染め。
滅紫	けしむらさき	くすんだ灰色がかった紫色。名は紫色から鮮やかさを滅したような色合いから。

項目	よみ	解説
若紫	わかむらさき	明るい紫色。色名として用いられるようになったのは江戸時代から。
中紫	なかむらさき	半《はした》の別名。
江戸紫	えどむらさき	青味がかった紫色。蘇芳染め。名は江戸での染色や江戸の人々の好みから。
古代紫	こだいむらさき	赤味がかった紫色。紫根染め。名は古代から続く染色法から。逆に青味がかるとする説も。
京紫	きょうむらさき	古代紫の別名。
灰紫	はいむらさき	灰色がかった鈍い紫色のこと。
紅紫	べにむらさき	少し赤味がかった薄い紫色のこと。
紫紺	しこん	紺色がかった濃い紫色。名は紫根染めから。 別 紫根
二藍	ふたあい	青味がかった鈍い紫色。名は紅花（呉藍）と藍の二つの染料で染めた色ということから。
紫黒	しこく	紫がかった黒色のこと。

感覚▶色▶白・黒

項目	よみ	解説
雪白	せっぱく	雪のように白い色。純白。
鉛白	えんぱく	薄く灰色がかった白色。本来は塩基性炭酸塩鉛を用いた白粉のこと。
乳白	にゅうはく	乳汁のような不透明な白色。

項目	よみ	解説
藍白	あいじろ	ほとんど白に近い藍色のこと。
白亜	はくあ	灰色がかった白。名は白土の意。石灰岩を砕いた顔料。別 白堊
灰白	はいじろ	わずかに灰色味のある白色。(別) かいはく、はいはく
潤	うるみ	鈍く濁ったような白色。名は濁った様子から。
玄	げん	光や艶の無い黒色。
褐	かち	黒く見えるほど濃い藍色。名は布や藍を褐《つ》く染色方から。勝色として縁起物にも。
青黒	あおくろ	青味がかった黒。
鈍	にび	青味がかった鼠色。本来は鈍い鼠色全般で濃淡は様々。喪の色として用いられた。
涅	くり	黒土のような鈍い黒色。名は水中の黒土から。別 白七 (別) すみ
漆黒	しっこく	漆のように光沢のある深い黒。
黒紅	くろべに	紅色がかった黒色のこと。
憲法	けんぼう	茶色味のある黒色。名は吉岡流剣術の祖、吉岡《よしおか》憲法《けんぼう》の考案した染色方から。

感覚 ▶ 香り

項目	よみ	解説
香	かざ	匂い、香りのこと。別 香気、臭気

項目	よみ	解説
薫香	くんこう	良い香り、芳しい香りのこと。また、緩やかに煙をたて良い香りを出すための香料。
花香	かこう	花の香り、また花の香りのように芳しい香り。
暗香	あんこう	どこからともなく漂ってくる香りのこと。また闇の中で漂う香り。
幽香	ゆうこう	奥ゆかしくほのかな香り。
残香	ざんこう	香などの匂いが残っていること。
馥郁	ふくいく	香りが漂う様子、また香りが豊かに籠る様子のこと。
馨香	けいこう	澄みきった良い香り、遠方にまで漂う香りのこと。㊝けいきょう
清香	せいこう	清々しい清らかな香りのこと。
霊香	れいこう	霊妙な匂いのこと。㊝れいきょう
芳香	ほうこう	良い香りのこと。
芳潤	ほうじゅん	良い匂いがして麗しいこと。
芳烈	ほうれつ	匂いが強く激しいこと。
余薫	よくん	後まで残る香りのこと。転じて先代の残した恩恵の例え。

感覚▶音

項目	よみ	解説
轟	とどろ	大きな音がどうどうと鳴り響くこと。転じて評判が伝わることの例え。
響	ひびき	空気に乗って音の振動が広がる様子。また、その音。転じて評判が伝わることの例え。
谺	こだま	音や声が山や谷、壁などに反射して帰ってくること。
残響	ざんきょう	音が終わった後も壁などの反射によって聞こえる響きのこと。
余韻	よいん	音が終わった後も微かに残る響きのこと。転じて事が終わった後に残る趣の例え。別 余韵
余響	よきょう	余《よ》韻《いん》の別名。
默	しじま	物音がなく静まり返っている様子のこと。またものを言わないこと。沈黙。別 静寂
静寂	せいじゃく	ひっそりと静まり返り寂しげな様子、物音もせず静まりかえった様子のこと。
無音	むおん	音が聞こえないこと。また音がしないこと。
闃然	げきぜん	人気がなく静かで寂しい様子のこと。
深閑	しんかん	物音1つせず、ひっそりと静まり返っている様子のこと。別 森閑
空音	そらね	実際には音がしないのに聞こえたような気がする音、聞き違い、空耳のこと。
清音	せいおん	濁らず澄んだ音色のこと。
清亮	せいりょう	清らかな澄んだ音のこと。

項目	よみ	解説
玉音	ぎょくいん	玉が触れ合う音のような清らかで美しい声、音のこと。
凶音	きょういん	悪い知らせ、訃報のこと。
哀音	あいおん	悲しげな音色や声、調べ。また人々を悲しませるような音色や声、調べのこと。
鬼哭	きこく	恨みを残して成仏できない霊が泣くこと。またその声。
裂帛	れっぱく	絹を裂くこと、またその音。転じて女性の悲鳴や激しい気合いの声、時鳥《ほととぎす》の声の例え。
瓊音	ぬなと	玉の擦れ合う音のこと。「ぬ」は玉、「と」は音の意。
玲瓏	れいろう	玉や金属が触れ合う美しい音、曇りなく輝く玉のこと。転じて美しく輝くことの例え。
神籟	しんらい	神の声のこと。転じて絶妙な音、優れた詩歌、音楽の例え。
天籟	てんらい	風の音など天然自然に鳴る音のこと。転じて調子の美しい詩歌の例え。
地籟	ちらい	地上において鳴る様々な音、地上の音のこと。
鏗然	こうぜん	金属や石、楽器などがうち当たってかん高い音をたてる様子のこと。またその音。
鏗鏘	こうそう	金属や石、琴などが爽やかな音をたてる様子のこと。またその音。
嚠喨	りゅうりょう	楽器の音などが澄みきって冴え渡る様子のこと。別 瀏亮
嘯	うそ	口をすぼめて出す長い声、口笛のこと。また「しっ」と吐き出す息。
息嘯	おきそ	ため息のこと。

項目	よみ	解説
鼾	いびき	睡眠中など意識がない状態で呼吸に混じる異音のこと。主に軟口蓋の弛緩が原因。
音吐	おんと	話すときの声、声の出し方のこと。
初音	はつね	鳥の声、虫の声のうち、その年その季節の一番最初のもの。特に鶯《うぐいす》や時鳥《ほととぎす》など。
瀬音	せおと	浅瀬を流れる水の音のこと。
細流	せせらぎ	浅瀬を流れる水の音、また小さな川のこと。
蚊雷	ぶんらい	大量に集まった蚊の群れがたてる羽音のこと。
仙楽	せんがく	仙人が奏でる音楽のこと。俗人の住む世界では聞けないような美しい音楽のこと。
暁角	ぎょうかく	夜明けを告げる角笛の音のこと。
暁鐘	ぎょうしょう	夜明けを告げる鐘のこと。転じて新しい時代を告げるものの例え。
昏鐘	こんしょう	夕暮れ時の鐘の音のこと。入相の鐘。
晩鐘	ばんしょう	夕暮れ時の鐘の音のこと。入相の鐘。

感覚 ▶光・闇

項目	よみ	解説
光	ひかり	視覚を刺激して明るさを感じさせる電磁波の一種のこと。また輝き、光沢。
清暉	せいき	明るく清らかな日の光のこと。別 清輝

項目	よみ	解説
光輝	こうき	光り、輝くこと。転じて名誉の例え。
光炎	こうえん	光と炎のこと。転じて雄大な勢いの例え。 別 光燄、光焔
光華	こうか	美しく光輝くこと。またその光。転じて名誉、誉れの例え。
光明	こうみょう	明るく輝く光。また明らかにすること。転じて逆境の中で見いだす希望の例え。
光耀	こうよう	光輝くこと。またその輝き。
光芒	こうぼう	筋のように見える光線、仄かに広がる光線、光の穂先のこと。
閃光	せんこう	瞬間的に強く煌めく光のこと。
一閃	いっせん	ピカッと輝くこと。もしくはさっとひらめくこと。
燐光	りんこう	黄燐が空気中で酸化する際に発する青白い光のこと。光が当たっていた物質に残る残光。
金光	きんこう	黄金の発する光、金色の光のこと。
彩光	さいこう	美しい光、様々な色で彩られた光のこと。
瑞光	ずいこう	めでたいことの前兆とされる光。
清光	せいこう	澄みきった月の光、清らかな光のこと。転じて高貴な人の清らかな姿のこと。
赫灼	かくしゃく	赤々と光り輝く様子、燃え盛る様子のこと。
赫焉	かくえん	赤々と照り輝く様子、非常に明るい様子のこと。

項目	よみ	解説
眩耀	げんよう	眩いほどに輝くこと。
燦爛	さんらん	鮮やかに煌めき輝く様子のこと。
絢爛	けんらん	きらびやかで美しく艶やかな様子のこと。転じて詩文の装飾が多く美しいことの例え。
反照	はんしょう	光の反射、夕焼けの光のこと。転じて物事が影響を及ぼすこと。またその結果。
闇	やみ	暗いこと、光がないこと、はっきり見えないこと。また夜の闇、暗いこと。
陰	かげ	光が物に遮られてできる暗い部分のこと。光や物の姿、寄り添うものの例え。**別** 蔭、翳
昏	くら	ほの暗いこと、夕暮れの暗闇のこと。転じて道理に暗いことの例え。**別** 冥
暗黒	あんこく	真っ暗なこと、暗闇のこと。転じて政治が乱れ、文化が衰えることの例え。**別** 闇黒
黒闇	こくあん	暗闇、死のこと。**別** 黒暗
黒暗暗	こくあんあん	一面真っ暗な様子のこと。**別** 黒闇闇
暗然	あんぜん	暗いこと、黒いこと。転じて悲しみで心が暗く塞ぐことの例え。**別** 黯然、闇然
暗闇	くらやみ	光がなく暗いこと。またその場所。転じて人目に届かない場所、希望の無いことの例え。
常闇	とこやみ	永久、永遠に暗闇であること。
漆桶	しっつう	真っ黒でなにもわからないこと。漆《うるし》を入れた桶の意。
常夜	とこよ	昼が訪れず常に夜であること。

項目	よみ	解説
冥暗	めいあん	暗闇のこと。また冥土での迷い、苦しみのこと。 別 冥闇
幽暗	ゆうあん	暗いこと。 別 幽闇
幽冥	ゆうめい	かすかで暗いこと。
暗影	あんえい	暗い影のこと。転じて不安の前兆の例え。 別 暗翳
陰影	いんえい	光の当たらない薄暗い影のこと。転じて微妙な変化のもたらす深い味わいの例え。 別 陰翳
晦冥	かいめい	日の光が隠れるなどして真っ暗闇になること。
冥漠	めいばく	暗くて遠くはっきりと見えないこと。またその様子。
障翳	しょうえい	日の光や風雨をさえぎること。またさえぎるもの。
繊翳	せんえい	少しの曇り、ちょっとした影のこと。

感覚 ▶雰囲気

項目	よみ	解説
長閑	のどか	静かで落ち着いた様子、のんびりとして穏やかな様子のこと。
朧	おぼろ	はっきりとしない、ぼんやりと霞んだ様子のこと。
斑	まだら	様々な種類、濃淡の色が混じり合い模様を描く様子のこと。
空	うつろ	中身がなく空であること。またそのもの、場所。転じて心が空しくなる様子。 別 虚、洞

項目	よみ	解説
鬱	うつ	草などが繁ること、煙などが籠り塞がること。転じて心の晴れない様子の例え。**別** 欝
茫	ぼう	広く果てしない様子、ぼんやりしてはっきりしない様子のこと。
漠	ばく	広々として何もない様子、とりとめもなくつかみどころの無い様子のこと。広い砂漠。
艶	えん	艶やかで魅力溢れる様子、優美でしっとりとした様子のこと。
凛	りん	身の引き締まるような寒さ、冷たさ。転じてりりしい様子、隙の無い様子の例え。
雅	みやび	上品で優雅な様子、宮廷風、都会風で洗練された様子のこと。
貴	あて	貴く上品で優美なこと。身分が高いこと。
棘	おどろ	草木、特に棘が乱雑に繁っている様子。またその場所。転じて乱れた頭髪の例え。**別** 荊棘
寂	さび	古びて物静かで趣のある様子のこと。転じて低く枯れた渋い声の例え。
要	かなめ	扇の骨を綴じあわせるための釘のこと。転じて物事の最も重要な部分。
刻刻	ぎざぎざ	細かい凸凹が並んでいる様子、またその凸凹のこと。**別** 段段
仄仄	ほのぼの	かすかに明るくなる様子。
曖昧	あいまい	不明瞭な、物事のはっきりしない様子のこと。
恢恢	かいかい	広く大きい様子、ゆったりと余裕のある様子のこと。
峨峨	がが	山や岩が高く険しくそびえ立つ様子のこと。転じて姿形が厳めしいことの例え。

項目	よみ	解説
已己巳己	いこみき	それぞれの字が似ていることから転じて、似ているもの、紛らわしいことの例え。
晏然	あんぜん	安らかな落ち着いた様子のこと。
安閑	あんかん	物静かでゆったりとした様子のこと。特に危急の際にのんびり何もしない様子。
晏如	あんじょ	安らかで落ち着いている様子のこと。
委蛇	いだ	うねうねとうねる様子のこと。素直に従うこと。㊊いい
銀蛇	ぎんだ	銀色の蛇のこと。転じて光や波が長くうねる様子の例え。
淑気	しゅくき	新年の天地に満ちる穏やかで爽やかな気配。新年を祝う際に用いる。
清洒	せいしゃ	清らかでさっぱりした様子、飾り気がなくさっぱりした様子のこと。別 清灑
揺曳	ようえい	ゆらゆらと揺れ動く様子、翻りつつ飛ぶ様子のこと。転じてぶらぶらと歩くことの例え。
荒涼	こうりょう	景色などが荒れ果てて寂しい様子のこと。転じて満たされず空しいことの例え。
陰鬱	いんうつ	陰気でうっとおしいこと、気が塞ぎ晴れ晴れとしないこと。
陰惨	いんさん	陰気でむごたらしい様子、湿っぽい様子のこと。
暗澹	あんたん	暗くて不気味な様子、静かな様子のこと。転じて見通しが立たず悲観的な様子の例え。
等閑	なおざり	物事を軽く見て注意を払わず、いい加減、おろそかに対応すること。
真具	まつぶさ	物が十分に整い揃っている様子のこと。別 委曲

項目	よみ	解説
牢乎	ろうこ	固くしっかりとして揺るぎ無い様子、がっしりとして丈夫な様子のこと。
茫乎	ぼうこ	広々とした様子のこと。またとりとめなくはっきりしない様子。
凜乎	りんこ	きりりと勇ましくりりしい様子のこと。
洒落	しゃら	粋で気のきいた態度や服装のこと。また生意気で小癪な態度。
清雅	せいが	清らかで上品、清楚で品の良いことの例え。
閑雅	かんが	しとやかで上品な様子のこと。また景色などが物静かで趣のある様子。
閑寂	かんじゃく	ひっそりと落ち着いている様子のこと。俗世間を離れた物静かな境地。㊊かんせき
玄奥	げんおう	物事が奥深く計り知れないこと。
枯淡	こたん	俗っぽさがなくさっぱりとしているが味わい深いこと。欲がなく淡々とした様子。
清幽	せいゆう	俗世間を離れ物静かな様子、またその場所のこと。
蒼古	そうこ	年を経て枯れた趣のある様子のこと。別 蒼枯
風趣	ふうしゅ	風情のある味わい、趣のこと。
風情	ふぜい	味わい、趣のこと。また人の外見や表情、様子。

時間 ▶ 季節 ▶ 春

項目	よみ	解説
花時	はなどき	花、特に桜の花が咲く時期のこと。
寒明	かんあけ	立春となり、寒の時節が終わること。
早春	そうしゅん	春の始め頃のこと。
浅春	せんしゅん	まだ寒さの残る春の始め頃のこと。
睦月	むつき	陰暦1月のこと。
如月	きさらぎ	陰暦2月のこと。㊇じょげつ
仲春	ちゅうしゅん	陰暦2月の別名。春の3ヶ月の真ん中の意。
花朝	かちょう	陰暦2月の別名。
令月	れいげつ	陰暦2月の別名。
弥生	やよい	陰暦3月のこと。
嘉月	かげつ	陰暦3月の別名。
禊月	けいげつ	陰暦3月の別名。
晩春	ばんしゅん	陰暦3月の別名。春の末のこと。
季春	きしゅん	陰暦3月の別名。春の末、晩春のこと。

項目	よみ	解説
春闌	はるたく	春が盛りとなること。
暮春	ぼしゅん	陰暦3月の別名。春の終わりのこと。
惜春	せきしゅん	過ぎ去る春を惜しむこと。
春宵	しゅんよう	春の景色のこと。
日長	ひなが	春になり日が延びたこと。
春永	はるなが	日中が長く感じられる春の日。年始をたたえて言う。
永陽	えいよう	日中が長く感じられる春の日のこと。特に正月を指す。
永日	えいじつ	日中が長く感じられる春の日のこと。
余寒	よかん	立春後の寒気。寒があけてもまだ残る寒さのこと。
春寒	はるさむ	春になったのにまだ寒いこと。㊗ しゅんかん
花冷	はなびえ	桜の花の季節の一時的な寒さのこと。
料峭	りょうしょう	春風がまだ肌に寒く感じられる様子。
花曇	はなぐもり	桜の花の季節の曇りがちな天候のこと。
春陰	しゅんいん	春の曇りがちな天候のこと。春の曇り空。
春塵	しゅんじん	雪や霜が溶けたあと舞い上がる砂塵のこと。春の砂嵐。㊗ はるほこり

項目	よみ	解説
春陽	しゅんよう	春の日差しのこと。春の陽光。
春曙	しゅんしょ	春の夜明けのこと。
春暁	しゅんぎょう	春の夜明け、明け方のこと。

時間 ▶季節 ▶夏

項目	よみ	解説
三伏	さんぷく	夏至後の第3庚（初伏）、第4庚（中伏）、立秋後の初めての庚（末伏）の3つ。
朱夏	しゅか	夏のこと。五行の赤が夏にあたるところから。
一夏	いちげ	仏教用語。陰暦4月16日から7月15日まで。僧の籠る安居《あんご》の期間。
首夏	しゅか	夏の初め。
麦秋	ばくしゅう	初夏、麦の取り入れをする頃のこと。
卯月	うづき	陰暦4月のこと。
夏半	かはん	陰暦4月の別名。
正陽	せいよう	陰暦4月の別名。
皐月	さつき	陰暦5月のこと。
半夏	はんげ	仏教用語。夏の安居《あんご》、夏安居の中日、45日目のこと。

項目	よみ	解説
水無月	みなづき	陰暦6月のこと。
晩夏	ばんか	陰暦6月の別名。夏の終わり頃のこと。
極暑	ごくしょ	極めて暑いこと。一年で一番厳しい暑さ。
溽暑	じゅくしょ	湿気が多くて蒸し暑いこと。
湿暑	しつしょ	湿度の高い蒸し暑さのこと。
炎暑	えんしょ	燃えるような真夏の暑さのこと。
酷暑	こくしょ	燃えるような真夏の暑さのこと。
炎熱	えんねつ	燃えるような真夏の暑さのこと。
薄暑	はくしょ	うっすらと汗ばむ初夏の暑さのこと。
炎昼	えんちゅう	夏の暑さも盛りの昼下がり。
夏暁	なつあけ	夏の夜明け、明け方のこと。

時間▶季節▶秋

項目	よみ	解説
金秋	きんしゅう	秋のこと。五行の金が秋にあたるところから。
白秋	はくしゅう	秋のこと。五行の白が秋にあたるところから。

項目	よみ	解説
桂秋	けいしゅう	秋のこと。桂は木犀《もくせい》を指す。
文月	ふみづき	陰暦７月のこと。㊇ふづき
孟秋	もうしゅう	陰暦７月の別名。秋の初めのこと。
蘭月	らんげつ	陰暦７月の別名。
涼月	りょうげつ	陰暦７月の別名。
葉月	はづき	陰暦８月のこと。
仲秋	ちゅうしゅう	陰暦８月の別名。秋の３ヶ月の真ん中の意。
八朔	はっさく	陰暦８月１日（朔）のこと。豊作祈願など様々な行事が行われる。
長月	ながつき	陰暦９月のこと。
菊秋	きくあき	陰暦９月の別名。
季秋	きしゅう	陰暦９月の別名。秋の３ヶ月の最後の月。
暮秋	ぼしゅう	陰暦９月の別名。秋の終わりのこと。
玄月	げんげつ	陰暦９月の別名。
錦秋	きんしゅう	紅葉が美しい秋のこと。
秋麗	あきうらら	秋晴れの麗らかさ。㊇しゅうれい

項目	よみ	解説
新涼	しんりょう	初秋の頃の涼しさのこと。
秋涼	しゅうりょう	秋の涼しさ、または秋の涼しい風のこと。
秋気	しゅうき	秋の気配。秋らしい雰囲気。
秋陰	しゅういん	秋の曇り空のこと。
深秋	しんしゅう	秋が深まったころのこと。
残秋	ざんしゅう	秋の終わり頃のこと。
秋暁	しゅうぎょう	秋の明け方のこと。
秋水	しゅうすい	秋の澄みきった水のこと。転じて、鋭利な刀の例え。
秋蝉	しゅうせん	秋に鳴く蝉のこと。
秋夜	しゅうや	秋の夜のこと。
秋嵐	しゅうらん	秋の山の空気のこと。また、秋の嵐。

時間 ▶ 季節 ▶ 冬

項目	よみ	解説
三冬	みふゆ	冬の3ヶ月のこと。
玄冬	げんとう	冬のこと。

項目	よみ	解説
小春	こはる	初冬に、春の日のような穏やかな日が続く頃のこと。
神無月	かんなづき	陰暦10月のこと。
霜先	しもさき	霜の降り始める頃のこと。
霜月	しもつき	陰暦11月のこと。
神来月	かみきづき	陰暦11月の別名。
仲冬	ちゅうとう	陰暦11月の別名。冬の3ヶ月の真ん中の意。
師走	しわす	陰暦12月のこと。
雪月	ゆきづき	陰暦12月の別名。
窮陰	きゅういん	陰暦12月の別名。冬の末のこと。
凍晴	いてばれ	寒さの強い快晴のこと。
極寒	ごくかん	とても厳しい寒さのこと。一年で一番厳しい寒さ。
酷寒	こっかん	非常に厳しい寒さのこと。
厳寒	げんかん	とても厳しい寒さのこと。
待春	たいしゅん	春の訪れを待ちわびる頃のこと。

二十四節気

項目	よみ	解説
立春	りっしゅん	二十四節気の1つ。太陽暦2月4日頃。春の始まりのこと。
雨水	うすい	二十四節気の1つ。太陽暦2月19日頃。
啓蟄	けいちつ	二十四節気の1つ。太陽暦3月5日頃。冬籠りしていた虫が這いでてくる時期の意。
春分	しゅんぶん	二十四節気の1つ。太陽暦3月20日頃。昼夜の長さがほぼ等しい。春の彼岸の中日。
清明	せいめい	二十四節気の1つ。太陽暦4月4日頃。清く明るい気が満ちるの意。
穀雨	こくう	二十四節気の1つ。太陽暦4月20日頃。雨が穀物を潤すの意。春の季節の最後。
立夏	りっか	二十四節気の1つ。太陽暦5月5日頃。夏の始まりのこと。
小満	しょうまん	二十四節気の1つ。太陽暦5月21日頃。草木が周囲に充ちあふれ始める時期の意。
芒種	ぼうしゅ	二十四節気の1つ。太陽暦6月5日頃。突起の有る外殻を持つ穀物をまく時期の意。
夏至	げし	二十四節気の1つ。太陽暦6月21日頃。1年の中で最も太陽の高度が高く昼が長い。
小暑	しょうしょ	二十四節気の1つ。太陽暦7月7日頃。暑さの始まり。
大暑	たいしょ	二十四節気の1つ。太陽暦7月22日頃。最も暑さが厳しい。
立秋	りっしゅう	二十四節気の1つ。太陽暦8月7日頃。秋の始まりのこと。
処暑	しょしょ	二十四節気の1つ。太陽暦8月23日頃。暑さが収まるの意。

項目	よみ	解説
白露	はくろ	二十四節気の１つ。太陽暦９月７日頃。
秋分	しゅうぶん	二十四節気の１つ。太陽暦９月23日頃。昼夜の長さがほぼ等しい。秋の彼岸の中日。
寒露	かんろ	二十四節気の１つ。太陽暦10月８日頃。
霜降	そうこう	二十四節気の１つ。太陽暦10月23日頃。
立冬	りっとう	二十四節気の１つ。太陽暦11月７日頃。冬の始まりのこと。
小雪	しょうせつ	二十四節気の１つ。太陽暦11月22日頃。
大雪	たいせつ	二十四節気の１つ。太陽暦12月７日頃。激しく降る雪のこと。
冬至	とうじ	二十四節気の１つ。太陽暦12月21日頃。１年の中で最も太陽の高度が低く昼の短い日。
小寒	しょうかん	二十四節気の１つ。太陽暦１月５日頃。
大寒	たいかん	二十四節気の１つ。太陽暦１月21日頃。非常に寒いこと。(別)だいかん

時間 ▶時間 ▶一日

項目	よみ	解説
終日	ひねもす	朝から晩まで。一日中のこと。終日。
黄昏	たそがれ	夕暮れのこと。「誰ぞ彼は」の意で、顔も判別しづらくなった時分。
薄暮	はくぼ	薄明かりの残る夕暮れのこと。黄昏《たそがれ》、日暮れ。

項目	よみ	解説
夕闇	ゆうやみ	夕方の暗さ、日が落ちて月がのぼるまでの間の暗さのこと。
暮夜	ぼや	夜のこと。夜分。
夜半	よわ	夜のこと。夜更け、夜中。㊙やはん
夜陰	やいん	夜の暗闇のこと。夜。
小夜	さよ	夜のこと。
深夜	しんや	夜更け、真夜中のこと。深更。
深更	しんこう	夜更け、真夜中のこと。深夜。
五更	ごこう	日没から日の出までを５等分した夜の時間区分。初更、二更、三更、四更、五更の総称。
五夜	ごや	日没から日の出までを５等分した夜の時間区分。甲夜、乙夜、丙夜、丁夜、戊夜の総称。
暁闇	ぎょうあん	月の無い明け方、その暗闇のこと。㊙あかときやみ
暁	あかつき	夜明け前のまだ暗い時分のこと。「曙」の前の段階。
黎明	れいめい	明け方、夜明けのこと。
薄明	はくめい	日の出前、もしくは日没の後に見られるほのかな空の明るさ。㊙はくみょう
払暁	ふつぎょう	明け方、暁のこと。
暁紅	ぎょうこう	明け方の光が東の空を赤く染める様子。

項目	よみ	解説
曙	あけぼの	夜明け方、空が明るんでくる時間のこと。夜がほのぼのと明け始める頃。
宵	よい	夜に入ってまだ間もないころのこと。「夕べ」の次の段階。
春宵	しゅんしょう	春の夕方のこと。春の宵。
春茜	はるあかね	春の夕焼け空のこと。
星月夜	ほしづきよ	月が出ていない星明かりの夜のこと。また、その星明かり。
星夜	せいや	星の光が明るい夜のこと。
闇夜	やみよ	闇の夜。月の出ていない夜のこと。

時間 ▶時間 ▶その他

項目	よみ	解説
星霜	せいそう	年月、歳月のこと。星は1年で天を巡り、霜は年ごとに降ることから。
永遠	えいえん	始めも終わりもなく果てしなく長く続くこと。㊗とわ
永久	えいきゅう	いつまでも変わらずに続くこと。長く久しいこと。㊗とわ
無窮	むきゅう	何処までも続き、極まりがないこと。㊗むぐう
久遠	くおん	長く久しいこと。時の無窮なこと。仏教用語。
悠久	ゆうきゅう	果てしなく長く続くこと。長く久しいこと。

項目	よみ	解説
永劫	えいごう	無限に長い年月のこと。
億劫	おくごう	無限に長い年月のこと。
万劫	ばんごう	無限に長い年月のこと。
悠遠	ゆうえん	はるかに遠く久しいこと。悠久。
弥久	びきゅう	長引くこと。久しきに弥《わた》ること。
百代	ももよ	百年のこと。非常に長い時間の例え。別 百世
千代	ちよ	千年のこと。非常に長い時間の例え。別 千世
八千代	やちよ	八千年のこと。非常に長い時間の例え。
千歳	ちとせ	千年のこと。非常に長い時間の例え。
玉響	たまゆら	ほんのしばらくの間。玉が触れ合って微かに鳴る様子が転じたもの。別 たまかぎる
刹那	せつな	ごく極めて短い時間のこと。指を弾く短い時間1回で65刹那とする説も。
須臾	しゅゆ	ほんのしばらくの間のこと。
造次	ぞうじ	とっさの場合。ごく短い時間のこと。
石火	せっか	火打ち石を叩いて出る火花のこと。転じて非常に短い時間、移り変わりの激しさの例え。
転瞬	てんしゅん	瞬きをすること。転じてほんの短い時間の例え。

項目	よみ	解説
砌	みぎり	時、折、頃、時節のこと。雨滴を受けるために軒下に石を敷いた場所。転じて庭。

人▶性質▶肉体

項目	よみ	解説
花唇	かしん	花弁のこと。転じて美人の唇。
桜唇	おうしん	赤い桜や桃の花弁のような唇、美人の唇のこと。
紅唇	こうしん	紅色の唇、口紅をつけた唇のこと。転じて美人の唇のこと。別 紅脣
鶯舌	おうぜつ	鶯の声、転じて美しい声の形容。
皓歯	こうし	白く清らかな歯のこと。
柳眉	りゅうび	柳の葉のように細く美しい眉のこと。美人の眉の例え。
青蛾	せいが	黛《まゆずみ》で描いた緑色の眉のこと。転じて美人の例え。
蛾眉	がび	蛾の触角のような三日月型の眉のこと。美人の眉の例え。転じて美人の例え。
翠黛	すいたい	緑の黛《まゆずみ》のこと。転じて美人の眉、靄がかかり緑に霞む山々の例え。
眉雪	びせつ	眉毛が雪のように白いこと。またその眉。老人の例え。
明眸	めいぼう	澄みきって美しい瞳、ハッキリとした眼元のこと。美人の例え。
炯眼	けいがん	きらきらと光る鋭い眼のこと。眼力、洞察力に優れること。
熊鷹	くまたか	飢えた熊や鷹が獲物を探す目付き。転じて貪欲で狂暴な人の恐ろしい目付きのこと。
花瞼	かけん	紅潮した花のように美しい瞼《まぶた》、美人の瞼のこと。

項目	よみ	解説
玉臂	ぎょくひ	玉のように美しい肘、美しい腕のこと。転じて美人の腕の例え。
鉄脚	てっきゃく	鉄製の脚のこと。転じて丈夫な脚の例え。
夭桃	ようとう	若々しく美しく咲いた桃の花のこと。転じて若く美しい女性の例え。
名花	めいか	人に持て囃される名高い、美しい花のこと。転じて美しい女性、徳に名高い芸妓の例え。
蘭芷	らんし	香草として名高い蘭《らん》とよろい草のこと。転じて賢い人、美人の例え。
傾城	けいせい	美人の色香で城や国が傾くという故事。転じて絶世の美人、特に芸妓や遊女の例え。
艶冶	えんや	艶かしく化粧をしていること。転じて艶やかで美しいことの例え。
都雅	とが	姿や立ち居振舞いが美しく上品なことの例え。
瑰麗	かいれい	優れて美しいことの例え。
鍾美	しょうび	美を１つに集めること。転じて優れて美しいことの例え。
烏喙	うかい	烏のような嘴のこと。転じて欲深い人の人相。
雲鬢	うんびん	雲に例えた女性の髪の毛の美称。転じて美人の例え。
霜雪	そうせつ	霜と雪のこと。転じて白くなった髪や髭の例え。
霜蓬	そうほう	霜の降りた蓬のこと。転じて乱れた白髪頭のこと。
繁霜	はんそう	沢山の霜のこと。転じて髪などが酷く白くなってしまったことの例え。

項目	よみ	解説
双肩	そうけん	左右の肩のこと。転じて重大な責任、任務を背負うことの例え。
華甲	かこう	還暦、61歳のこと。華の漢字を分解すると「六」、「十」、「一」になることから。

人 ▶性質 ▶能力

項目	よみ	解説
金石	きんせき	金属と岩石、またそれらで作られた器物のこと。転じて極めて堅固なことの例え。
金鉄	きんてつ	金もしくは金属と鉄のこと。転じて容易には崩れない堅固なものの例え。
金剛	こんごう	梵語の「堅固」の意。ダイヤモンドのこと。転じて固く壊れないものの例え。仏教用語。
鉄壁	てっぺき	鉄で作った城壁、堅固な城壁のこと。転じて守備が極めて堅牢なことの例え。
謫仙	たくせん	天界から人間界に流れてきた仙人のこと。転じて優れた人の例え。
白眉	はくび	蜀《しょく》の馬氏で最も優れた子は眉が白い馬良であるという故事。転じて優れた人の例え。
明珠	めいしゅ	光る珠のこと。転じて優れた人物、ものの例え。
蟄竜	ちつりょう	地中に隠れ潜む竜のこと。転じて活躍の機会を得られない英雄のこと。
潜竜	せんりょう	水に潜み天に昇らぬ竜のこと。転じて即位しない天子、世に知られぬ優れた人物の例え。
虎嘯	こしょう	虎の吠え声のこと。転じて英雄が世の中に出て活躍することの例え。
木鶏	もっけい	木でできた鶏のこと。転じて強さを表に出さない強者の例え。別 木鶏

項目	よみ	解説
暗向	あんこう	愚か者のこと。別 あんごう
犬羊	けんよう	犬と羊のこと。賊を罵しるときに用いる語。また、才能がないつまらない人の例え。
碌碌	ろくろく	平凡、役に立たない様のこと。下に打ち消しの語を伴う場合、十分、満足にの意。別 陸陸
斥鷃	せきあん	小鳥のこと。転じて取るに足らない小人物の例え。
蚊虻	ぶんぼう	蚊と虻のこと。転じて弱くつまらないものの例え。
蠅頭	ようとう	蠅の頭のこと。転じて極めて小さいもの、僅かな利益、細かい字などの例え。
寒苦鳥	かんくちょう	夜は寒さに巣作りを試みるが昼は忘れ怠ける架空の鳥。怠け者で救われない人物の例え。
散木	さんぼく	役に立たない木のこと。転じて役に立たない人の例え。
迂腐	うふ	世間知らずで回りくどく、全く役に立たないこと。またその様子の例え。
鬼味噌	おにみそ	外見こそ強そうなものの実際には弱い人の例え。
灰塵	かいじん	灰と燃えさしのこと。転じて取るに足りないもの、下らないものの例え。
塵芥	じんかい	塵や芥、ゴミクズのこと。転じて取るに足りないものの例え。別 ちりあくた
螻蟻	ろうぎ	おけらと蟻のこと。転じて取るに足りないものの例え。
瓦石	がせき	瓦や石のこと。転じて無価値なものの例え。
四文	しもん	四文銭のこと。転じて無価値な、軽々しいものの例え。また、差し出がましいこと。

項目	よみ	解説
画餅	がべい	実際には役に立たないこと。計画が失敗して努力が無駄になること。絵に描いた餅の意。
鶏肋	けいろく	食べづらい鶏の肋骨のこと。転じて取るに足りないが捨てるには惜しいもののこと。
鯤鵬	こんほう	古代中国の想像上の巨大な鳥のこと。転じて非常に大きなものの例え。
涓滴	けんてき	水の滴りのこと。転じて微少なものの例え。
鵝毛	がもう	鵝鳥の羽毛のこと。転じて極めて軽いものの例え。
鴻毛	こうもう	鴻の羽毛のこと。転じて極めて軽いものの例え。
千貫	せんがん	穴あき銭1000枚のこと。転じて重いこと、価値のあることの例え。
長蛇	ちょうだ	長大な蛇のこと。転じて長大なもの、貪欲な人の例え。
飛燕	ひえん	飛んでいる燕のこと。転じて機敏に身を翻すこと、またその様子の例え。
脱兎	だっと	逃げ出した兎のこと。転じて行動の素早いことの例え。
砕金	さいきん	砕けた黄金のこと。転じて美しい詩文の例え。
鳩居	きゅうきょ	鳩は巣作りが下手で鷺《さぎ》の巣に住むの意。転じて独力で家庭を作れず夫と住む女性のこと。
成蹊	せいけい	桃李の元には道が開けるという故事。転じて有徳の人物の元には人が集まるという例え。

人 ▶性質 ▶心理

項目	よみ	解説
海岳	かいがく	海と山のこと。転じて恩愛などが深く大きいことの例え。
丘山	きゅうざん	丘と山のこと。転じて物静かで落ち着いていることの例え。また、ものが多くある様子。
山斗	さんと	泰山と北斗七星のこと。転じて人に見上げられるものの例え。
勁草	けいそう	風に強い草のこと。転じて節操や意思が固いことの例え。
鉄石	てっせき	鉄と石のこと。転じて極めて堅固な決意、意思の例え。
堅気	かたぎ	地道で真面目、律儀なこと。またそうした職業。
杖柱	つえはしら	杖と柱のこと。転じて非常に頼りとする人の例え。
勁松	けいしょう	風や霜にも弱らない強い松のこと。転じて節操を固く守る忠臣のこと。
良狗	りょうく	優れた良い犬のこと。転じて謀《はかりごと》に巧みな優れた家臣の例え。
碧血	へきけつ	主君を諫められず自殺した家臣の血が碧玉になったという故事。転じて忠誠心の例え。
社鼠	しゃそ	社寺に巣食う鼠のこと。転じて君主の側の奸臣、その奸臣を除きがたいことの例え。
竜驤	りゅうじょう	竜が天に昇ること。転じて権勢を振るうことの例え。
蒼鷹	そうよう	羽色の蒼白い鷹《たか》のこと。転じて厳しい役人の例え。
桀紂	けっちゅう	暴君として知られる古代中国の夏の桀《けつ》王、殷の紂《ちゅう》王のこと。 転じて暴虐非道の君主のこと。

項目	よみ	解説
牛後	ぎゅうご	牛の尻のこと。転じて強大なものの後ろに付き従い使役される人物の例え。
鶏口	けいこう	鶏の口のこと。転じて小さな組織やその長の例え。
松喬	しょうきょう	長寿で有名な赤《せき》松《しょう》子《し》、王《おう》子《し》喬《きょう》の2人の仙人のこと。転じて長寿な人、隠遁した人の例え。
野鶴	やかく	野に住む鶴《つる》のこと。転じて俗世間を離れ超然としている隠遁者の例え。
轍魚	てつぎょ	轍《わだち》に溜まった水の中で苦しむ魚のこと。転じて困窮して苦しむ人の例え。
刻舟	こくしゅう	旧習を固守する愚か者のこと。船から落とした剣を探す目印を船につけた故事による。
面牆	めんしょう	垣根の方を向いていること。転じて進歩しないこと、見聞の狭いことの例え。
石木	いわき	石や岩、木のこと。転じて感情がなく無慈悲なこと。また、その様子。別 岩木
木石	ぼくせき	木と石のこと。転じて感情のない、人情を解さない鈍感な人の例え。
阿漕	あこぎ	強欲無慈悲で厚かましく際限無く貪ること。酷く扱う様。本来は度重なるの意。
獰悪	どうあく	性質や外見が荒々しく憎々しげで凶悪なことの例え。
熊手	くまで	ものをかき集める熊手、転じて欲深い人、強欲な人の例え。
奸邪	かんじゃ	よこしまなこと。別 姦邪
猛虎	もうこ	猛々しい虎のこと。転じて凄まじく強いものの例え。
熊羆	ゆうひ	熊と羆《ひぐま》のこと。転じて勇猛なものの例え。

項目	よみ	解説
餓虎	がこ	飢えた虎のこと。転じて危険なこと、欲深く乱暴な人物の例え。
虎狼	ころう	虎と狼のこと。転じて残忍非道な人の例え。
狼虎	ろうこ	狼と虎のこと。転じて残酷で欲深く害意を持ったものの例え。
狐狼	ころう	狐と狼のこと。転じて悪賢く人を害そうと企む人の例え。
豺虎	さいこ	山犬と虎のこと。転じて残酷な悪人の例え。
豺狼	さいろう	山犬と狼のこと。貪欲で残忍な人の例え。
蛇蝎	だかつ	蛇と蠍《さそり》のこと。転じて酷く忌み嫌うことの例え。
火坑	かきょう	欲の恐ろしさの例え。火の孔の意。仏教用語。
暗晦	あんかい	心情などが暗い様子のこと。
稠林	ちゅうりん	密生した森林のこと。転じて行くべき方向がわからない、煩悩、盲見に悩むことの例え。
烈火	れっか	激しく燃える火のこと。転じてひどく激しいことの例え。特に怒りの表現。
胡乱	うろん	いい加減なこと、不確かなこと、納得いかないことのこと。「胡」はデタラメの意。
土芥	どかい	土と芥《あくた》のこと。転じて非常に賤しいものの例え。
燕雀	えんじゃく	燕や雀のような小鳥のこと。転じて小人物のこと。
大風	おおふう	偉そうに人を見下す様子、尊大な様子のこと。また、気が大きくこせこせしないこと。

項目	よみ	解説
千松	せんまつ	「腹が減ってもひもじくない」と言う『伽羅仙台萩』中の人物。転じて空腹の人の例え。
朽木	くちき	朽ちた木、腐った木のこと。転じて不遇のまま生涯を終える人の例え。
魚水	ぎょすい	魚と水のこと。切っても切れない親密な関係のこと。水魚の交わり。
琴瑟	きんしつ	合奏すると良く調和する琴と瑟のこと。転じて夫婦仲が良く睦まじいことの例え。
連理	れんり	2本の木が幹や枝で繋がったもののこと。転じて堅い男女の仲、睦まじい夫婦の例え。
函蓋	かんがい	箱と蓋のこと。転じて2つの対応するもののこと。
睫眉	しょうび	睫毛と眉毛のこと。転じて非常に近い所の例え。
霊犀	れいさい	角の先端と根本を繋ぐ穴のある霊的な犀のこと。転じて人の意思が通じ会うことの例え。
水乳	すいにゅう	水と乳のこと。転じて互いに和合していることの例え。
双輪	そうりん	左右1つでも欠ると走れない車輪のこと。転じて1つ欠ければ用を足さないものの例え。
竜虎	りゅうこ	竜と虎のこと。転じて強いもの、優れたもの、実力伯仲《はくちゅう》する英雄の例え。
両虎	りょうこ	2頭の虎のこと。転じて実力が伯仲《はくちゅう》する英雄の例え。
犬猿	けんえん	仲が悪いとされる犬と猿のこと。転じて仲の悪いことの例え。
火水	かすい	火と水のこと。転じて激しく争う様子の例え。㊀別 ひみず
天淵	てんえん	天と淵のこと。転じて隔たりの甚だしいかけ離れたものの例え。

項目	よみ	解説
轍鮒	てっぷ	轍《わだち》に溜まった水の中の鮒に差し迫る水が枯れる危機のこと。転じて差し迫る危機の例え。
春夢	しゅんむ	春の夜の夢のこと。転じて人生の儚いことの例え。
槿花	きんか	朝に咲き夜萎む木槿《むくげ》の花のこと。転じて儚い栄華の例え。
泡影	ほうよう	泡と影のこと。転じて世の中の儚くとりとめないものの例え。㊓ほうえい
泡沫	ほうまつ	泡のこと。転じて儚いもの、問題にならないものの例え。㊓うたかた
夢幻	むげん	夢と幻のこと。転じて実体のないもの、無常で儚いものの例え。
萍水	へいすい	浮草と水のこと。転じてさまよい流れるものの例え。
河清	かせい	濁った黄河が清らかに澄むこと。転じて望んでも実現するはずもないことの例え。
白烏	しろがらす	羽色の白い烏のこと。転じて到底あり得ないことの例え。
馮河	ひょうが	徒歩で黄河を渡ること。転じて無謀なことの例え。
拾芥	しゅうかい	塵芥を拾うように容易いこと。転じて物事の取るに足りない微細なことの例え。
愁雲	しゅううん	憂いを帯びて見える雲のこと。転じて憂いを帯びた気持ちの例え。
夏畦	かけい	暑い夏に田んぼを耕すこと。転じて労苦が大きいことの例え。
風雪	ふうせつ	雪と風のこと。転じて長い間に襲い来る世の中の辛苦の例え。
左縄	ひだりなわ	左向きに綯った縄のこと。物事が逆になること、順調にいかないことの例え。

項目	よみ	解説
倒懸	とうけん	手足を縛って逆さ釣りにすること。転じて非常な苦痛の例え。
汗血	かんけつ	血のような汗を流すこと。転じて非常な努力をすることの例え。
膏血	こうけつ	脂と血のこと。転じて人々が苦労した利益や財産などの例え。
虎児	こじ	大切にして手元から離さないもの、秘蔵の品のこと。虎が愛児を大切にすることから。
千両	せんりょう	金1000両のこと。転じて非常に価値のあること、金額が多いことの例え。

人▶職業

項目	よみ	解説
巫	かんなぎ	神を和やかにするの意。神に仕え祭祀や神楽、神降ろしなどをする人。別 覡　別 かむなぎ
巫覡	ふげき	神と人とを媒介する人、祭祀の実務者のこと。巫《かんなぎ》の別名。男性は覡《おかんなぎ》、女性は巫《めかんなぎ》。別 ぶげき
斎	いつき	心身を清め神に仕える人のこと。伊勢神宮などの斎王《いつきのみこ》、春日大社などの斎女《いつきめ》など。
御子良子	おこらご	伊勢神宮に仕え神饌《しんせん》を整える少女たちのこと。子良館《こらのたち》に詰めていた。
宮司	ぐうじ	神に仕え祭祀、祈祷を行う神職。一般神社の主管。古くは神社造営、徴税も司った。
禰宜	ねぎ	古くは神主と祝《はふり》の中間の位の神職。現在は宮司、権宮司《ごんぐうじ》の補佐をする神職や神職の総称。
祝	はふり	古くは禰宜《ねぎ》の下位に属する神職のこと。神職の総称。
社家	しゃけ	特定の神社に奉仕する世襲神職の家柄のこと。

項目	よみ	解説
大夫	たゆう	古くは祭祀、芸能を司る五位の通称。転じて伊勢の御師《おし》（祈祷師）、芸妓のこと。別 太夫
僧	そう	仏教の修行者、またその集団のこと。教団を意味する梵語の音写、僧伽の略。
僧正	そうじょう	朝廷から与えられた僧官の最上位のこと。大僧正、正僧正、権僧正《ごんそうじょう》など。
僧都	そうず	朝廷から与えられた僧正《そうじょう》に次ぐ僧官のこと。大僧都、権大僧都《ごんだいそうず》、少僧都、権少僧都《ごんしょうそうず》など。
律師	りっし	朝廷から与えられた僧都《そうず》に次ぐ僧官のこと。また、戒律を正しく守る高徳の僧。
和尚	おしょう	高徳の僧の敬称。親しく教える師という梵語の訳を音訳したもの。㊀別 かしょう、わじょう
阿闍梨	あじゃり	師範たる高徳の僧という梵語の音訳。密教で秘法伝授された僧。天台、真言の僧位
山伏	やまぶし	山野で野宿すること。転じて修験道の行者、山野で寝起きし修行する僧侶のこと。
虚無僧	こむそう	仏教の一派普化衆《ふけしゅう》の有髪の僧のこと。深編笠をかぶり、諸国を行脚した。
白拍子	しらびょうし	平安末期から室町にかけて行われた歌舞。また、歌舞を演じる水干《すいかん》などで男装した舞女。
俳優	わざおぎ	身ぶり手ぶりで神を招き楽しませることやその演者のこと。転じて芸能人、舞踏家。
小姓	こしょう	主君の身辺で雑用を勤める武家の役職の1つ。かつては有望な若者の教育目的も。別 小性
女衒	ぜげん	女性を遊郭などに売ることを生業とした人。女を売るの意。
花魁	おいらん	吉原の上位の遊女のこと。また遊女の総称。禿《かぶろ》のいう「おいらの姉女郎」が訛ったもの。
禿	かぶろ	上位の遊女に使われる見習いの少女のこと。もとは短く切りそろえた子供の髪形。

項目	よみ	解説
花車	かしゃ	遊郭で遊女を監督する女性のこと。また茶屋や料理屋の女主人。花魁《おいらん》を回すの意とも。
遣手	やりて	花車《かしゃ》の別名。
舞妓	まいこ	京都の芸妓修行中の少女のうちほぼ一人前のもののこと。だらり帯に赤裾襦袢《じゅばん》が特徴。
大工	だいく	木工職人、特に建築を行う工匠の総称。律令時代の木工寮に属する工人の長の呼称から。
香具師	やし	縁日など人の多いところでの露天、見世物興業を生業とする人々。**別** 野師、野士、弥四
如何物師	いかものし	贋作を作ったり売ったりすることを生業とする人々。
忍者	にんじゃ	独自の技術や人脈を用いての諜報活動や破壊活動を生業とした集団のこと。
間者	かんじゃ	密かに諜報活動を行うもののこと。大正ごろまで用いられたスパイの古い呼称。
間諜	かんちょう	間者《かんじゃ》の別名。
二瀬	ふたせ	下女と乳母、下女と妾、遊女など二役を兼ねる奉公人のこと。
匪賊	ひぞく	徒党を組んで殺人や略奪を行う盗賊のこと。匪は悪人の意。
追剥	おいはぎ	通行人を脅かして衣服や金品を奪い取ること。またそれを行う賊。
胴元	どうもと	賭場の主催者、賭博の親のこと。転じて元締め。名は賽子《さいころ》の筒を振ることから。**別** 筒元
鯨鯢	げいげい	奸賊、悪漢の首領のこと。
落人	おちうど	戦に負けて逃げていく人、人目を避けて逃げていく人のこと。㊎ おちうと、おちゅうど

項目	よみ	解説
狩人	かりゅうど	動物や鳥の狩りを生業とする人のこと。 別 猟人 ㊀かりゅうど、りょうじん
網人	あみうど	網を使って魚を捕ることを生業とする人のこと。
召人	めしうど	舞楽奉仕のために召し出された人のこと。また側で仕える人、侍女のこと。
商人	あきんど	商売を生業とする人のこと。
田人	たうど	田植えなどに従事する人、日雇いのこと。
伶人	れいじん	音楽を演奏する人、特に雅楽寮で雅楽を演奏する楽人のこと。転じて役者、俳優。
鍛冶	かじ	金属を打ち鍛え様々な器物を作ること。またそれを生業とする工匠。金打《かぬち》の転。㊀かぬち
鵜匠	うじょう	鵜を使う漁、鵜飼を生業とする人のこと。 ㊀うしょう
鷹匠	たかじょう	公家、武家に仕え鷹を飼育、訓練し、鷹狩りに従事する役職のこと。宮内庁に残る。
刀匠	とうしょう	刀剣を鍛える工匠のこと。平安末期からの武家の隆盛にともない発展した。
矢作	やはぎ	竹に鳥の羽をつけて矢にすること。またそれを生業とする工匠。別 矢矧
柄巻	つかまき	刀剣の柄に滑り止め、装飾用の糸や革を巻くこと。またそれを生業とする人。
仏師	ぶっし	仏像、仏画を作成する工匠のこと。元来国家に属したが平安以降、私的仏所が隆盛。
桂庵	けいあん	奉公人、縁談の世話を生業とする人のこと。江戸の医者、大和慶庵《やまとけいあん》から。別 慶庵、慶安
左官	さかん	壁塗りを生業とする工匠。名は宮中で働く際に木工寮の役職、属《さかん》を仮に与えたことから。

項目	よみ	解説
麻績	おみ	麻などの繊維を寄り合わせ糸を作ること。またそれを生業とする人。
床山	とこやま	歌舞伎などの役者の髪や鬘を整えた部屋。またそれを生業とした人。力士の髷を結う人。
産婆	さんば	妊娠から出産後までの世話を生業とする女性。かつては儀礼上も重要視。助産婦の古称。
乳母	うば	母親に代わり乳児に授乳する役割の女性。歴史は古く絶大な権力を持つことも。
湯坐	ゆえ	貴人の乳児に湯あみをさせる役割の女性のこと。湯殿で働く女性とも。
御三	おさん	飯炊き女、台所の下女のこと。おさんどん。名は奥女中が詰める三の間からとも。別 御爨
女中	じょちゅう	殿中に奉公している女性のこと。転じて女性の敬称、他家や旅館で住み込みで働く女性。
樋洗	ひすまし	宮中で便所の掃除をした下級の女官のこと。別 樋清、洗歪
按摩	あんま	体を揉みほぐし疲労や凝りを解消すること。またそれを生業とする人。
仁助	にすけ	船頭や馬方、鍛冶屋の徒弟などの通称。仁蔵《にぞう》とも。別 仁介
三助	さんすけ	商家などの下男の通称。後には風呂屋で釜炊きや垢擦りなどをする男性のこと。
陶工	とうこう	陶器の製造を生業とする工匠のこと。
火工	かこう	弾丸に火薬を詰める作業のこと。またそれを生業とする人。
代垢離	だいごり	人の代わりに冷水を浴びて身を清める垢離《こり》をすること。またそれを生業とする人。
服部	はとり	機織りのこと。またそれを生業とする工匠。大化の改新以前は朝廷に仕えた。別 服織

項目	よみ	解説
幇間	ほうかん	宴席などで場を盛り上げ客の機嫌を取ることを生業とする人のこと。たいこもち。
歩荷	ぼっか	山や問屋の荷を運ぶことを生業とする人のこと。
軽子	かるこ	歩荷《ぼっか》の別名。
強力	ごうりき	修験者の荷を運び付き従う人のこと。現在は登山客の荷を運ぶ案内役。別 剛力
車力	しゃりき	大八車などを引いて荷物を運ぶことを生業とする人のこと。
馬子	まご	人や荷物を運ぶ馬の口をとり引くことを生業とする人のこと。
馬方	うまかた	馬子《まご》の別名。
馬追	うまおい	馬子《まご》の別名。
博労	ばくろう	牛馬の売買や斡旋、鑑定、病気の治療などを生業とする人のこと。別 馬喰、伯楽
樵	きこり	山林の木を切り出すこと。またそれを生業とする人のこと。別 木樵
樵人	しょうじん	樵《きこり》の別名。
樵夫	しょうふ	樵《きこり》の別名。
使丁	してい	会社や学校、官庁などで雑用を生業とする人のこと。小使いさん。
侠客	きょうかく	義侠心を建前に賭博、喧嘩渡世を生業とする人のこと。親分子分の関係を保つ。
刺客	しかく	特定の人物を付け狙い殺すことを目的、生業とする人のこと。

項目	よみ	解説
浪客	ろうかく	一定の住処や職が無く、あてもなくさ迷う人のこと。浮浪者。
過客	かかく	客人、通りすぎていく旅人のこと。
雅客	がかく	雅な人、風流を解する人のこと。

人▶呼称▶一般

項目	よみ	解説
陛下	へいか	天皇、太皇太后、皇太后、皇后の敬称。宮殿の階段、「陛《きざはし》」の下から奏上することの意。
殿下	でんか	皇太子、皇太子妃、皇太孫、親王、内親王などの敬称。御殿の階下の意。
閣下	かっか	高位、高官の官職名につける敬称。高い建物の下の意。
猊下	げいか	高僧の敬称。猊座下、仏の座や高僧の座のそばの意。
尊	みこと	上代の神や貴人の敬称。御言（貴人のお言葉）の意。別 命
親王	みこ	嫡出（正妻の子）の皇子、と嫡男系嫡出の男子の皇孫。古くは天皇の兄弟、皇子。
王	おおきみ	天皇の敬称。また、親王、諸王などの親王宣下のあった天皇の子孫の敬称。別 大君
真人	まひと	政治的、社会的地位を示す称号、姓《かばね》の1つ。八色の姓の第1位。臣籍降下した皇族の姓。
朝臣	あそん	政治的、社会的地位を示す称号、姓《かばね》の1つ。八色の姓の第2位。五位以上の人の敬称。
宿禰	すくね	政治的、社会的地位を示す称号、姓《かばね》の1つ。八色の姓の第3位。重臣の敬称。

項目	よみ	解説
臣	おみ	政治的、社会的地位を示す称号、姓《かばね》の1つ。八色の姓の第6位。朝廷に仕える人。
首	おびと	政治的、社会的地位を示す称号、姓《かばね》の1つ。県主《あがたぬし》、稲置《いなぎ》、伴造《とものみやっこ》に多い。大人《おおひと》の略。
大殿	おとど	大臣、公卿《くぎょう》の敬称。貴人の住む邸宅、もしくはそこに住む人の意。別 大臣
殿	との	貴人、主君に対する敬称。貴人の住む邸宅、もしくはそこに住む人の意。
長	おさ	集団の上に立って統率する人のこと。また、集団の中でもっとも優れたもの。
頭	かしら	集団、特に鳶《とび》職や左官などの職人集団を統率する人のこと。
親分	おやぶん	集団、特に博徒などを統率する人。仮に親と定め便りにする人のこと。
親方	おやかた	封建的主従関係を結ぶ集団の長として指導、保護をする人のこと。義理に親と頼む人。
棟梁	とうりょう	国や集団、特に大工の統率者、重要人物。屋根の棟《むね》と梁《はり》の意。
屋形	やかた	貴人や中世、近世の大名の敬称。貴人や豪族の邸宅の意。別 館
刀禰	とね	律令制において主典《さかん》（四等官）以上の官人の総称。郷《ごう》、村など末端行政区分の長の総称。
翁	おきな	年を取った男性のこと。またその敬称。
媼	おうな	年を取った女性のこと。またその敬称。
刀自	とじ	一家の主婦のこと。また年配の女性やその敬称。戸主の意。禁中に仕える下級女官。
大宮	おおみや	太皇太后、皇太后の敬称。また若宮（幼少の皇族）の母宮の敬称。皇居、神宮の敬称。

項目	よみ	解説
室	しつ	貴人の妻、婦人のこと。
奥	おく	貴人の妻、婦人のこと。またその住む場所。
御妻	みめ	貴人の妻、禁中に仕える女官の敬称。別 妃
御許	おもと	貴人に仕える人、主に上級の女官の親しみを込めた呼称。御許人《おもとびと》の略。
姫	ひめ	女性の美称。また貴人の娘のこと。遊女、芸妓。別 媛
嬢	じょう	未婚の女性、少女、娘のこと。また未婚の女性、職業女性の敬称。母親のことをも。
彦	ひこ	男性の美称。
和子	わこ	子供や近しい相手に対する親しみを込めた呼称。また貴人の男子への敬称。別 若子
冠者	かんじゃ	冠をつけ成人した若者のこと。また若い家来、召使。六位無官の人。㊖ かじゃ
公達	きんだち	親王、摂家、清華《せいが》などの公卿《くぎょう》（三位以上の上級貴族）の子息、娘のこと。別 君達
郎君	ろうくん	若い男性に対する敬称。夫、情夫。
御寮	ごりょう	天皇、貴人が用いる衣服や器物、飲食物の敬称。別 御料
貴人	きじん	地位や身分が高い人、貴い人のこと。
大尽	だいじん	大金持ち、財産家のこと。また遊里などで豪遊、散財をする人。別 大臣
旦那	だんな	寺にお布施《ふせ》をする人。布施の梵語の音訳。一家の主。得意客、目上の男性の敬称。別 檀那

項目	よみ	解説
上種	じょうず	身分の高い人のこと。別 上衆
奴	やっこ	家来、下僕のこと。家っ子の意。転じて侮蔑した呼称。江戸時代の武士に仕えた中間《ちゅうげん》。
賤	しず	いやしい、身分の低い人のこと。また幇間《たいこもち》などが用いる自分を卑下した呼称。
芻蕘	すうじょう	いやしい、身分の低い人のこと。草刈り、木樵の意。
下郎	げろう	人に使われる身分の低い男性のこと。
下種	げす	身分の低い人、使用人のこと。転じて品性が下劣なこと、人の例え。別 下衆、下司
匹夫	ひっぷ	身分の低い男性。また物の道理をわきまえない男性のこと。
匹婦	ひっぷ	身分の低い女性。また物の道理をわきまえない女性のこと。
小者	こもの	若者、武家や商家に仕えた使用人。また地位も力もなく取るに足りない人のこと。

人 ▶呼称 ▶一人称

項目	よみ	解説
我	われ	改まった固い言い方の一人称。また相手を指す侮蔑した言い方の二人称。別 吾
俺	おれ	男性が同等以下の相手に用いる砕けた一人称。古くは男女、上下を問わず使用。
僕	ぼく	男性が同等以下の相手に用いる一人称。やつがれはへりくだった言い方。別 やつがれ
儂	わし	主に年配の男性が目下に対して用いる一人称。私《わたし》の略。近世は主に女性が用いた。

項目	よみ	解説
吾輩	わがはい	主に男性が用いる古い言い方の一人称。現在は若干尊大さを伴う。
朕	ちん	天子が用いる一人称。古代中国の秦の始皇帝の時代以前は一般にも用いられた。
余	よ	男性が用いる古い言い方の一人称。
妾	わらわ	武家の女性が用いるへりくだった言い方の一人称。子供を指す童《わらわ》と同義。別 私
麻呂	まろ	平安時代以降、男女、上下を問わず用いられた一人称。別 麿
小生	しょうせい	主に手紙などで男性が用いるへりくだった言い方の一人称。
己	おのれ	若干謙遜した一人称。また、目下、見下した相手に用いる二人称。
某	それがし	江戸時代に武家の男性などが用いた一人称。
手前	てまえ	ややへりくだった一人称。また、目下の相手、さげずむ相手に用いる二人称。
我儕	わなみ	へりくだった一人称。また同輩に対する二人称。別 吾儕
犬馬	けんば	古来家畜として使役されてきた犬、馬のこと。転じて自分をへりくだっていう言葉。

人 ▶呼称 ▶二人称

項目	よみ	解説
君	きみ	同等以下の親しい相手に対する丁寧な言い方の二人称。
兄	けい	親しい先輩や同輩に対して用いる敬った言い方の二人称。別 卿

項目	よみ	解説
貴方	あなた	近世以降、目上や同輩に対して用いる敬った言い方の二人称。別 貴女
貴殿	きでん	対等以上の男性に対して用いる敬った言い方の二人称。
貴君	きくん	主に手紙などで同等以下の男性に対して用いる敬った言い方の二人称。
貴様	きさま	同等以下の相手に対する罵った言い方の二人称。古くは目上に対する敬った言い方。
貴兄	きけい	対等に近い男性に対して用いる敬った言い方の二人称。
貴姉	きし	対等に近い女性に対して用いる敬った言い方の二人称。
尊君	そんくん	目上、同輩に対して用いる敬った言い方の二人称。
尊台	そんだい	手紙などで目上に対して用いる敬った言い方。
吾兄	あせ	男子に対して用いる親しみを込めた言い方の二人称。
我君	わぎみ	親しみ、軽んじた言い方の二人称。別 和君、吾君
我主	わぬし	対等以下の相手に対して用いる親しみ、軽んじた言い方の二人称。別 和主
御事	おこと	やや目下の相手に対して用いる親しみを込めた言い方の二人称。
御主	おぬし	同等以下の相手に対して用いる二人称。
御前	おまえ	親しみを込めたぞんざいな言い方の二人称。古くは敬った言い方。
其処許	そこもと	同等以下の相手に対して用いる二人称。

項目	よみ	解説
主	ぬし	軽く敬った言い方の二人称。古くは女性が親しい男性に用いた言い方。
汝	なんじ	同等以下の相手に対して用いる二人称。**別** 爾
汝	うぬ	罵った言い方の二人称。**別** 己

人工▶器物▶楽器

項目	よみ	解説
笛	ふえ	木や竹、金属などの管に穴を明け、息を吹き込んで音を出す管楽器の総称。
鈴	すず	金属などの中空の球の下部に細長い穴を開け小球をいれた楽器。振り動かし音を出す。
琵琶	びわ	しゃもじ型の木製の胴に短い頸をつけた4～5弦の撥弦楽器《はつげんがっき》。撥《ばち》で演奏。語り物の伴奏。
三味線	しゃみせん	両面に猫皮を張った四角の胴と長い棹、3本の弦を持つ日本の撥弦楽器《はつげんがっき》。撥《ばち》で演奏。
琴	こと	古くは撥弦楽器《はつげんがっき》の総称。調弦用の柱《じ》の無い琴《きん》、柱のある箏《そう》がある。現在は箏を琴という。
瑟	しつ	幅広の胴に23～24もの弦を張った中国の弦楽器。演奏方法は失われ不明。
和琴	わごん	桐製の中空の胴に6本の弦を張った日本固有の楽器。柱《じ》で調律し牛角の爪で演奏。
月琴	げっきん	満月に似た丸い胴と3～4弦、13～24柱《じ》を持つ琵琶に似た撥弦楽器《はつげんがっき》。阮咸《げんかん》から派生。
箏	そう	桐製の中空の胴に13本の弦を張った撥弦楽器《はつげんがっき》。柱《じ》で調律し3本の爪で演奏。現在の琴。
楽箏	がくそう	雅楽に用いられる箏のこと。
阮咸	げんかん	4～5弦、12～14柱《じ》を持つ琵琶に似た撥弦《はつげん》楽器《がっき》。中国晋朝の名人の名に因む。
箜篌	くご	西アジア起源のハープに似た撥弦楽器《はつげんがっき》。3種類の大きさがあった。(別)くうご、くうこう
笙	しょう	吹き口のある木製の壺の周囲に長短17本の竹管を立てた管楽器。雅楽に用いる。
鳳笙	ほうしょう	笙《しょう》の美称。

項目	よみ	解説
簫	しょう	16～24本の細い長短の竹管からなる管楽器。形は鳳凰の翼を模している。
篳篥	ひちりき	竹管の表に7つ、裏に2つ穴を開け蘆《あし》のリードをつけた管楽器。雅楽に使われる。
莫目	まくも	高句麗《こうくり》、百済《くだら》の音楽の演奏に用いられた管楽器。平安時代に途絶し形状は不明。別 莫牟
龍笛	りゅうてき	桜皮で巻き漆《うるし》で固めた竹管に指穴7つと吹き口を開けた管楽器。雅楽、祭祀などに。
蘆角	ろかく	蘆《あし》の葉で作った笛のこと。
尺八	しゃくはち	竹の根本を使った管楽器。前4孔、後1孔の指孔、1尺8寸の寸法を基本とする。
一節切	ひとよぎり	1尺1寸1分の小型の尺八。名は竹の節が1つだけある外見から。
胡弓	こきゅう	東洋で用いられる三味線に似た小型擦弦楽器《さつげんがっき》の総称。弦を馬尾を張った弓で擦って演奏。
胡琴	こきん	胡弓《こきゅう》の中国での呼び名。
小切子	こきりこ	色布を巻き房をつけた2本の竹の棒を打ち合わせる日本の民族芸能の楽器。別 筑子
鼓	つづみ	中央の括れた木製の胴の両端に革を張った打楽器。革の縁を通した紐、調《しらべ》で音色を調節。
羯鼓	かっこ	雅楽で使う鼓《つづみ》に似た打楽器。台に乗せ左右両面を2本の桴《ばち》で叩いて演奏。
壱鼓	いっこ	雅楽で使う鼓《つづみ》に似た小型の打楽器。右手の桴《ばち》で叩いて演奏。別 一鼓
鉦鼓	しょうこ	雅楽に使う打楽器。皿型の青銅を枠に吊るし、その内側を2本の桴《ばち》で叩いて演奏。
銅鑼	どら	青銅などの大型の円盤を紐で吊るした打楽器。桴《ばち》で打ち鳴らして演奏する。

項目	よみ	解説
鐘	かね	叩いたり撞いたりして鳴らす金属製の器具の総称。鐘は釣り鐘、鉦は小型の楽器。別 鉦
時鐘	ときがね	時刻を知らせるために打ち鳴らす鐘のこと。またその音。
磬	けい	への字に曲がった長方形の玉や石板を吊るした古代中国の打楽器。桴《ばち》で打って演奏。
唄器	ばいき	仏教法会の読経の際に用いる錫杖などの楽器の総称。
撞木	しゅもく	鐘《かね》や鉦《しょう》などを打ち鳴らすためのＴ字型の棒のこと。仏具の一種。
引磬	いんきん	椀状の小さな鐘の底に紐を通し木の柄をつけた仏教楽器。小さな鉄棒で叩いて演奏。
金鼓	こんく	中空の金属製の円盤型打楽器。首にかけたり仏堂の入り口にかけ打ち鳴らす。別 こんぐ
鐃	にょう	アジアの青銅製打楽器の総称。特に浅い鍋型で両端の穴から紐で吊るして桴《ばち》で打つ銅鑼《どら》。
簓	ささら	竹の先を細かく割って束ねた民族楽器。擦り合わせたり打ち合わせたりして調子をとる。
八音	はちいん	古代中国の楽器の分類。金、石、糸、竹、匏《ほう》、土、革、木の８種。別 はちおん、はっちん
雲鑼	うんら	枠に吊るした９個の鉦《しょう》の上にもう１つ鉦をつけた中国の打楽器。小槌で打って演奏。
金鑼	きんら	盆型の銅盤を紐で吊るした中国の打楽器。桴《ばち》で中央を打って演奏。
方響	ほうきょう	上下２段の木枠に長方形の金属板を各８枚吊るした東アジアの打楽器。２本の桴《ばち》で演奏。
蘆笙	ろしょう	蘆《あし》の管で作った笙《しょう》のこと。中国南方の少数民族が用いる。
義甲	ぎこう	撥弦楽器《はつげんがっき》を演奏するために用いる爪状の器具のこと。象牙や水牛の角などで作られる。

項目	よみ	解説
簧	した	音を出すために楽器につける薄板のこと。吹くと振動で音が出る。リードのこと。
撥	ばち	弦楽器の弦を弾いて鳴らすヘラ状の道具。
桴	ばち	打楽器を打ち鳴らす棒状の道具。**別** 枹
鼓吹	くすい	鼓《つづみ》と笛のこと。転じて打楽器と管楽器を中心とする軍用音楽のこと。
吹鳴	すいめい	高らかに吹き鳴らすこと。
青葉	あおば	龍笛《りゅうてき》の名器。高倉天皇秘蔵の品で元の名は葉二《はふたつ》。また平敦盛《たいらのあつもり》の遺物。
獅子丸	ししまる	藤原貞敏《ふじわらさだとし》が唐から持ち帰った琵琶《びわ》の名器。村上天皇の霊などの逸話が残る。現存せず。
玄上	げんじょう	藤原貞敏《ふじわらさだとし》が唐から持ち帰った琵琶《びわ》の名器。鬼が盗むなど逸話が多い。現存せず。**別** 玄象
鈴鹿	すずか	皇室に代々伝えられたとされる和琴《わごん》の名器。
青山	せいざん	藤原貞敏《ふじわらさだとし》が唐から持ち帰った琵琶《びわ》の名器。村上天皇、平経正《たいらのつねまさ》の逸話が残る。現存せず。
牧馬	ぼくば	醍醐天皇秘蔵の琵琶《びわ》の名器。玄上《げんじょう》と共に妖怪になったとも。
蝉折	せみおれ	高倉天皇秘蔵の龍笛《りゅうてき》の名器。後に源義経《みなもとのよしつね》の手に渡ったとも。
朽目	くちめ	皇室に代々伝えられたとされる和琴《わごん》の名器。

項目	よみ	解説
帳	とばり	室内の仕切りや屋外との隔てとして垂らす布帛《ふはく》。またものを覆い隠すもの。**別** 帷、幄、幌
御簾	みす	宮殿、社寺などで用いる絹で縁取りした簾《すだれ》。巻き上げ用の房と鉤《かぎ》のついた紐がつく。
几帳	きちょう	2本の柱に横木を渡した台に幕をかけた屋内の仕切、装飾。平安時代から貴人が用いた。
珠簾	しゅれん	珠玉（真珠と玉）で飾った簾《すだれ》のこと。転じて簾の美称。
蔀	しとみ	寝殿造などで用いる表裏を格子で挟んだ板のこと。上下2枚からなり日光、風雨を防ぐ。
灯	ともしび	照明として灯した火のこと。**別** 灯火、燭
雪洞	ぼんぼり	紙や布製の上下開いた火袋《ほぶくろ》で覆われた照明器具。手に持つ手燭、設置する行灯《あんどん》型がある。
篝火	かがりび	警備、漁猟などに用いる屋外照明。松材などを鉄籠に入れ燃やしたもの。名は鉄籠から。
松明	たいまつ	松の脂の多い部分、または竹などを束ねて火を灯して照明にしたもの。**別** 炬
燈籠	とうろう	石、木、金属などの枠に紙を貼り灯火を入れたもの。軒先の釣灯籠、庭の台灯籠がある。
提灯	ちょうちん	竹ひごの枠に紙を貼り蝋燭《ろうそく》を立てた照明器具。16世紀頃から伸縮自在のものが登場。
行灯	あんどん	木や竹製の四角い枠に紙を貼り、中に油皿を置いて火を灯す照明器具。
行火	あんか	木や土製の小型暖房器具。名は持ち歩ける火の意。炭火を入れ手足を暖める。
華燭	かしょく	婚礼の席などで用いる華やかな灯火、照明器具のこと。転じて婚礼儀式。

項目	よみ	解説
脇息	きょうそく	座右に置き体を安楽にする肘掛け。近世以前は膝前に置いた。人前での使用は無礼。
褥	しとね	座る時や寝る時に下に敷く敷物のこと。座布団、布団。別 茵
煙管	きせる	刻み煙草を吸う為の道具。火皿のついた雁首《がんくび》、管、吸い口からなる。
青磁	せいじ	鉄分を含む青緑や淡黄色の釉薬のこと。またこれを用いた磁器の総称。
白磁	はくじ	透明度の高い釉薬を用いた純白の磁器の総称。
鎮子	ちんし	室内の敷物などが風に煽られないように押さえるおもしのこと。別 ちんす、ちんじ
風鎮	ふうちん	掛け軸が風に煽られないように軸の両端に吊るす玉、石製のおもしのこと。
文鎮	ぶんちん	紙や書物が散らないようにおもしとして乗せる文房具。金属、玉石製で様々な形がある。
厨子	ずし	正面に両開きの扉をつけた箱型の棚。また仏像、経典などを納める仏具。

人工 ▶ 器物 ▶ 装飾品

項目	よみ	解説
烏帽子	えぼし	平安から室町に成人男性が用いた布製の被り物。烏色の帽子の意。現在は神職が用いる。
笏	しゃく	束帯《そくたい》などを身に付ける際に右手に持ち威儀を正す板。元来は忘備用の紙を貼るもの。
手結	たゆい	動きやすいように袖口を結ぶ紐のこと。鈴や玉をつけて装飾とすることも。
足結	あゆい	動きやすいように袴の膝下を結ぶ紐のこと。鈴や玉をつけて装飾とすることも。別 あよい

項目	よみ	解説
櫛	くし	髪をすいたり髪に指して装飾とする道具。素材や形状は様々で贅を凝らされたものも。
簪	かんざし	女性の髪に挿す装飾品。装飾部分と二股の足からなる。元来は冠を固定する道具。
釵子	さいし	女房装束などで用いる簪の一種。二股で長い。
領巾	ひれ	古代の女性が肩にかけた帯状の裂《れつ》。害を払う呪力が有るとされた。**別** 肩巾、領布、比礼
華蓋	かがい	天子の車につけられた絹製の装飾傘のこと。
襷	たすき	動きやすいように和服の袖をたくしあげる紐のこと。肩から脇に掛け背中で交差する。
綬	じゅ	礼服着用の際に身に付ける色糸で編んだ組紐の帯。官職を表すもので印を提げることも。
帖紙	たとう	折り畳んで懐中に入れ書状や詩歌を書いたり鼻紙にしたりする紙。和服などを包む厚紙。
扇	おうぎ	風を起こし涼をとる道具。薄板や紙を貼った骨を綴じ、折り畳める。儀礼、舞踊にも。
団扇	うちわ	風を起こし涼をとる道具。細い竹の骨に紙や布を貼り柄をつける。
檜扇	ひおうぎ	檜の薄板を要で綴り、上端に白や赤の糸を通したもの。衣冠《いかん》や直衣《のうし》の男性、女房が持つ。
翳	かざし	貴人の姿を隠すために従者が持つ羽扇のこと。
冠	かんむり	束帯《そくたい》、衣冠《いかん》のかぶりもの。額《ひたい》、髻《まげ》を入れる巾子《こじ》、長く垂れた纓《えい》などに別れる。
中啓	ちゅうけい	親骨の上端を外側に曲げて作り、畳んでも半ば開いたようになる扇の一種。
印籠	いんろう	薬などを入れる扁平な小箱。左右両端を通した紐に緒締、根付をつけ吊るす。装飾品に。

項目	よみ	解説
鏡	かがみ	光を反射し姿を映す道具。研磨した金属板やガラスに銀を塗布したもの。
玉鏡	たまかがみ	玉で作った鏡のこと。転じて水面などが澄んで静かな様子の例え。㊀ぎょっきょう
勾玉	まがたま	巴型に湾曲した玉やガラスの一端に穴を開け紐を通した装飾品。別 曲玉
珠玉	しゅぎょく	海から産する玉、山から産する玉の意。真珠や玉のこと。
瓊玉	けいぎょく	美しい玉のこと。
琳瑯	りんろう	美しい玉のこと。転じて美しい詩文の例え。別 琳琅
白璧	はくへき	環状にした白い玉のこと。
琅玕	ろうかん	暗緑色、青碧《せいへき》色の半透明の宝石。硬玉の一種で装飾品の素材。転じて美しい竹の例え。

人工▶器物▶薫物

項目	よみ	解説
六種薫物	むくさのたきもの	6つの主要な薫物銘。梅花《ばいか》、荷葉《かよう》、侍従《じじゅう》、菊花《きっか》、落葉《らくよう》、黒方《くろぼう》。
六国	りっこく	香木の産地による分類のこと。伽羅《きゃら》、羅国《らこく》、真那伽《まなか》、真南蛮《まなばん》、寸聞多羅《すもたら》、佐曾羅《さそら》の6国。
沈香	じんこう	沈香という香木が地中に埋没し化石様となったものから採取する香料。
伽羅	きゃら	最高級の沈香。名は黒いという梵語の音訳の略。名の通り良質なものほど黒い。
薫陸	くんろく	黄褐色や暗褐色の琥珀《こはく》に似た樹脂。香料として用いる。

項目	よみ	解説
甘松	かんしょ	オミナエシ科の植物の根、茎を乾燥させたもの。名は甘味があることから。漢方にも。
山奈	さんな	ショウガ科の植物の根、茎を乾燥させたもの。防虫剤としても。
青木香	せいもっこう	ウマノスズクサ科の植物の根を乾燥させたもの。漢方、解毒剤にも。
椨	たぶ	クスノキ科の常緑樹の樹皮の粉末。線香のつなぎとして用いる。
乳香	にゅうこう	カンラン科の常緑樹から採れる白色、黄色透明な樹脂。火で炙ると甘い芳香を放つ。
没薬	もつやく	カンラン科の植物から採れるゴム状樹脂。独特の臭気と苦味。漢方。ミイラ作成に。
龍涎香	りゅうぜんこう	抹香鯨《まっこうくじら》の腸内から採れる松脂《まつやに》状の香料。麝香《じゃこう》に似た芳香を持つ。
龍脳	りゅうのう	フタバガキ科の常緑樹を蒸留して得る透明な香料。樟脳《しょうのう》に似た香りがあり防虫剤にも。
零陵香	れいりょうこう	サクラソウ科の植物を乾燥させたもの。香料としても。
麝香	じゃこう	麝香鹿の麝香嚢《じゃこうのう》から精製する黒褐色の香料。強い芳香があり漢方にも。ムスク。
甲香	こうこう	巻貝の赤螺《あかにし》の蓋。香りは無いが粉末にして他の香料と混ぜると香りが長持ち。㊓へたなり
蘭奢待	らんじゃたい	東大寺正倉院にある最上級の伽羅《きゃら》。足利将軍や織田信長、徳川家康などが一部を切った。
黄熟香	おうじゅくこう	蘭奢待《らんじゃたい》の別名。最上級の伽羅《きゃら》。
紅沈香	こうじんこう	東大寺正倉院に納められた最上級の沈香《じんこう》。

人工▶器物▶宝物

項目	よみ	解説
八咫鏡	やたのかがみ	三種の神器の1つ。記紀神話の天の岩戸の段で作成。天照大御神の御魂代。伊勢に奉斎。
八尺瓊勾玉	やさかにのまがたま	三種の神器の1つ。記紀神話の天の岩戸の段で作成。皇位継承の象徴で宮中賢所に安置。
天璽瑞宝	あまつしるしのみずたから	饒速日命《にぎはやひのみこと》が天降りの際に授かった10種の神宝。死者をも甦らせるとも。十種《とくさ》の神宝《かんだから》。
瀛都鏡	おきつかがみ	十種《とくさ》の神宝《かんだから》の1つ。栄誉をもたらすとも。
辺都鏡	へつかがみ	十種《とくさ》の神宝《かんだから》の1つ。栄誉をもたらすとも。
八握剣	やつかつるぎ	十種《とくさ》の神宝《かんだから》の1つ。邪悪を平らげるとも。図は7つ柄を持つ奇妙な剣。
生玉	いくたま	十種《とくさ》の神宝《かんだから》の1つ。生き生きとした活力を与えるとも。
死反玉	まかるかえしのたま	十種《とくさ》の神宝《かんだから》の1つ。使者を甦らせるとも。
足玉	たるたま	十種《とくさ》の神宝《かんだから》の1つ。五体を満足な状態にするとも。
道反玉	ちがえしのたま	十種《とくさ》の神宝《かんだから》の1つ。離れていく魂を元に帰らせるとも。
蛇比礼	へみのひれ	十種《とくさ》の神宝《かんだから》の1つ。這う虫を祓い、その害を癒すとも。
蜂比礼	はちのひれ	十種《とくさ》の神宝《かんだから》の1つ。飛ぶ虫を祓い、その害を癒すとも。
品物比礼	くさもののひれ	十種《とくさ》の神宝《かんだから》の1つ。悪獣、悪鳥、全ての邪悪なものを祓い清めるとも。
天沼矛	あめのぬぼこ	記紀神話において伊邪那岐命《いざなぎのみこと》、伊邪那美命《いざなみのみこと》の2神が国固めに用いた矛。玉で飾った矛の意。

人工 ▶器物 ▶道具

項目	よみ	解説
鑿	のみ	柄に鍛造の刃先をつけた工具。柄を木槌で打つか、手で押すかして木材、石材を加工。
鉋	かんな	木材の表面を滑らかにする工具。木の台に刃を嵌め込む台鉋、槍に似た槍鉋などがある。
真鉋	まかな	鉋《かんな》の別名。
槌	つち	物を打ち叩く工具。円筒形の頭と柄からなり、頭が木製の木槌、金属製の金槌がある。
鑢	やすり	棒状、板状の鋼の表面に刻み目をつけ、物の表面を削るための工具。
鋏	はさみ	2枚の刃で挟むようにして物を切る工具。目的により様々な形状のものがある。**別** 剪刀
大鋸	おが	木材から板を挽くための縦挽きの大型鋸。工の字型の木枠に鋸刃を張り2人で挽く。
手斧	ちょうな	木材を粗削りするための工具。名は手《て》斧《おの》の転。柄に貝殻状の刃を直角につける。
玉斧	ぎょくふ	玉で飾った斧のこと。また斧の美称。
玄翁	げんのう	石を砕くための工具。大型の金槌。名は金槌で殺生石《せっしょうせき》を砕いたとされる玄翁《げんのう》和尚《おしょう》から。
水準	すみず	面が水平であるか調べるための器具。
水盛	みずもり	面が水平であるか調べるための工具。細長い材に溝を掘り水を入れて用いる。
篩	ふるい	粉などを振り分けるための器具。曲物などの枠に目的に会わせた目の網を張って用いる。
畚	もっこ	藁縄などを編んだ四角い網の四隅に綱をつけた道具。土や肥料作物の運搬に用いる。

項目	よみ	解説
篦	へら	竹や木などを平らに削り、先端を尖らせた道具。折目、印をつけ、物を塗るとき用いる。
鏝	こて	漆喰やセメントを塗り、表面を整える道具。笹型の薄い鉄板に木の柄をつける。
鞴	ふいご	金属精錬などに用いる送風機。長方形の箱型のもの、足踏み型のものがある。別 吹子
踏鞴	たたら	金属精錬などに用いる足踏み式の大型送風機。
轆轤	ろくろ	回転運動をする器具の総称。木器や金工品、土器を円形に整形するために用いられる。
千巻	ちまき	織機の一部分。織物を巻き取るために用いられる木製の棒。
筬	おさ	織機の一部分。櫛状で縦糸の位置を整え、緯糸を打ち込むために用いる。
杼	ひ	織機の一部分。舟形で中央の空洞に緯糸を入れ、縦糸の間を潜らせるために用いる。別 梭
飛梭	ひさ	動力式の紡績機械で用いられる杼《ひ》のこと。
招木	まねき	織機の一部分。足で踏んで縦糸の位置を入れ換える。別 躡木、機躡
綜	あぜ	織機の一部分。縦糸を上下に分け、緯糸を通す隙間を作るために用いる。
綛	かせ	紡いだ糸を巻き取るエの字型の道具。またそうやって束ねた糸。別 枷　(別) かせぎ、かせい
錘	つむ	紡績機械の一部分。糸を引き出しながらよりをかけ巻き取るための丸い金属の棒。別 紡錘
五百機	いおはた	多くの織り機のこと。また織姫が多くの織り機で織ったとされる布。
水引	みずひき	数本の紙縒《こより》に水糊を引いた装飾。吉事は奇数、紅白、金銀、凶事は偶数、白黒を用いる。

項目	よみ	解説
玉梓	たまずさ	手紙、それを届ける使者の美称。古くは梓《あずさ》の枝に手紙を結んで運んだことに由来。**別** 玉章
玉葉	ぎょくよう	人から受け取った手紙、葉書の美称。
御櫛笥	みくしげ	櫛などの化粧道具を入れる櫛笥《くしげ》の敬称。**別** 御匣
墨	すみ	油煙や松の根などの良質の煤《すす》に膠《にかわ》や香料を加えて練り固めた文房具。硯《すずり》で磨って用いる。
硯	すずり	墨を水で磨りおろすための文房具。石や瓦、陶磁器などで作られる。
炭	すみ	木材を竈《かまど》で蒸し焼きにして作った黒い燃料。
炭団	たどん	木炭、石炭を粉末にし、ふのりを混ぜて丸くかためたもの。燃料に用いる。
笹舟	ささぶね	笹の葉を折って作った船。子供の遊びなどに用いる。
臼	うす	穀物の脱穀や餅を作るときに用いる円筒形の木や石の片面を丸く抉ったもの。**別** 舂、碓
杵	きね	臼などに入れた穀物をつくのに用いる木製の道具。竪杵、横杵がある。
燧	ひうち	火を打ち出す道具。石英の1種の火打ち石。鉄片と激しく打ち合わせ火花を出す。**別** 火打
金輪	かなわ	金属の輪に3本、ないし5本の足をつけた薬缶、鉄瓶などを乗せる道具。**別** 鉄輪
雲屯	うんとん	煎茶に用いる水差しのこと。
花薫	かくん	透かし彫りが施された香炉型の容器。花を入れ香りを楽しむ。
銀葉	ぎんよう	香道の道具の1つ。香木を乗せ加熱を調整する。雲母《うんも》の薄片に金銀で縁取りしてある。

項目	よみ	解説
火箸	こじ	香道などで用いる火箸の呼称。別 火筋、火匙
洞庫	どうこ	茶室で主人が点茶をする道具を畳から使えるようにした押し入れ式の棚。別 道籠、道幸
透木	すきぎ	茶道具の1つ。釜を直接炉にかけるとき釜の鍔と炉の縁の間に通風のために置く木。
茶筅	ちゃせん	茶道具の1つ。竹筒の先を細く割りその先端を内側に曲げたもの。茶を混ぜる道具。
風炉	ふうろ	茶道具の1つ。席上で湯を沸かす円形の炉。前方に火口、後方に風通しがある。別 ふろ
建水	けんすい	点茶の際、茶碗をすすいだ水を捨てる容器。覆して溢すの意。木製、陶磁器、銅製など。
剣山	けんざん	華道用具の1つ。名の通り多くの針を上向きに植えたもので花を挿すために用いる。
盞	うき	杯のこと。
玉巵	ぎょくし	玉製の杯、美しい杯のこと。
羽瀬	はぜ	漁の仕掛け。陸側に口を開けた半円状に立てた竹簀《たけす》や葭簀《よしず》。干潮で海に逃れる魚を捕る。
簗	やな	漁の仕掛け。木で水の流れを1ヶ所に区切り、その先の簗簀《やなす》に追い込んで魚を捕る。別 梁
筌	うけ	漁の仕掛け。細く割った竹を円筒状に組み、魚の出入り口に返しをつけたもの。別 うえ
竹瓮	たつべ	漁の仕掛け。丸い籠で沈むときに口を開け、引き上げると口が閉まることで魚を捕る。
案山子	かかし	竹や藁などで作った人形。田畑に鳥獣を追い払う目的で置かれる。別 鹿驚
鳴子	なるこ	小板に竹筒数本をつけたものを縄に連ねたもの。縄を引いて音を出し鳥獣を追い払う。

項目	よみ	解説
風候	ふうこう	風向きを観測するための道具。
風見	かざみ	家や船の上に設置し風向きを計測するための道具。鶏、舟形などがある。
如雨露	じょうろ	一面に水を撒くため先端に細かい穴が開けられた長い注ぎ口のある園芸用品。
束子	たわし	藁や棕《しゅ》絽《ろ》の毛などを束ねたもの。食器などの汚れを落とすために用いる。
箒	ほうき	箒草や竹枝を柄に束ねた、ごみや塵を掃いて取り除くための道具。名は、ははきの転。**別** 帚
柄杓	ひしゃく	水を汲み取るための道具。木や竹、金属製の椀状の容器に長い柄をつけたもの。**別** 杓
薬缶	やかん	湯を沸かす容器。丸い胴の上に取っ手、横に注ぎ口を持つ。薬を煎じる薬缶の意。**別** 薬鑵
火熨斗	ひのし	布の皺を伸ばす道具。底が滑らかな金属製の容器に柄をつけたもので炭火を入れ用いる。
袱紗	ふくさ	単、袷などの方形に作った絹布。用途により茶袱紗、掛袱紗などがある。**別** 服紗、帛紗

人工 ▶ 器物 ▶ 布地

項目	よみ	解説
縑	かとり	絹糸を交互に固く細かく織った平織の絹織物。名は固織《かたおり》から。
生絹	すずし	生糸を交互に織った平織の絹織物。軽く薄く紗《しゃ》に似る。
平絹	へいけん	絹糸を交互に織った平織の絹織物。㊀ひらぎぬ
紅絹	もみ	紅で無地に染め上げた絹織物。名は紅花で揉んで染めることから。

項目	よみ	解説
綾	あや	経糸《たていと》、緯糸《よこいと》の比率を変えることで立体感や明暗を出して文様を織り出した絹織物。
綺	き	平織《ひらぎぬ》の地に綾《あや》の技法で文様を織り出した絹織物。(別) かんはた
紡	つむぎ	元は自家用に屑繭や真綿の糸を交互に織った平織の絹織物。丈夫で風合いがあり人気。
絁	あしぎぬ	精錬しない太糸で織った粗雑な絹織物。名は悪し絹の意。
紗	しゃ	2本の経糸《たていと》を1本の緯糸《ぬきいと》に絡める捩《もじ》り織《お》り（絡織《からみおり》）の絹織物。目が荒く軽い。
羅	ら	2本の経糸《たていと》を緯糸《ぬきいと》に絡めて織る捩《もじ》り織《お》り（絡織《からみおり》）の絹織物。網目状で薄い。室町に絶えた。
軽羅	けいら	薄く、軽やかに織られた羅《ら》のこと。またそれらで仕立てられた装束の総称。
羅紗	らしゃ	紡がれた羊毛糸で織られた厚手で密な毛織物。表面は毳《けば》立つ。名はポルトガル語の音訳。
綺羅	きら	綾《あや》織物の一種の綺、羅《ら》織物のこと。美しい衣服。転じて華やかさの例え。
羅綾	らりょう	羅《ら》織物と綾《あや》織物のこと。高価な衣服。
錦	にしき	2本以上の色糸を使い模様を織り出す厚手の絹織物。地は紗文織《しゃもんおり》、繻子織《しゅすおり》など。
繻子	しゅす	経糸《たていと》、緯糸《ぬきいと》のどちらかを長く浮かせた織物。光沢があり柔軟、滑りがよい。別 朱子
緞子	どんす	経糸《たていと》、緯糸《ぬきいと》の色を変え繻子《しゅす》の手法で文様を織り出す絹織物。精錬した絹糸で織る。別 鈍子
綸子	りんず	繻子《しゅす》（経糸《たていと》が長）、裏繻子《うらしゅす》（緯糸《ぬきいと》が長）で文様を織り出す絹織物。生糸で織り後に精錬。
羽二重	はぶたえ	生糸2本の経糸《たていと》と濡れた生糸の緯糸《ぬきいと》を用いた平織の絹織物。後に精錬。光沢があり緻密。

項目	よみ	解説
竜紋	りゅうもん	太い糸を用いて織られた平織の絹織物。丈夫で武士に好まれ、袴、帯地に用いられた。
縮緬	ちりめん	経糸《たていと》と左右強撚りの生糸の緯糸《ぬきいと》の平織の絹織物。精錬で緯糸が戻り独特の縮《ちぢみ》ができる。
縅	しじら	織機の糸の張りや太さを変えた2種の経糸《たていと》を緯《よこ》糸《いと》の平織の織物。表面は波打つ。
絖	ぬめ	繻子織《しゅすおり》の一種。薄く滑らかで光沢に富む。
絽	ろ	経緯を交互に織る平織の経糸《たていと》を一部絡ませ透き目を作った織物。
木綿	ゆう	楮《こうぞ》の繊維から織った織物。古くは神事に用いた。
木綿	もめん	綿花から紡いだ糸で織った織物。奈良時代には定着せず室町以降急速に広まった。
白妙	しろたえ	穀《かじ》の木、楮《こうぞ》などの繊維から織った織物。名は色が白いことから。**別** 白栲
苧麻	からむし	イラクサ科の植物の繊維で織った織物。木綿《もめん》が広まる以前は一般的な織物。㊗ ちょま
海気	かいき	江戸時代に舶来した平織の絹織物。染色、精錬した練絹糸で織られている。**別** 改機、海黄
絣	かすり	図案に応じて染色した糸で文様を織りだす織物。名は文様の縁が掠れることから。**別** 飛白
飛白	ひはく	所々にかすったような文様のある織物のこと。織模様、染模様がある。
擬麻	ぎま	表面を焼き滑らかにするなど加工した綿糸で織った織物。名は麻の質感に似ることから。
魚綾	ぎょりょう	綾《あや》織物の一種。波に魚の文様のある織物、麹塵《きくじん》色の織物とも。**別** 魚陵、魚竜、御綾
金紗	きんしゃ	紗《しゃ》を地とした金襴《きんらん》。緯糸《ぬきいと》に金糸、色糸。錦紗縮《きんしゃちり》緬《めん》は色糸で織った縮緬。**別** 錦紗

項目	よみ	解説
金襴	きんらん	綾《あや》や紗《しゃ》、繻子《しゅす》などの緯糸《ぬきいと》に金糸を用いて文様を織り出す織物。主に絹織物。
銀襴	ぎんらん	金襴《きんらん》と同じ手法で金糸に代わり銀糸を用いた織物。
銘仙	めいせん	あまり質の良くない絹糸で織った厚手の実用的絹織物。関東で織られ盛んに用いられた。
呉織	くれはとり	中国から渡来した機織り工。またその手法で織られた織物のこと。
紗綾	さや	平織の地に経糸《たていと》で綾織《あやおり》して文様を描く絹織物。
倭文	しず	穀《かじ》や麻の緯糸《ぬきいと》を赤や青に染色し、文様を織り出した古代の織物。
薄紗	はくさ	薄くて軽い織物のこと。
紙子	かみこ	厚紙に柿渋を塗ったものを揉んで柔らかくして縫い合わせた衣類。主に防寒具や寝具。
紙布	しふ	緯糸《ぬきいと》に紙縒《こより》を用いた織物。宮城県や静岡県に見られる。
黒衣	くろご	歌舞伎の進行を助ける高見《こうけん》が着た黒い木綿の衣服のこと。**別** 黒子
襤褸	ぼろ	使い古したボロボロの布。また着古してつぎはぎだらけの着物。

人工 ▶器物 ▶装束

項目	よみ	解説
束帯	そくたい	公家男子の礼服。冠、袍《ほう》、表袴《うえのはかま》、その他下着、笏《しゃく》。名は袍《ほう》を絞める石帯《せきたい》から。昼装束《ひるのしょうぞく》。
狩衣	かりぎぬ	公家男子の私服、武家男子の礼服。元来は狩猟用。盤領《まるくび》、脇空けの上衣。袖先に括り紐。

項目	よみ	解説
水干	すいかん	盤領《まるくび》、脇空けの上衣。装飾に菊綴《きくとじ》、露《つゆ》。公家の私服、武家の礼服。名は水張り布の意。
直垂	ひたたれ	衽《おくみ》の無い方領《ほうりょう》、脇空けの上衣。装飾に胸紐、菊綴《きくとじ》。庶民の服装が武家の私服、礼服に。
素襖	すおう	直垂《ひれたれ》の一種。胸紐、菊綴《きくとじ》を皮紐に変え、上下揃える。下級武士の私服から礼服に。**別** 素袍
衣冠	いかん	束帯の略装。石帯《せきたい》を略し表袴《うえのはかま》を裾括りの指貫《さしぬき》、笏《しゃく》を扇にかえる。宿直装束《とのいしょうぞく》。
袿	うちき	着物襟の垂領《たりくび》、広袖の中着。女性の女房装束や袿袴《けいこ》、男性の直衣《のうし》、狩衣《かりぎぬ》などに用いた。
直衣	のうし	公家男子の私服、後に礼服にも。衣冠《いかん》に似るが主に烏帽子《えぼし》をつけ袍《ほう》は年齢、季節を反映。
汗衫	かざみ	盤領《まるくび》、脇空けで裾の長い上衣。公家女童の正装。元来は汗取り着物とも。
衵	あこめ	下着の一種。束帯《そくたい》では下襲《したがさね》の下、女房装束では表衣の下に着る。名は間籠めの衣の衣。
裃	かみしも	江戸時代の武家、庶民の礼服。袖の無い肩衣、揃いの袴からなる。名は上下揃いの意。
袷	あわせ	裏地のある衣類のこと。名は表裏を合わせるの意。
単	ひとえ	裏地の無い衣類のこと。主に着物。
襖	あお	盤領《まるくび》、脇空けの上衣。武官の礼服。後ろ裾を長く引く。
襲	かさね	下着の一種、下襲《したがさね》の略。袍《ほう》、半臂《はんぴ》の下につける。着物襟の垂領《たりくび》で後ろ裾を長く引く。
緋袍	あけごろも	四位、五位（平安以降五位）の着る緋色の袍《ほう》。転じて五位の別名。**別** 緋衣
赤衣	あかぎぬ	赤色、桃色の衣のこと。身分の低い男性が用いる。五位の緋色の袍《ほう》とも。

項目	よみ	解説
五衣	いつぎぬ	女房装束の下着。袿《うちき》を5枚重ねたもの。後に襟、袖のみ5枚重ねたものに簡略。
錫紵	しゃくじょ	天皇、太皇太后、皇太后、皇后の葬儀で天皇の着た浅黒色、盤領《まるくび》、脇空けの袍《ほう》。
褐衣	かちえ	盤領《まるくび》、脇空けで獅子などの蛮絵の描かれた袍《ほう》。公家外出時の雑用警護をする人々が着た。
黄衣	こうえ	主にラマ僧、中国僧、道教の導師が着る法衣。また、無位の人の着る袍《ほう》。
緑衣	りょくい	六位の下級官人が着た緑の袍《ほう》。
緑衫	ろうそう	六位の下級官人が着た緑の袍《ほう》。
袈裟	けさ	襤褸《ぼろ》、汚い色を意味する梵語の音訳。中国、日本では左肩から右脇に掛ける長方形の布。
染衣	ぜんえ	墨染めの衣。僧侶の法衣のこと。
色衣	しきえ	高位の僧が着る墨染め以外の法衣のこと。
鈍色	どんじき	鈍色の法衣。着物襟の垂領《たりくび》、広袖で後ろ襟は三角に立つ。襞のある居がつくとも。
緋衣	ひえ	緋色の衣のこと。主に袈裟、僧侶の法衣。
香衣	こうえ	天皇の許可を得た僧侶が身に付ける丁子染めの黄色い法衣。
黒衣	こくい	黒い衣のこと。僧侶の着る墨染めの衣。転じて僧侶の例え。
白衣	びゃくえ	白い衣のこと。黒衣に対して俗人の例え。公家、僧侶の下着姿のこととも。
偏衫	へんさん	古い形の法衣。襟は着物襟の垂領《たりくび》だが左前、背は縫わず大きく開く。別 褊衫　㊊ へんざん

項目	よみ	解説
千早	ちはや	神事に神官、巫女が着る白い単の上衣。花鳥、水草を染め脇は縫わず紙縒《こより》で括る。別 襷、襌
法被	はっぴ	武家の使用人の中間、職人が着た衽《おくみ》の無い方領《ほうりょう》の上衣。背に主家の紋を描く。別 半被
半纏	はんてん	衽《おくみ》の無い方領《ほうりょう》の上衣。羽織に似るが襟の折り返し、胸紐が無く、黒い掛襟をする。
水衣	みずごろも	能装束の一種。単、広袖で衽《おくみ》がある。僧衣、庶民の粗末な衣服に見立てた。
花衣	はなごろも	花見の際の晴れ着。桜襲《さくらがさね》という色目（特定の色の重ね着）の衣とも。
寿衣	じゅい	仏式の葬儀の際、死者に着せる白衣の別名。
錦繍	きんしゅう	錦と刺繍を施した織物のこと。美しい衣服、織物。転じて美しい詩文の文字。別 錦綉
彩衣	さいい	美しく彩られた衣服のこと。美しい衣服。
襤衣	らんい	破れた衣類。襤褸《ぼろ》を綴り合わせた衣類のこと。
御衣	みけし	貴人の着る着物の敬称。
如木	じょぼく	糊で固めた白い狩衣《かりぎぬ》。またそれを着て公家の履や傘を持つ人々。名は木の如く堅いの意。
浴衣	ゆかた	古くは蒸し風呂で着た麻の単《ひとえ》。江戸以降は湯上がりや暑い夏にくつろぐ木綿《もめん》の単着物。
靴	か	束帯《そくたい》用の履物。牛革製黒漆塗で錦の上縁飾りや金具付きの飾り帯をつける。別 かのくつ
沓	くつ	履物全般の総称。特に浅沓《あさぐつ》。浅く底の厚い履き物で当初は皮、後に木や布で作られた。
襪	しとうず	沓や靴の下に履く足袋《たび》の一種。2枚の足形布を縫い合わせ指の部分は分けず紐で括る。

項目	よみ	解説
烏皮履	うひり	牛革製黒漆塗の履物。浅沓の一種で爪先は高く盛り上がり飾りがある。㊖くりかわのくつ
絲鞋	しかい	絹糸で編んだ履物で紐で括る。老人、子供、雅楽の楽人などが用いた。
半靴	ほうか	靴《かのくつ》を簡略化した騎乗用の靴。爪先は反り錦の上縁飾りを大型化、飾り帯は略す。
木履	ぼくり	木製の履物。特に女童、舞子などが履く楕円形で前のめりな底の厚い履き物のこと。
珠履	しゅり	玉で飾った履物のこと。
足袋	たび	足形の布製、革製の履物。親指と他の指が分かれる。古くは紐、現在は小鉤《こはぜ》で止める。
下駄	げた	1～3枚の歯がある台木に鼻緒をつけた履物。主に木製。鼻緒を指で挟んで履く。
雪駄	せった	竹皮編みの表と革製の底、鼻緒のある履物。後に踵に金具。利休考案とされる。別 雪踏
草鞋	わらじ	藁を足形に編み2本の藁緒、輪状の乳をつけた履き物。藁緒を乳に通して足に結ぶ。
草履	ぞうり	藁や竹皮などを編んで作った物に緒をつけた履物の総称。
鼻緒	はなお	草履《ぞうり》や下駄《げた》を固定する紐のこと。前緒と横緒があり、本来は前緒のこと。別 花緒
紅緒	べにお	紅色の鼻緒のこと。
雲鶴	うんかく	有職文様。雲と鶴を配した文様、また綾織物。親王の袍《ほう》の文様。
雲鳥	くもとり	有職文様。雲と鶴を配した文様。また綾織物。雲鶴《うんかく》の別名。
立涌	たてわく	有職文様。中央が膨らんだ相対する波の文様。菊や雲をあしらうことも多い。

項目	よみ	解説
葦手	あしで	文字を鳥や岩などになぞらえた文様。
雪輪	ゆきわ	雪の結晶を模した円形の文様。
雷文	らいもん	方形の渦巻き状の文様。丼の縁などにあしらわれる。
竜文	りゅうもん	竜をかたどった文様。別 竜紋、流紋
青海波	せいがいは	波型をかたどった文様。雅楽の曲名としても有名。
宝相華	ほうそうげ	唐草文様の一種。架空の植物を組み合わせた花文。
玉帛	ぎょくはく	玉と絹織物のこと。転じて参内の際の進物。
皺	しぼ	織る際の糸の捩《ねじ》りによって布に生じる凸凹。烏帽子《えぼし》の表面の皺のこと。
結裁	ゆだち	装束の袖と脇の縫いつけていない部分のこと。

人工 ▶武器 ▶一般

項目	よみ	解説
剣	つるぎ	刀剣類の総称。特に左右対称で両刃の剣のこと。
刀	かたな	片刃で刀身が短めの刃物。「な」は刃を指し、片方の刃の意。
太刀	たち	儀仗《ぎじょう》、戦陣で用いる腰反りが強く長い刀。刃を下にして腰に吊るす（佩《は》く）大刀は直刀。
槍	やり	木や竹の長柄に茎のある鋭い穂先をつけたもの。室町から戦国期に隆盛。別 鑓、鎗

項目	よみ	解説
薙刀	なぎなた	幅広の曲刀を長柄につけたもの。名は薙ぐ刀。槍の隆盛により女性の武器に。別 長刀
長巻	ながまき	太刀の茎を長く伸ばし長柄をつけたもの。名は柄に縄や紐を巻くことから。
脇差	わきざし	30～60cmの刀。名は腰脇に差すことから。江戸時代は武士以外も道中腰に差した。
矛	ほこ	両刃の剣を長柄につけたもの。鉾はソケット式、戈は柄に直角に刃をつける。別 鉾、戈
戟	げき	古代中国の武器。長柄に両刃剣をつけた矛に直角刃の戈をつけたもの。
斧	おの	楔型の刃に柄をつけたもの。木材伐採用の道具。また古くから権威の象徴、武器にも。
鉞	まさかり	大型の斧《おの》のこと。木材伐採用の道具。武器、刑具としても用いられた。
斧鉞	ふえつ	斧《おの》と鉞《まさかり》のこと。古代中国では討伐軍の大将に権威、刑罰の象徴としてこれらを預けた。
戚揚	せきてつ	斧《おの》と鉞《まさかり》のこと。武器全般のことを指す。
鋒鋩	ほうぼう	刃物の切っ先、矛先のこと。転じて気性や言葉が鋭く激しいことの例え。別 鋒芒
鈍	なまくら	刃物の切れ味が鈍いこと。またその刃物。転じて意気地の無い怠け者、技量不足の例え。
孤剣	こけん	1振りの剣のこと。また、1振りの剣のみを帯びて他に武器を持たないこと。
赤手	せきしゅ	手になにも、特に武器を持っていないこと。
尺鉄	せきてつ	短い刃物、小さな武器のこと。別 しゃくてつ
寸鉄	すんてつ	短い刃物、小さな武器のこと。

項目	よみ	解説
稲城	いなき	稲を積んで作る棚、簡易的な砦のこと。

人工▶武器▶刀剣

項目	よみ	解説
鍔	つば	拳を護るため刀身と柄の間につけられる刀装具。形状、材質は様々。鋼、楕円が一般的。
目貫	めぬき	刀身を柄に固定する目釘。また目釘を覆う金具。後に形骸化し、目釘を覆わないものも。
笄	こうがい	髪を整える道具。刀や脇差を差した時外側になる鞘の樋に差し込む。
小柄	こづか	長方形で金属製の柄を持つ小刀。刀や脇差を差した時内側になる鞘の樋に差し込む。
下緒	さげお	鞘の栗型（紐を通すための具）に通し、刀が落ちないように上帯に結ぶ紐。
鞘	さや	刀剣類を安全に携帯するため、刀身を保護するために用いる細長い筒。材質は主に朴木《ほうのき》。
鐺	こじり	鞘の先端、またその飾りのこと。主に金具など。
切先	きっさき	刀剣の先端。また物の鋭く尖らせた物の先端。別 鋒
鎬	しのぎ	刃と峰の間の刀身を補強する一際高くなった部分のこと。
沸	にえ	炭素が過飽和固溶した鋼の最も堅い部分。刃を透し見ると夜空の星のように煌めく。別 錵
天叢雲剣	あめのむらくものつるぎ	須佐之男命《すさのおのみこと》が八岐大蛇《やまたのおろち》の尾から見つけた剣。名は雲気のある刃から。草薙剣《くさなぎのつるぎ》の別名。
草薙剣	くさなぎのつるぎ	三種の神器。天叢雲剣《あめのむらくものつるぎ》の別名。名は焼討された倭健命《やまとたけるのみこと》を草を薙ぎ斬って救ったことから。

項目	よみ	解説
布都御魂	ふつのみたま	健御雷之男神《たけみかづちのおのかみ》の佩刀で石神神宮の祭神。東征に苦戦する神武天皇に高倉下《たかくらじ》を通じて献上。
韴霊剣	ふつのみたまのつるぎ	布都御魂《ふつのみたま》の別名。
甕布都神	みかふつのかみ	布都御魂《ふつのみたま》の別名。
天之尾羽張	あめのおはばり	火之迦具土神《ひのかぐつちのかみ》を斬り殺した伊邪那岐命《いざなぎのみこと》の佩刀。健御雷之男神《たけみかづちのおのかみ》の父ともされる。
十束剣	とつかのつるぎ	記紀神話の神々が使う剣。十束は長さの単位で諸説ある。別 十握剣、十拳剣、十掬剣
丙子椒林剣	へいししょうりんけん	四天王寺所蔵の直刀。名は刀身に丙子椒林の象眼があることから。聖徳太子の佩刀。
七星剣	しちせいけん	刀身、刀装具に北斗七星の意匠をあしらった刀剣の総称。聖徳太子の佩刀が有名。
七支刀	しちしとう	左右３本づつ両刃の枝が出た両刃の剣。石上神宮所蔵のものが有名。
壺切御剣	つぼきりのみつるぎ	代々皇太子（東宮）に受け継がれてきた宝剣。立太子礼《りったいしのれい》で皇太子の証として与えられる。
村雨	むらさめ	『南総里見八犬伝《なんそうさとみはっけんでん》』に登場する名刀。刀身に水気があり常に血糊を洗い流す。
童子切	どうじぎり	伯耆国安綱《ほうきのくにやすつな》作の太刀。源頼光《みなもとのよりみつ》の佩刀。天下五剣。名は『酒呑童子物語《しゅてんどうじものがたり》』の逸話から。
鬼丸	おにまる	粟田口国綱《あわたぐちくにつな》作の太刀。北条時政《ほうじょうときまさ》を苦しめた小鬼を斬ったと伝えられる。天下五剣。
数珠丸	じゅずまる	備中青江派、古備前派の作とされる細身の太刀。日蓮上人の佩刀。天下五剣。
大典太	おおてんた	典太光世《てんたみつよ》作の名刀。天下五剣。足利将軍家から豊臣秀吉、後に前田家に伝来。
三日月宗近	みかづきむねちか	三条宗近《さんじょうむねちか》作の日本刀。天下五剣。天下五剣中最も美しいとされる。

項目	よみ	解説
大包平	おおかねひら	備前国包平《びぜんのくにかねひら》作の太刀。池田輝政《いけだてるまさ》、またはその孫光政《みつまさ》の佩刀。名刀中の名刀とされる。
大兼光	おおかねみつ	備前国長船兼光《びぜんのくにかねみつ》作の刀。大太刀を磨き上げる。豊臣秀吉などの手を経て徳川家康に伝来。
大倶利伽羅	おおくりから	相州廣光《そうしゅうひろみつ》作とも。伊達政宗《だてまさむね》の佩刀。太刀を磨き上げる。名は倶利伽羅の彫刻から。
籠釣瓶	かごつるべ	肥後守秦光代《ひごのかみはたみつしろ》作の刀。柳生連也斎厳包《やぎゅうれんやさいとしかね》の愛刀。名は独特の拵え（外装）から。
瓶割	かめわり	一文字派作とも。一刀流始祖伊東一刀斎《いとういっとうさい》の愛刀。名は瓶ごと悪党を斬ったことから。
唐柏	からかしわ	長谷部国信《はせべくにしげ》作の大太刀。上杉謙信《うえすぎけんしん》の愛刀。景勝《かげかつ》御手選35腰。アメリカから返還。
希首座	きしゅざ	大和守藤原宣貞《やまとのかみふじわらのぶさだ》作の脇差。名は細川忠興《ほそかわただおき》が大徳寺の僧、希首座の首を斬ったことから。
狐ヶ崎	きつねがさき	青江為次《あおえためつぐ》作の太刀。名は吉川氏の祖、吉川友兼《きっかわともかね》が駿河国狐ヶ崎で逆族を討ったことから。
小烏丸	こがらすまる	天国《あまくに》作とされる鋒両刃造りの太刀。平家の重宝。伊勢の使いと名乗る烏が伝えたとも。
小狐丸	こぎつねまる	三条宗近《さんじょうむねちか》作とされる刀。名は子狐が相槌し鍛えたという伝承から。現在は所在不明。
笹貫	ささぬき	波平行安《なみのひらゆきやす》作の太刀。名は舞散る笹の葉が独りでに貫かれたことから。
五月雨江	さみだれのえ	天下三作の１人、郷《ごう》（江）義弘《よしひろ》作の刀。名は刀身が霞むことから。尾張徳川家に伝来。
獅子王	ししおう	源頼政《みなもとのよりまさ》が鵺《ぬえ》退治の褒美として鳥羽上皇から賜ったとされる太刀。承久の乱の際の佩刀。
晴思剣	せいしけん	織田信長から細川忠興《ほそかわただおき》に伝えられた脇差。名は茶坊主を斬り忠興の気が晴れたことから。
祢々切丸	ねねきりまる	日光二荒山神社の御神刀。大太刀。名は独りでに抜け祢々《ねね》という妖怪を斬ったことから。

項目	よみ	解説
髭切	ひげきり	源 満仲《みなもとみつなか》が鍛えさせた太刀。安綱《やすつな》作。名は罪人の首を髭ごと切ったことから。後の鬼切。
膝丸	ひざまる	源 満仲《みなもとみつなか》が鍛えさせた太刀。名は罪人の首を膝ごと切ったことから。後の蜘蛛切、薄緑。
雷切	らいきり	雷や雷神を斬ったという伝承の残る日本刀の総称。立花道雪《たちばなどうせつ》の佩刀などが有名。
朝嵐	あさあらし	長船勝光《おさふねかつみつ》作の脇差。銘に朝嵐、松下昌俊《まつしたあきとし》とあり注文打ちとも。名は西園寺公経《さいおんじきんつね》の詩から。
虎徹	こてつ	長曽禰興里《ながそねおみまさ》作の刀の総称。虎徹は興里の入道名。新撰組近藤 勇《こんどういさみ》所有は 源 清麿《みなもときよまろ》の偽物とも。
岩融	いわとおし	三条 宗近《さんじょうむねちか》作とされる薙刀。武蔵坊弁慶《むさしぼうべんけい》愛用と伝えられる。
村正	むらまさ	伊勢国桑名《いせのくにくわな》の刀工村正の鍛えた刀剣の総称。美濃鍛冶の流れを組み表裏の刃紋が揃う。

人工 ▶ 武器 ▶ 弓矢

項目	よみ	解説
弓	ゆみ	木や竹、金属などに弦を張り、弾性を利用して矢を飛ばす武器。古く主要武器とされた。
弓箭	きゅうせん	弓と矢のこと。転じて武器、武士の例え。
石火矢	いしびや	石や金属製の弾を飛ばす弩のこと。または近世に伝来した西洋式大砲。別 石火箭
棒火矢	ぼうびや	火薬をつけた矢を飛ばす大型の火縄銃のこと。別 棒火箭
弩	いしゆみ	古代中国で用いられたバネを利用して矢や石を飛ばす機械式の弓。別 石弓
鏃	やじり	矢柄の先端につけ目標に深く刺さるようにする部分。素材、種類は多種多様。別 矢尻

項目	よみ	解説
靫	うつぼ	矢を携帯するための容器。へちま型で下部の蓋を開け矢をとり出す。別 空穂　(別) うつほ
靫	ゆき	矢を携帯するための容器。細長い箱形。別 靱
胡簶	やなぐい	矢を携帯するための容器。筒状のものは壺胡簶《つぼやなぐい》、扁平なものは平胡簶《ひらやなぐい》という。別 胡籙
箙	えびら	胡簶《やなぐい》をより実戦向きに改良した、矢を携帯するための容器。種類は多いがみな堅固で簡便。
矢籠	しこ	矢を押し込み携帯するための容器。粗製の胡簶《やなぐい》。別 矢壺、尻籠
弓弭	ゆはず	弓の両端の弓弦をかける場所のこと。別 弓筈
本弭	もとはず	弓弦をかける弓の上部の端のこと。
末弭	うらはず	弓弦をかける弓の下部の端のこと。
弓束	ゆづか	弓を射る際に左手で握る部分のこと。またそこに巻かれた革、布。(別) ゆつか
弓弦	ゆづる	弓に張る弦のこと。松脂《まつやに》から作る薬練《くすね》を塗ったものが白弦、漆《うるし》を塗ったものが塗弦。
音金	おとがね	弓の末弭《うらはず》の少し下あたりの弦の中に包んだ銅や鉛。矢を放った際に良く音が響く。
破魔弓	はまゆみ	古くは「はま」という的を射る玩具。「破魔」とかけ神事用に。桃木製。別 浜弓
矢	や	主に弓の弦のつがえて射る棒状の武器。通常は鏃《やじり》、箆《の》（矢柄《やがら》）、矢羽根からなる。別 箭
矢筈	やはず	矢の弦を掛ける部分。直接刻み目をつけた筈《よはす》。角や金属、水晶などをつける継筈《つぎはず》がある。
箆	の	矢の棒の部分のこと。特に篠竹《しのだけ》。また、矢の材料にする竹のこと。

項目	よみ	解説
矢柄	やがら	箆《の》の別名。
白箆	しらの	表面に漆《うるし》を塗っておらず地肌が剥き出しの箆《の》（矢柄《やがら》）のこと。
箆深	のぶか	矢が鏃《やじり》だけでなく箆《の》（矢柄《やがら》）まで深々と刺さること。
本矧	もとはぎ	箆《の》（矢柄《やがら》）の上、矢羽根の下に糸などを巻いて補強した部分。
末矧	うらはぎ	箆《の》（矢柄《やがら》）の下側、鏃《やじり》の上を糸などを巻いて補強した部分。
平題箭	いたつき	練習用に用いられる角や木、金属などでできた先端の丸まった鏃《やじり》。
鏑矢	かぶらや	蕪《かぶ》型で飛ばすと音の出る鏑を鏃《やじり》につけた矢のこと。鏃は二股で刃のある雁股《かりまた》が多い。
嚆矢	こうし	鏑《かぶら》矢《や》の別名。
蟇目	ひきめ	大型の鏑《かぶら》矢《や》で魔除け、犬追物などに用いる。矢には鏃《やじり》をつけない。名は蟇の目とも。**別** 引目
徒矢	あだや	当たらない矢、無駄な矢のこと。
甲矢	はや	一度に2本の矢を持つ一手という手法で先に射る方の矢のこと。**別** 兄矢、早矢
乙矢	おとや	一度に2本の矢を持つ一手という手法で後に射る方の矢のこと。**別** 弟矢
蓬矢	ほうし	邪気を払うために用いられる蓬で作られた矢のこと。
猟矢	さつや	狩猟に使う矢のこと。「さつ」は幸の意。**別** 幸矢
征矢	そや	戦場で用いる矢のこと。鏑《かぶら》矢《や》などに対して鋭い鏃《やじり》がついたもの。**別** 征箭

項目	よみ	解説
火箭	かせん	先端に火や火薬をつけて射る矢のこと。
銀箭	ぎんせん	銀色の矢、銀の矢のこと。
破魔矢	はまや	破魔弓につがえて射る矢のこと。正月、棟上げ式の縁起物として用いられる。
百矢	ももや	矢櫃《やびつ》に百筋の矢を納めたもの。またその用意。
天鹿児弓	あめのかごゆみ	記紀神話で天若日子《あめのわかひこ》に授けられた弓。天津神を裏切り、状況を確認に来た鳴女《なきめ》を射殺した。
天羽々矢	あめのはばや	記紀神話で天若日子《あめのわかひこ》に授けられた矢。神々の矢返しにより天若日子の命を奪った。
雷上動	らいしょうどう	『源平盛衰記《げんぺいせいすいき》』に見られる弓。源 頼政《みなもとのよりまさ》が鵺《ぬえ》退治に用いた。
水破	すいは	『源平盛衰記《げんぺいせいすいき》』に見られる矢。黒い鷲羽を矢羽根にした鏑矢《かぶらや》。源 頼政《みなもとのよりまさ》が鵺《ぬえ》退治に用いた。
兵破	ひょうは	『源平盛衰記《げんぺいせいすいき》』に見られる矢。山鳥の羽を矢羽根にした鏑矢《かぶらや》。源 頼政《みなもとのよりまさ》が鵺《ぬえ》退治に用いた。

人工▶武器▶鎧

項目	よみ	解説
綿甲	めんこう	奈良時代末期に用いられた唐風の布鎧。甲板を彩色し、裏地をつけ綿を詰めてある。
挂甲	けいこう	金属製の小札《こざね》を革紐などで綴り合わせた鎧。肩に掛ける鎧の意。後に形骸化し布製に。
短甲	たんこう	金属製の板を鋲留め、革紐綴りした鎧。名は胴のみを筒状に覆うことから。
大鎧	おおよろい	主に平安時代末期に用いられた形式の鎧。騎射に適した工夫が各所に施されている。

項目	よみ	解説
胴丸	どうまる	平安から室町中期の歩兵用鎧。胴を廻らせ右脇で固定。草摺8間。筋兜、大袖と用いた。
腹巻	はらまき	胴丸より簡便な歩兵用鎧。胴を廻らせ背中で固定。草摺7間。後に筋兜、大袖と用いた。
具足	ぐそく	鎧一式のこと。十分に足りるの意。時代により形式、装具は異なる。
鉄衣	てつい	鎧、鎖帷子のこと。また鉄錆。
兜	かぶと	頭部を護るための防具。
錏	しころ	兜の鉢の左右と後ろにかけて垂らし矢から首を守るもの。革や鉄を組紐で綴る。別 錣、鞍
威	おどし	鎧の小札《こざね》を組紐や革紐などで綴ること。またそうして作られた鎧。緒通しの意。
鎧袖	がいしゅう	鎧の袖のこと。鎧の場合、袖は鉄や革の小札《こざね》を組紐で綴り合わせた一種の盾。
草摺	くさずり	鎧の胴に吊るし大腿部を守るもの。鉄や革の板を組紐で綴る。大鎧は4間（3＋1）。
芝摺	しばずり	草摺《くさずり》の最下段の板のこと。
六具	ろくぐ	甲冑の6種の付属品。籠手、脛当、脛盾、肩当、脇引、面具。
籠手	こて	鎧の肩から手先を覆う防具。布製袋状で鎖、金具で補強する。背で左右繋がったものも。
喉輪	のどわ	顎から胸前にかけてを守る防具。顎を守る半月状の板に2段の小札《こざね》を綴る。
佩盾	はいだて	草摺《くさずり》の下に左右に垂らし太股、膝を守る防具。別 脛楯、膝甲
脇盾	わいだて	騎射のため左前を重視した大鎧の右の隙間を覆う防具。別 脇楯

項目	よみ	解説
脇引	わきびき	脇の下を守るための防具。革もしくは鉄製の板。別 腋引
膝鎧	ひざよろい	草摺《くさずり》と脛当《すねあて》の間を守る防具。脛盾、もしくはその原型とも。別 膝甲
肩上	わたがみ	鎧の胴を吊るため両肩に当てる部分のこと。細板や紐などがある。別 綿上、綿噛
受緒	うけお	胴の肩上《わたがみ》と袖を結ぶ紐のうち肩前に垂らすもの。
母衣	ほろ	流れ矢を防ぐために背につけた装飾品。古くは長い布で、後に枠で袋状に。別 保呂、幌
堅甲	けんこう	堅固な鎧のこと。
直兜	ひたかぶと	皆で揃って甲冑で身を固めること。また甲冑で身を固めた一団。別 直甲
源氏八領	げんじはちりょう	源氏に伝わる8領の鎧。源為義《みなもとのためよし》敗戦の際に廃棄され各地に伝わる。
源太産衣	げんたがうぶぎ	源氏八領の1つ。名は源頼義《みなもとのよりまさ》親子参内の際、新調した鎧の袖を子の産衣としたことから。
避来矢	ひらいし	源氏八領の1つ。名は矢が避けるの意。
八龍	はちりょう	源氏八領の1つ。名は兜の前後に3つずつ、左右に1つずつある竜の飾りからとも。
楯無	たてなし	源氏八領の1つ。名は盾を必要としないほど堅牢という意。
薄金	うすかね	源氏八領の1つ。名は薄金作りという鉄の小札《こざね》を重ねた造りから。
膝丸	ひざまる	源氏八領の1つ。名は牛千頭の膝の革で縅したからとも。
沢瀉	おもだか	源氏八領の1つ。名は上が狭く下の広い沢瀉縅という作りから。

項目	よみ	解説
月数	つきかず	源氏八領の1つ。名は袖板などがそれぞれ12枚で揃えられていることから。
日数	ひかず	源氏八領の1つ。名は兜の装飾、星が360あったことからとも。
唐皮	からかわ	不動明王から天皇に授けられたとされる平家重代の鎧。名は裏地の虎皮（唐皮）から。

人工 ▶武器 ▶馬具

項目	よみ	解説
轡	くつわ	馬具の1つ。馬の口にはめるもので手綱を繋ぎ馬を操る。**別** 銜、馬銜
鐙	あぶみ	馬具の1つ。鞍の両側に下げ足を掛けるもの。日本では輪の輪鐙、足を包む壺鐙がある。
面繋	おもがい	馬具の1つ。轡《くつわ》を結ぶために馬の顔、耳の前後にかける紐。**別** 面懸、羈、面掛
尻繋	しりがい	馬具の1つ。馬の尾の下を回し鞍に繋ぐ。また、牛馬の尻に掛け物を引かせる道具。**別** 鞦
厚総	あつぶさ	面繋《おもがい》、胸繋《むながい》、尻繋《しりがい》に分厚く垂らした房飾りのこと。
手綱	たづな	馬具の1つ。轡《くつわ》の両端につけ馬を制御するための綱。西洋では革紐が多い。
鞍	くら	馬具の1つ。牛馬の背に置き人や荷物をのせる。前輪《まえわ》、居木《いぎ》、後輪《しずわ》からなる。
後輪	しずわ	鞍の部品の1つ。鞍の後ろの山形に高くなった部分。馬の背にまたがる。
居木	いぎ	鞍の部品の1つ。前輪《まえわ》、後輪《しずわ》を繋ぐ木。
四緒手	しおて	鞍の前輪《まえわ》、後輪《しずわ》の左右に掛け胸繋《むながい》、尻繋《しりがい》を留めるための紐。**別** 四方手

項目	よみ	解説
馬鐸	ばたく	馬具の１つ。古代の銅鐸に似た装飾品で胸繋《むながい》などに吊るし音を出す。
障泥	あおり	馬具の１つ。鞍の下から馬の腹の両側に垂らし泥よけとしたもの。皮革製。別 泥障
雲珠	うず	晴れの儀で用いられる唐風の鞍、唐鞍《からくら》の尻繋《しりがい》につける宝珠形の飾りのこと。
銀面	ぎんめん	晴れの儀で用いられる唐風の鞍、唐鞍《からくら》をつける際に馬の額につける飾り。鼻面に造花。
鞍敷	くらしき	鞍の上に敷く敷物のこと。別 鞍褥
額繋	ぬかがき	左右馬寮に属する官馬につける移鞍《うつしぐら》を用いる際の馬の額髪の結び。
水緒	みずお	留め金具をつけた革紐のこと。鐙吊りの為に用いる。別 鐙靼

人工 ▶ 建物

項目	よみ	解説
礎	いしずえ	建物の柱の下に置く土台石のこと。名は石を据えるの意。
木鼻	きばな	柱を繋ぐ構造材の貫、特に柱上部の頭貫が柱からはみ出した部分。装飾を施すことも。
擬宝珠	ぎぼし	宮殿や社寺、橋の装飾兼落下防止のため作られた柵、欄干の柱頭につける宝珠形の飾り。
雲斗	くもと	柱の上で屋根を支える斗《ます》を雲形の曲線で作ったもの。飛鳥時代の建築に見られる。
屈輪	ぐり	唐草、渦に似た模様。建築の装飾などに用いる。ぐりん、ぐりぐりとも。別 倶利
九輪	くりん	仏塔の頂上の装飾。9つの金属の輪。インド貴人の権威の象徴である傘蓋《さんがい》に由来する。

項目	よみ	解説
空輪	くりん	九輪《くりん》の別名。
曲輪	くるわ	城や砦などの周囲を取り巻く土石の囲いのこと。また囲われた区画。設計は非常に重要。
高欄	こうらん	宮殿や社寺、橋の装飾兼落下防止のため作られた柵、欄干の一種。端が反り曲がる。
虹梁	こうりょう	上向きに反った梁《はり》。社寺建築では下から見えるところに装飾的に並べる。別 高梁
古址	こし	昔、都や建築物があった痕跡のこと。また、昔の建物の土台石。別 故址
采椽	さいてん	山から切り出したままの屋根の裏板を支える椽木。転じて質素な家の例え。
狭間	さま	偵察や攻撃のために城壁、櫓《やぐら》に開けられた工夫の施された穴。また窓、半戸の別名。
桟	さん	戸や障子の骨木のこと。また廊下に渡す横木。
鴟尾	しび	古代の仏殿など瓦葺き建築の屋根の両端に置かれた金属製装飾。鯱の原型。別 鵄尾、蚩尾
支輪	しりん	社寺建築の軒裏などの斜め部分。湾曲した竪木を並べ裏板を張る。別 枝輪　㊊ しゅり、すり
水煙	すいえん	仏塔の九輪《くりん》の上にある炎を象った装飾。名は火事を恐れ火の字を忌んだことから。別 水烟
添水	そうず	水を注がれた竹筒が傾き、水を出して戻る勢いで石を叩く仕掛け。ししおどし。
滝殿	たきどの	主に納涼のために滝のほとりに建てられた簡素な御殿。
三和土	たたき	叩き土に石灰や水を混ぜて練ったものを厚塗りにした土間。現在は土やコンクリート。
垂木	たるき	棟から軒に渡して屋根板を支える長い板のこと。別 棰、椽、榱、架

項目	よみ	解説
千木	ちぎ	破風《はふ》が社殿上で交叉したもの。現在は別に装飾板を用意。神社建築の象徴。**別** 知木、鎮木
天守	てんしゅ	城郭建築において軍事の中心となる櫓《やぐら》。江戸時代以降は権威の象徴化。**別** 天主、殿主
長押	なげし	日本家屋において柱と柱を繋ぐ横木。本来は構造材だが柱を繋ぐ貫の登場で装飾化。
刎木	はねぎ	テコの原理で軒先を跳ね上げて支える構造材。**別** 桔木
羽目	はめ	壁などに用いる板張りの形式。縦ないし横に板を平らに並べて張る。
梁	はり	屋根や2階の重さを支えるため、また柱を連結するため柱の上に水平に置く構造材。
氷木	ひぎ	千木《ちぎ》の別名。**別** 比木
菱垣	ひしがき	細い竹を菱形に組んで作る垣根のこと。
肘木	ひじき	方形の受け木である斗《ます》と組み合わせて柱の上で屋根を支える横木。**別** 横木、肱木、臂木
一軒	ひとのき	地垂木《じたるき》のみの軒。
二軒	ふたのき	垂木《たるき》（地垂木）の先端に木負を置き、その上に飛簷垂木《ひえんたるき》を置いた軒。
扶木	ふぼく	神社の社殿建築に用いる木材のこと。
宝輪	ほうりん	九輪《くりん》の別名。
真隅	ますみ	図面上、垂木《たるき》を支える隅木《すみき》と桁《けた》が直角に交わっていること。
櫓	やぐら	城郭建築の要所に偵察、指令、貯蔵目的で置かれた高い建築物。転じて高い構造物。

項目	よみ	解説
矢来	やらい	木や竹を交叉させて作った仮の囲いのこと。
欄間	らんま	屋根と鴨居《かもい》の間に採光、通風のためにもうけられた空間。透彫りの板をはめ装飾に。

人工 ▶ 数

項目	よみ	解説
京	けい	数の単位。10の16乗。古くは10の7乗。
垓	がい	数の単位。10の20乗。古くは10の8乗。果て、境の意。
秭	し	数の単位。10の24乗。古くは10の9乗。積み重ねるの意。
穣	じょう	数の単位。10の28乗。古くは10の10乗。穀物が豊かに実るの意。
溝	こう	数の単位。10の32乗。古くは10の11乗。
澗	かん	数の単位。10の36乗。古くは10の12乗。
正	せい	数の単位。10の40乗。古くは10の13乗。
載	さい	数の単位。10の44乗。古くは10の14乗。
極	ごく	数の単位。10の48乗。古くは10の15乗。
恒河沙	ごうがしゃ	数の単位。10の52乗。古くは10の16乗。恒河の無数の砂の意。
阿僧祇	あそうぎ	数の単位。10の56乗。古くは10の17乗。梵語で数えきれないの意。

項目	よみ	解説
那由他	なゆた	数の単位。10の60乗。古くは10の18乗。梵語で1000億のこと。**別** 那由多
不可思議	ふかしぎ	数の単位。10の64乗。古くは10の19乗。とても表現できないの意。
無量大数	むりょうたいすう	数の単位。10の68乗。古くは10の20乗。
割	わり	数の単位。10分の1のこと。
分	ぶ	数の単位。100分の1のこと。
厘	りん	数の単位。1000分の1のこと。**別** 釐
毛	もう	数の単位。1万分の1のこと。
毫	ごう	毛《もう》の別名。
糸	し	数の単位。毛《もう》の10分の1こと。**別** 絲
忽	こつ	数の単位。糸《し》の10分の1のこと。
微	び	数の単位。忽《こつ》の10分の1のこと。
繊	せん	数の単位。微《び》の10分の1のこと。
沙	しゃ	数の単位。繊《せん》の10分の1のこと。
塵	じん	数の単位。沙《しゃ》の10分の1のこと。
埃	あい	数の単位。塵《じん》の10分の1のこと。

項目	よみ	解説
渺	びょう	数の単位。埃《あい》の10分の1のこと。
漠	ばく	数の単位。渺《びょう》の10分の1のこと。
模糊	もこ	数の単位。漠《ばく》の10分の1のこと。
逡巡	しゅんじゅん	数の単位。模糊《もこ》の10分の1。本来はグズグズと躊躇うことの意。
須臾	しゅゆ	数の単位。逡巡《しゅんじゅん》の10分の1。本来はほんのわずかな時間、つかの間の意。
瞬息	しゅんそく	数の単位。須臾《しゅゆ》の10分の1。本来はほんのわずかの時間。一瞬。1度瞬きし1度息する間の意。
弾指	だんし	数の単位。瞬息《しゅんそく》の10分の1。本来はほんのわずかの時間。1度指を弾く間の意。
刹那	せつな	数の単位。弾指《だんし》の10分の1。本来は弾指の65分の1、極めてわずかな時間の意。
六徳	りっとく	数の単位。刹那《せつな》の10分の1。本来は守るべき6つの徳の意。
虚空	こくう	数の単位。六徳《りっとく》の10分の1。本来は何も無いことの意。
清浄	せいじょう	数の単位。虚空《こくう》の10分の1。本来は清らかなことの意。
阿頼耶	あらや	数の単位。清浄《せいじょう》の10分の1。仏教用語から。
阿摩羅	あまら	数の単位。阿頼耶《あらや》の10分の1。仏教用語から。
涅槃寂静	ねはんじゃくじょう	数の単位。阿摩羅《あまら》の10分の1。仏教用語から。

宗教 ▶仏教 ▶一般

項目	よみ	解説
空	くう	仏教の基本概念。全ての物事には本来実体がなく、因縁により仮に姿を表すということ。
色	しき	仏教の基本概念。五感により認識できる全ての存在。かたちありいずれ滅びるもの全て。
寂	じゃく	仏教用語。迷いを脱した境地である涅槃《ねはん》のこと。転じて聖人や僧侶の入滅《にゅうめつ》（死）。
我空	がくう	大乗仏教の根本思想。自我は色、受、想、行、識が集まった実体のない仮の存在との思想。
空寂	くうじゃく	仏教用語。万物には皆実体はなく空、すなわち不変の存在ではないということ。
彼岸	ひがん	仏教用語。迷いの多い現世をこちら岸、迷いを脱した境地を向こう岸に例える。転じてあの世。
涅槃	ねはん	仏教用語。全ての煩悩、執着を捨て迷いを脱した状態。肉体を失って始めて達成される。
輪廻	りんね	業《ごう》に応じ、回る車輪の如く様々な生を生きること。仏教では三界六道《さんかいりくどう》を生まれ変わる。
流転	るてん	仏教用語。三界六道《さんかいりくどう》を迷いながら生死を繰り返すこと。転じて変化し続けることの意。
転生	てんしょう	生まれ変わること。㊙てんせい
逆流	ぎゃくる	仏教用語。生死流転の流れに逆らって悟りの境地に至ること。
等流	とうる	仏教用語。原因から流れ出した結果が原因とほぼ同等の重さであること。
苦輪	くりん	仏教用語。永遠に生まれ変わりを繰り返し、生、老、病、死の苦しみを逃れられないこと。
煩悩	ぼんのう	仏教用語。心身を悩ませ悟りを妨げる心理作用。枝末煩悩とそれを生む根本煩悩がある。

項目	よみ	解説
因果	いんが	仏教用語。物事の直接的原因と結果。特に前世での行いが現世での状況に影響すること。
因縁	いんねん	仏教用語。因は直接的原因、縁は間接的原因。あらゆる物事を定め、破壊するとも。
苦果	くか	仏教用語。前世の行いにより現世で受ける苦しみ。己の悪行の結果受ける苦しみのこと。
業苦	ごうく	仏教用語。前世の悪い行いの結果として現世で苦しみを受けること。またその苦しみ。
黒業	こくごう	仏教用語。苦しみを招く悪い行いとその報いのこと。
白業	びゃくごう	仏教用語。安楽を招く行いとその報いのこと。
界繫	かいけ	仏教用語。行いの報いに過去、現在、未来の三界に縛り付けられること。またその行い。
離苦	りく	仏教用語。悩み苦しみから離れること。
厭離	えんり	仏教用語。煩悩に汚れた現世を厭って離れること。㊙おんり
有為	うい	仏教用語。直接的原因、間接的原因により、この世に生じたり滅したりする全ての物事。
無為	むい	仏教用語。直接的原因、間接的原因による変化が無い存在。また自然で作為のないこと。
有情	うじょう	仏教において感情の働きや意識を持つ全ての生き物のこと。
有待	うだい	仏教用語。他の存在に頼って生きるもの。特に食物、衣類などを必要とする人間の体。
横竪	おうじゅ	仏教用語。自力を竪《たて》、他力を横に例えた語。
苦海	くかい	仏教用語。海の如く果てしなく生死、苦悩が繰り返される現世のこと。三世《さんぜ》六道《りくどう》世界。

項目	よみ	解説
愛染	あいぜん	仏教用語。貪るかの如く深く愛し、それに囚われ染まり執着すること。貪愛染着《とんあいぜんじゃく》の略。
無愛	むあい	仏教用語。愛欲から離れた状態のこと。
愛河	あいが	仏教用語。愛欲が人を惑わし溺れさせることを河の流れに例えたもの。
二河	にが	仏教用語。浄土への信心を憎悪の炎の河、執着の水の河の間にある細道に例えた比喩。
有漏	うろ	仏教用語。漏は迷い、汚れ、煩悩の意。迷いや汚れ、煩悩のある状態のこと。
無漏	むろ	仏教用語。漏は迷い、汚れ、煩悩の意。迷い、汚れを離れ煩悩がないこと。
無垢	むく	仏教用語。煩悩を離れ、汚れなく清らかな状態のこと。一般には心身に汚れないこと。
無常	むじょう	仏教用語。万物は絶えず生まれ、滅び、変化し続け永遠不変の存在などないということ。
無念	むねん	仏教用語。無我の境地に入り、妄念がなく心に何も思わないこと。
無明	むみょう	仏教用語。真理に暗いこと。一切の煩悩の根源とされる。またそれにより悟れない状態。
四諦	したい	仏教用語。苦痛を逃れ悟る方法を苦諦《くたい》、集諦《しゅうたい》、滅諦《めったい》、道諦《どうたい》の４方面から考察した教説。
苦諦	くたい	仏教用語。現実世界の一切は苦であるという真理。
集諦	じったい	仏教用語。誤りを真実と思う迷妄と物事への執着こそが苦の原因であるという真理。
滅諦	めったい	仏教用語。誤りを真実と信じる迷妄を破り執着を捨てることが悟りに至る道という真理。
道諦	どうたい	仏教用語。悟りに至るための具体的方法は八《はっ》正道《しょうどう》であるという真理。

項目	よみ	解説
地大	ちだい	仏教用語。5つの物質構成要素の「地」。堅固を本質とし保持を作用とするとされる。
水大	すいだい	仏教用語。5つの物質構成要素の「水」。湿り気を本質とし収集を作用とするとされる。
火大	かだい	仏教用語。5つの物質構成要素の「火」。熱さを本質とし成熟を作用とするとされる。
風大	ふうだい	仏教用語。5つの物質構成要素の「風」。動きを本質とし成長を作用とするとされる。
空大	くうだい	仏教用語。5つの物質構成要素の「空」。虚空《こくう》のこと。
空輪	くうりん	5つの物質構成要素の「空」を輪に例えたもの。また仏塔の飾り。須弥山《しゅみせん》を支える最下層。
風輪	ふうりん	5つの物質構成要素の「風」を輪に例えたもの。また仏塔の飾り。須弥山《しゅみせん》を支える第3層。
水輪	すいりん	5つの物質構成要素の「水」を輪に例えたもの。また仏塔の飾り。須弥山《しゅみせん》を支える第2層。
金輪	こんりん	5つの物質構成要素の「金」を輪に例えたもの。また仏塔の飾り。須弥山《しゅみせん》を支える第1層。
地輪	ちりん	5つの物質構成要素の「地」を輪に例えたもの。また仏塔の飾り。須弥山《しゅみせん》を支える第1層。
肉眼	にくげん	仏教用語。五眼《ごげん》の1つ。人間の肉体の目のこと。仏の目に対していう語。
天眼	てんげん	仏教用語。五眼《ごげん》の1つ。普通には見えない物を見通す一種の超能力を持った眼のこと。
慧眼	えげん	仏教用語。五眼《ごげん》の1つ。妄念を離れ真理を明らかにする智慧《ちえ》を眼に例えたもの。
法眼	ほうげん	仏教用語。五眼《ごげん》の1つ。菩薩《ぼさつ》が万物の真相を見抜き人々を救済するための智慧《ちえ》の眼。
仏眼	ぶつげん	仏教用語。五眼《ごげん》の1つ。仏がこの世の全ての存在の実像を明らかに照らし出す目のこと。

項目	よみ	解説
聞慧	もんえ	仏教用語。修行によって段階的に得られる智慧《ちえ》、三慧《さんね》の1つ。経典を聞いて得る。
思慧	しえ	仏教用語。修行によって段階的に得られる智慧《ちえ》、三慧《さんね》の1つ。思惟《しゆい》によって得られる。
修慧	しゅえ	仏教用語。修行によって段階的に得られる智慧《ちえ》、三慧《さんね》の1つ。禅定《ぜんじょう》を収めて得る。
成劫	じょうこう	仏教用語。世界が破滅に至るまでの期間、四劫《よんごう》の1つ。世界が成立する期間。
住劫	じゅうこう	仏教用語。世界が破滅に至るまでの期間、四劫《よんごう》の1つ。世界が存続する期間。
壊劫	えこう	仏教用語。世界が破滅に至るまでの期間、四劫《よんごう》の1つ。世界が滅ぶまでの期間。
空劫	くうこう	仏教用語。世界が破滅に至るまでの期間、四劫《よんごう》の1つ。次の世界が生まれる前の期間。
九識	くしき	仏教用語。人間の識別能力、眼、耳、鼻、舌、身、意、末那《まな》、阿頼耶《あらや》、菴摩羅《あまら》のこと。
末那	まな	仏教用語。9つの認識の1つ。阿頼耶識《あらやしき》に執着する汚れた思量。迷い、自己愛の根源。
阿頼耶	あらや	仏教用語。9つの認識の1つ。万物を顕現させる力を持つ。清浄か汚れたものかは不明。
菴摩羅	あまら	仏教用語。9つの認識の1つ。修行により清浄となった阿頼耶識《あらやしき》、もしくは清浄な側面。
真知	しんち	仏教用語。真実の智慧《ちえ》のこと。また絶対的な真理を認識すること。**別** 真智
慈悲	じひ	仏教用語。慈は楽を与えること、悲は苦を除くことの意。仏、菩薩《ぼさつ》の哀れみ慈しみ。
般若	はんにゃ	インド哲学の思想。智慧《ちえ》の意の梵語の音訳。大乗仏教では万物の真実の姿を捉える智慧。
慧剣	えけん	仏教用語。真理を明らかにする智慧《ちえ》によって煩悩、生死を断つ様子を剣に例えた語。

項目	よみ	解説
慧日	えにち	仏教用語。真理を明らかにする仏や菩薩《ぼさつ》の智慧《ちえ》が広く果てない様子を日光に例えた語。
智剣	ちけん	慧剣《えけん》の別名。
智水	ちすい	仏教用語。真理を明らかにする仏の智慧《ちえ》を水に例えた語。
法剣	ほうけん	仏教用語。仏の説法が煩悩を断ち切る様子を剣に例えた語。
法輪	ほうりん	仏教用語。仏教のこと。説法が人々の迷いや煩悩を打ち砕く様子を戦車に例えた語。
法雨	ほうう	仏教用語。仏法があまねく人々を救うことを大地を潤す雨に例えた言葉。
呪印	じゅいん	仏教用語。梵語の呪文、陀羅尼《だらに》（真言《しんごん》）と手指の組み合わせで万物を象徴する印契《いんげい》のこと。
念誦	ねんじゅ	仏教用語。心に仏を念じ、口に経文や仏の名前を唱えること。
結印	けついん	仏教用語。手指の組み合わせで万物を象徴する印契《いんげい》を結ぶこと。
九字	くじ	元来は中国道教の秘法。臨 兵 闘者皆陣列在前《りんぴょうとうしゃかいじんれつざいぜん》の９文を唱え印を結び横５縦４の線を描く。
蘇婆訶	そわか	仏教用語。陀羅尼《だらに》（真言《しんごん》）の最後につける梵語。功徳あれ、成就あれの意。**別** 薩婆訶
南無	なむ	仏教用語。仏や菩薩《ぼさつ》、三宝《さんぼう》への深い帰依を表すために名の前につける敬称。
納莫	のうまく	南無《なむ》に同じ。
那謨	なも	南無《なむ》に同じ。
摩訶	まか	仏教用語。大きな、偉大なの意の梵語。敬称として仏名などの語の前につける。

項目	よみ	解説
波羅蜜	はらみつ	仏教用語。実践、熟達の意の梵語。涅槃《ねはん》に至る実践修行。大乗仏教では菩薩の修行。
多聞	たもん	仏教用語。博識なこと。多く聞くの意。
加持	かじ	仏教用語。仏や菩薩《ぼさつ》の力、もしくは密教僧の祈祷を通じた仏力で人々を守り救うこと。
折伏	しゃくぶく	仏教用語。悪人、悪法を議論などで力づくで屈服させる教化方法。
破邪	はじゃ	仏教用語。誤った教えや見解、囚われを打ち破ること。
破魔	はま	仏教用語。悪魔、煩悩を打ち破ること。
降魔	ごうま	仏教用具。神仏の力で悪魔を降し鎮めること。また、魔王波旬《はじゅん》を降した釈迦《しゃか》八相《はっそう》の1つ。
久修	くしゅ	仏教用語。長い年月を費やして仏教修行をすること。
求道	ぐどう	仏教用語。仏の正しい道を求め修行すること。転じて真理を求めること。
欣求	ごんぐ	仏教用語。心の底から喜んで願い求めること。主に仏道や極楽浄土往生。
頭陀	ずだ	仏教用語。衣食住への欲を断つための12の修行。食を乞い野宿しての行脚など。別 杜多
抖籔	とそう	頭陀《ずだ》に同じ。
濁乱	じょくらん	仏教用語。悪法がはびこることで人々の心が濁り世の中が乱れること。別 濁濫
救世	くせ	仏教用語。生きとし生けるものを救済し、悟りに導くこと。また仏、菩薩《ぼさつ》。㊕ ぐぜ、ぐせ
弘誓	ぐぜい	仏教用語。菩薩《ぼさつ》が自ら悟りを開き、生きとし生けるものを救済しようという誓いのこと。

項目	よみ	解説
照破	しょうは	仏教用語。仏の智慧《ちえ》が法に暗く煩悩に迷う人の闇を照らし破ること。
空華	くうげ	仏教用語。眼病の人が空に見る幻の花。愚者が実体のないものを信じることの例え。別 空花
幻化	げんけ	仏教用語。幻のように実体のないこと。また仏、菩薩《ぼさつ》や幻術により生み出された幻。
垂迹	すいじゃく	仏教用語。仏や菩薩《ぼさつ》が人々を仏道に引き入れるため仮の姿、特に日本の神の姿となること。
華厳	けごん	仏教用語。菩薩《ぼさつ》の修行の成就、万物と人が仏を共にあることの美しさを花に例えた言葉。
仏果	ぶっか	仏教用語。仏教修行によって得られる悟りの境地。結果としての成仏のこと。
釈迦	しゃか	仏教の開祖。釈迦牟尼《しゃかむに》の略。シャカ族の王子。29歳で妻子を残し出家し35歳で悟る。
菩薩	ぼさつ	人々を救うため悟りを望む修行者。菩提薩埵《ぼだいさった》の略。元来は生前の釈迦《しゃか》。大乗仏教の理想。
仏	ほとけ	煩悩を断ち悟りに至った人。仏陀《ぶっだ》の略。目覚めた人の意の梵語。特に釈迦《しゃか》のこと。
本師	ほんし	仏教用語。釈迦《しゃか》の別称。根本の教師の意。
阿羅漢	あらかん	仏教用語。尊敬に値するものの意の梵語の音訳。仏弟子の最高位。主に小乗仏教の聖人。
羅漢	らかん	阿羅漢《あらかん》の略。
応供	おうぐ	阿羅漢《あらかん》の梵語の意訳。
声聞	しょうもん	仏教用語。仏の説法を聞き悟りに至る仏弟子。自利のみの追求者と大乗仏教の批判対象。
一来	いちらい	欲界9種の欲を6種まで滅ぼした段階の人。名は悟るため一度天界に転生することから。

項目	よみ	解説
印可	いんか	印信許可《いんしんこか》の略。仏、師匠が弟子の理解、悟りを承認すること。転じて武道、芸道の許可。
阿那含	あなごん	仏教用語。再び戻らないの意の梵語の音訳。小乗仏教の階位。欲界に再び生を受けない。
維那	いな	仏教用語。僧侶、寺務を管理する3役の1つ。寺院の中の事務仕事を扱う。
沙弥	しゃみ	剃髪、得度はしたがまだ正式な出家ではない男子。日本では在家妻帯の武将など。㊍さみ
九会	くえ	仏教用語。密教の金剛界曼荼羅を構成する9つの区分のこと。
九想	くそう	仏教用語。死骸が腐敗し土になるまでの9段階。観想し肉体への執着を断つ。別 九相
波羅夷	はらい	仏教用語。戒律で最も重い4つの罪、邪淫、偸盗、殺生、妄語。大乗仏教では数は様々。
六道	ろくどう	仏教用語。人々が行いの報いで赴く地獄、餓鬼、畜生、修羅、人間、天の6つの世界。
地獄	じごく	仏教用語。六道世界の1つ。閻魔《えんま》が獄卒を率い悪行をなした死者を裁き責め立てる世界。
餓鬼	がき	仏教用語。六道世界の1つ。悪行をなした死者が落ち、飢えと渇きに苦しむ世界。
畜生	ちくしょう	仏教用語。六道世界の1つ。悪行をなした死者が動物、特に家畜に生まれ苦しむ世界。
修羅	しゅら	仏教用語。六道世界の1つ。阿修羅の住む争いの絶えぬ世界。人間と畜生の中間にある。
三途	さんず	死後赴く地獄、餓鬼、畜生の三界。またこの世とあの世の境である三途の川の略。別 三塗
泥梨	ないり	地獄、奈落のこと。別 泥黎、奈利
紅蓮	ぐれん	八寒地獄の第7番目、紅蓮地獄の略。極寒に皮膚が裂け流れる血で赤く染まる。

項目	よみ	解説
劫火	ごうか	仏教用語。この世の終わりに世界を焼き尽くすとされる大火災のこと。㊕こうか
死火	しか	仏教用語。死ぬことを永遠に燃え盛る大火災に例えた言葉。
毘藍婆	びらんば	仏教用語。この世の終わりに吹き、至るところを破壊するという大暴風のこと。
毘嵐風	びらんぷう	毘藍婆《びらんば》の別名。
毘藍	びらん	毘藍婆《びらんば》の別名。
業魔	ごうま	仏教用語。悪い行いが心身を悩ませ正道に進むことを妨げる様子を悪魔に例えた言葉。
天魔	てんま	仏教用語。自在天魔《じざいてんま》の略。名は波旬《はじゅん》。欲界の第6天に住み仏法、善事を妨げる魔王。
波旬	はじゅん	欲界の第6天に住む魔王。名は殺者、悪者の意。かつて釈迦《しゃか》の修行を妨げたともされる。
魔障	ましょう	仏教用語。仏道修行を妨げる悪魔がもたらす障害のこと。
魔羅	まら	仏教用語。仏道修行を妨げ人の心を惑わす煩悩、悪神。名は障害の意。別 摩羅、末羅
閻魔	えんま	地獄に墜ちる人間の善悪を裁くという地獄の主。
穢土	えど	仏教用語。現世、三世六道《さんぜりくどう》世界のこと。煩悩で汚れた世界、国土の意。
此土	しど	仏教用語。この世のこと。
浄土	じょうど	仏教用語。十方にある仏、菩薩《ぼさつ》の住む清浄な世界。特に阿弥陀《あみだ》の住む西方の極楽浄土。
報土	ほうど	仏教用語。自らの行いの報いを受ける国土の意。菩薩《ぼさつ》の誓願により成就する浄土のこと。

項目	よみ	解説
娑婆	しゃば	仏教用語。釈迦《しゃか》が教化する現実世界。煩悩、苦しみが多く忍耐が必要な世界の意。
菩提	ぼだい	仏教用語。一切の煩悩を断って至る悟りの境地。またその智慧《ちえ》のこと。転じてあの世。
閻浮提	えんぶだい	古代インド思想の世界の中心、須弥山《しゅみせん》の南方に位置する大陸。後に人間界のこと。
閻浮樹	えんぶじゅ	古代インド思想の人間界、閻浮提《えんぶだい》の北にある大樹。本来は蒲桃《ふともも》のこと。
竜華樹	りゅうげじゅ	弥勒菩薩《みろくぼさつ》がその下で悟りを開くとされる樹のこと。
補陀落	ふだらく	南海岸にあるとされる観音菩薩《かんのんぼさつ》が住む山。 別 普陀洛
藕花	ぐうげ	仏教用語。蓮の花のこと。
天花	てんげ	天上に咲く花、もしくは天上の花にも例えられるような霊妙な花のこと。 別 天華
天鼓	てんく	仏教用語。欲界の六天の第2天にあるとされる鼓。独りでに妙音を発し悪行を慎ませる。
毒鼓	どっく	仏教用語。聞くものは皆死ぬという毒を塗った鼓。涅槃経の教えが煩悩を殺すとの例え。
阿伽陀	あかだ	あらゆる病気を治すとされる不死の霊薬。 別 阿掲陀
伽藍	がらん	仏教用語。僧伽藍《そうがらん》の略。本来は僧侶たちの修行する清浄な場所。後に寺院建築の名称に。
阿蘭若	あらんにゃ	仏教用語。森の意の梵語の音訳。修行に適した閑散とした土地。転じて寺院のこと。
練若	れんにゃ	阿蘭若《あらんにゃ》の別名。
蘭若	らんにゃ	阿蘭若《あらんにゃ》の別名。

項目	よみ	解説
金剛杵	こんごうしょ	密教法具の１つ。煩悩を砕くとされる。中央が括れ両端に刃を持つ古代インドの武器。
独鈷	どっこ	密教法具の１つ。金剛杵《こんごうしょ》のうち両端の刃が分岐しないもの。**別** 独古、独股
金剛鈴	こんごうれい	密教法具の１つ。修法の際に打ち鳴らす楽器。金剛杵《こんごうしょ》の一端が鈴になっている。
鈴杵	れいしょ	金剛鈴《こんごうれい》の別名。
竹篦	しっぺい	細く割った竹を束ね藤を巻いた弓状の棒。禅宗の座禅の際、修行者を打ち戒める。
払子	ほっす	長い獣毛を柄で束ねた法具。インドでは虫を殺さず払う道具。日本では象徴、装飾品。
輪宝	りんぽう	密教法具の１つ。自ずから敵を砕く伝説の輪を模す。転じて煩悩を砕く仏の智慧《ちえ》の象徴。
宝輪	ほうりん	輪宝《りんぽう》の別名。
羯磨	かつま	仏教用語。比丘《びく》の受戒や懺悔の際の作法。また金剛杵《こんごうしょ》を交差した形状の密教法具の１つ。
閼伽	あか	密教で仏に供える６つの供物の１つ。仏前、墓前に捧げる水。本来は貴人に捧げる供物。
塗香	ずこう	密教で仏に供える６つの供物の１つ。行者を塗り清める香、またその行為。
華鬘	けまん	密教で仏に供える６つの供物の１つ。仏堂の梁《はり》にかける団扇型の装飾板。**別** 花鬘、花縵
火舎	かしゃ	二階棚に供える香炉の１種。**別** 火蛇
阿含	あごん	仏教用語。仏陀の説法の最も古い形を残す経典の総称。伝承の意の梵語の音訳。
三蔵	さんぞう	仏教用語。大蔵経のこと。経蔵《きょうぞう》、律蔵《りつぞう》、論蔵《ろんぞう》の3つ。また、大蔵経に通じた僧侶の敬称。

項目	よみ	解説
諷誦	ふじゅ	仏教用語。経文などを声をあげて読むこと。また仏事の趣旨や供物を読みあげること。
伽陀	かだ	仏教用語。経典などで仏徳への賛辞や教理、仏教の真理を詩の形で述べたもの。
偈	げ	伽陀《かだ》の別名。
偈頌	げじゅ	伽陀《かだ》の別名。
伐折羅	ばさら	金剛の音訳。堅固の意。転じて仏教では最上。最も優れるの意。別 跋折羅、縛日羅
曼荼羅	まんだら	円盤の意の梵語の音訳。密教修法のために諸尊を一定の形式で並べた段、絵画。別 曼陀羅
盂蘭盆	うらぼん	仏教行事の１つ。本来は餓鬼道に落ちた死者を救う仏事。祖霊信仰と結合し現在の形に。
精霊会	しょうりょうえ	盂蘭盆《うらぼん》の別名。また、聖徳太子所縁の地で行われる法要。
安居	あんご	仏教用語。雨の多い時期に寺院などに籠り修行すること。禅宗では冬も行う。
雨安居	うあんご	安居《あんご》の別名。
坐夏	ざか	安居《あんご》の別名。

宗教▶仏教▶如来

項目	よみ	解説
釈迦如来	しゃかにょらい	仏教の開祖、釈迦《しゃか》のこと。古くは如来は釈迦如来のみ。他の如来は大乗仏教以降登場。
薬師如来	やくしにょらい	薬師経では東方瑠璃世界の主。菩薩《ぼさつ》時代に衆生の病気平癒など12の誓願。左手に薬壺。

項目	よみ	解説
大医王	だいいおう	薬師如来《やくしにょらい》の別名。
医王善逝	いおうぜんぜい	薬師如来《やくしにょらい》の別名。
阿弥陀如来	あみだにょらい	西方極楽世界の主。菩薩時代に衆生救済、念仏での往生など48の誓願。浄土系の本尊。
無量寿	むりょうじゅ	阿弥陀如来《あみだにょらい》の別名。
無量光	むりょうこう	阿弥陀如来《あみだにょらい》の別名。
大日如来	だいにちにょらい	真言密教の教主。諸仏、諸菩薩《ぼさつ》の本体。宇宙の実相、真理の仏格化。密教の五智如来。
遍照如来	へんじょうにょらい	大日如来《だいにちにょらい》の別名。
大日遍如	だいにちへんじょう	大日如来《だいにちにょらい》の別名。
阿閦如来	あしゅくにょらい	東方阿比羅提世界の主。一切の怒り淫欲を断つ。密教の五智如来。大円鏡智《だいえんきょうち》を象徴。
無動	むどう	阿閦如来《あしゅくにょらい》の別名。
無瞋恚	むしんい	阿閦如来《あしゅくにょらい》の別名。
阿閦婆	あしゅくば	阿閦如来《あしゅくにょらい》の別名。
宝生如来	ほうしょうにょらい	密教の五智如来。金剛界曼荼羅《こんごうかいまんだら》の南方に位置。平等性智《びょうどうしょうち》を象徴。
不空成就如来	ふくうじょうじゅにょらい	羯磨部《かつまぶ》の主尊。密教の五智如来。金剛界曼荼羅の北方に位置。成所作智《じょうしょさち》を象徴。
宝幢如来	ほうとうにょらい	阿閦如来《あしゅくにょらい》と同体とも。胎蔵界曼荼羅《たいぞうかいまんだら》の東方に位置。大円鏡智《だいえんきょうち》を象徴。

宗教

項目	よみ	解説
開敷華王如来	かいふけおう にょらい	宝生如来《ほうしょうにょらい》と同体とも。胎蔵界曼荼羅《たいぞうかいまんだら》の南方に位置。平等性智《びょうどうしょうち》を象徴。
無量寿如来	むりょうじゅ にょらい	阿弥陀如来《あみだにょらい》と同体とも。胎蔵界曼荼羅《たいぞうかいまんだら》の西方に位置。妙観察智《みょうかんさっち》を象徴。
天鼓雷音如来	てんこらいおん にょらい	不空成就如来《ふくうじょうじゅにょらい》と同体とも。胎蔵界曼荼羅《たいぞうかいまんだら》の北方に位置。成所作智《じょうしょさち》を象徴。
多宝如来	たほうにょらい	釈迦《しゃか》が法華経を説いた際に出現させた宝塔に座す如来。釈迦に座の半分を勧めた。
天王如来	てんのうにょらい	法華経によれば、釈迦《しゃか》を亡きものにしようと企んだ提婆達多《だいばだった》が将来成仏した姿。
毘盧遮那仏	びるしゃなぶつ	華厳経の本尊。蓮華蔵世界に座し世界を遍く照らすとされる。密教では大日如来《だいにちにょらい》と同体。
燃燈仏	ねんとうぶつ	釈迦《しゃか》の前世に来世である釈迦が未来において成仏するという予言を授けたとされる仏。
錠光仏	じょうこうぶつ	燃燈仏《ねんとうぶつ》の別名。
毘婆尸仏	びばしぶつ	過去七仏（釈迦《しゃか》とそれ以前に存在したとされる仏）の最初に現れた仏。
尸棄仏	しきぶつ	過去七仏（釈迦《しゃか》とそれ以前に存在したとされる仏）の2番目に現れた仏。
毘舎浮仏	びしゃふぶつ	過去七仏（釈迦《しゃか》とそれ以前に存在したとされる仏）の3番目に現れた仏。
倶留孫仏	くるそんぶつ	過去七仏（釈迦《しゃか》とそれ以前に存在したとされる仏）の4番目に現れた仏。別 拘留孫仏
倶那含牟尼仏	くなごんむにぶつ	過去七仏（釈迦《しゃか》とそれ以前に存在したとされる仏）の5番目に現れた仏。別 拘那含牟尼仏
迦葉仏	かしょうぶつ	過去七仏（釈迦《しゃか》とそれ以前に存在したとされる仏）の6番目に現れた仏。

項目	よみ	解説
金剛薩埵	こんごうさった	大日如来《だいにちにょらい》から密教を授かったとされる真言宗付法八祖の第2祖。普賢菩薩《ふげんぼさつ》と同体とも。
弥勒菩薩	みろくぼさつ	釈迦《しゃか》入滅後56億7000万年後、この世に生まれ仏となり人々を救うとされる菩薩《ぼさつ》。
観音菩薩	かんのんぼさつ	三十三観音など様々な姿をとり人々を救う菩薩《ぼさつ》。阿弥陀如来《あみだにょらい》の脇侍。㊓かんぜおんぼさつ
勢至菩薩	せいしぼさつ	智慧《ちえ》の光で人々の迷いを除き、悟りを求める心を植え付ける菩薩《ぼさつ》。阿弥陀如来《あみだにょらい》の脇侍。
日光菩薩	にっこうぼさつ	太陽の慈悲深い光の仏格化。薬師如来《やくしにょらい》の脇侍。薬師《やくし》経疏《きょうしょ》では薬師如来の後継者とも。
月光菩薩	がっこうぼさつ	月の清浄な光の仏格化。薬師如来《やくしにょらい》の脇侍。薬師《やくし》経疏《きょうしょ》では薬師如来の後継者とも。
文殊菩薩	もんじゅぼさつ	仏の智慧《ちえ》、般若を司る菩薩《ぼさつ》。東方清涼山に住む。釈迦如来《しゃかにょらい》の脇侍。八大童子を従える。
法王子	ほうおうじ	文殊菩薩《もんじゅぼさつ》の別名。
妙吉祥	みょうきっしょう	文殊菩薩《もんじゅぼさつ》の別名。
普賢菩薩	ふげんぼさつ	仏の道理や実践的修行を司る菩薩《ぼさつ》。釈迦如来《しゃかにょらい》の脇侍。菩薩の最上位として仏を助ける。
地蔵菩薩	じぞうぼさつ	釈迦《しゃか》入滅から弥勒《みろく》の登場までの無仏世界において六道世界を救済、教化する菩薩《ぼさつ》。
虚空蔵菩薩	こくうぞうぼさつ	虚空の如く広い福徳、智慧《ちえ》を持つ菩薩《ぼさつ》。現世、来世の利益を授け特に記憶力を増すとも。
虚空孕菩薩	こくうようぼさつ	虚空蔵菩薩《こくうぞうぼさつ》の別名。
薬王菩薩	やくおうぼさつ	医術、薬により人々を救う菩薩《ぼさつ》。釈迦如来《しゃかにょらい》の脇侍。自身は修行として両腕を焼いたとも。

項目	よみ	解説
薬上菩薩	やくじょうぼさつ	兄の薬王《やくおう》菩薩《ぼさつ》とともに医術、薬で人々を救おうと菩薩《ぼさつ》になった長者。釈迦如来《しゃかにょらい》の脇侍。
般若菩薩	はんにゃぼさつ	般若心経、大般若経の本尊。各種般若経の伝える仏の智慧《ちえ》、般若を仏格化したもの。
転法輪菩薩	てんぽうりんぼさつ	八大菩薩《ぼさつ》。弥勒菩薩《みろくぼさつ》と同体とも。
持世菩薩	じせいぼさつ	財宝を降らせ現世の平和を維持するとされる菩薩。人々を救済し、その財産を増やす。
大随求菩薩	だいずいくぼさつ	戦乱、風を止めるなど多くの現世利益を持つ菩《ぼ》薩《さつ》。密教では主に真言を通じ信仰された。
水月菩薩	すいげつぼさつ	観音菩薩《かんのんぼさつ》が変化した三十三観音。中国の変化観音。人々を水難から守り、心を清める。
龍樹菩薩	りゅうじゅぼさつ	日本の大乗八宗の祖とされる龍樹《りゅうじゅ》の尊称。釈迦《しゃか》の弟子の１人で大乗仏教を体系化した。
馬鳴菩薩	めみょうぼさつ	貧しい人々に衣類を与えるとされる菩薩《ぼさつ》。中国の民間信仰に由来する。

宗教▶仏教▶明王

項目	よみ	解説
不動明王	ふどうみょうおう	五大、八大明王の主尊。大日如来《だいにちにょらい》の憤怒相。種々の障害を焼き払い修行者を助ける。
降三世明王	ごうざんぜみょうおう	五大明王の東方守護者。阿閦如来《あしゅくにょらい》、大日如来《だいにちにょらい》の憤怒相。強情な力づくで人を仏道に導く。
勝三世明王	しょうざんぜみょうおう	降三世明王《ごうざんぜみょうおう》の別名。
軍荼利明王	ぐんだりみょうおう	五大明王の南方守護者。宝生如来《ほうしょうにょらい》の憤怒相。悪鬼羅刹を退け種々の障害を取り除く。
大威徳明王	だいいとくみょうおう	文殊菩薩《もんじゅぼさつ》の眷族、憤怒相。顔や腕、脚が6つで水牛に乗る。死神、閻魔《えんま》を滅ぼすとも。

項目	よみ	解説
金剛夜叉明王	こんごうやしゃみょうおう	五大明王の北方守護者。不空成就如来《ふくうせいじゅにょらい》の憤怒相。過去、現在、未来の穢れを飲み尽くす。
愛染明王	あいぜんみょうおう	五大明王の西方守護者。金剛薩埵《こんごうさった》の憤怒相。愛欲を悟りに変え恋愛を成就させる。
孔雀明王	くじゃくみょうおう	毒蛇、毒虫を食す孔雀の仏格化。孔雀のように諸毒災難を取り除く。憤怒相を持たない。
大元帥明王	だいげんすいみょうおう	八大夜叉大将《はちだいやしゃたいしょう》の1つ。明王の元帥。国家鎮護の大元帥法《たいげんすいほう》の本尊。(別) たいげんみょうおう
烏枢沙摩明王	うすさまみょうおう	八大明王の1つ。物理的な穢れを除く明王。金《こん》剛夜叉明王《ごうやしゃみょうおう》、不動明王《ふどうみょうおう》の変化した姿とも。
馬頭明王	ばとうみょうおう	八大明王の1つ。明王として表現された家畜の守護神、馬頭観音《ばとうかんのん》のこと。
大輪明王	だいりんみょうおう	八大明王の1つ。弥勒菩薩《みろくぼさつ》の憤怒相。大輪は仏の智慧を意味する宝輪のこと。
青面金剛	せいめんこんごう	青い顔の金剛童子《こんごうどうじ》。本来は病魔を除く。後に庚《こう》申会《しんえ》の本尊に。(別) しょうめんこんごう
無能勝明王	むのうしょうみょうおう	八大明王の1つ。地蔵菩薩《じぞうぼさつ》の憤怒相。本来は男性尊、女性尊に分かれ明王の姿は男性尊。

宗教▶仏教▶十二神将

項目	よみ	解説
宮毘羅	くびら	薬師十二神将の1つ。弥勒菩薩《みろくぼさつ》の化身。十二支の子の守護神。水の神とも。
金毘羅	こんぴら	宮毘羅《くびら》の別名。
伐折羅	ばさら	薬師十二神将の1つ。勢至菩薩《せいしぼさつ》の化身。十二支の牛の守護神。
和耆羅	わきら	伐折羅《ばさら》の別名。

項目	よみ	解説
迷企羅	めきら	薬師十二神将の１つ。阿弥陀如来《あみだにょらい》の化身。十二支の寅の守護神。
彌佉羅	みこら	迷企羅《めきら》の別名。
安底羅	あんちら	薬師十二神将の１つ。観音菩薩《かんのんぼさつ》の化身。十二支の卯の守護神。㊀別 あんていら
安陀羅	あんだら	安底羅《あんちら》の別名。
頞儞羅	あにら	薬師十二神将の１つ。如意輪観音《にょいりんかんのん》の化身。十二支の辰の守護神。
摩尼羅	まにら	頞儞羅《まにら》の別名。
珊底羅	さんちら	薬師十二神将の１つ。虚空蔵菩薩《こくうぞうぼさつ》の化身。十二支の巳の守護神。㊀別 さんていら
素藍羅	そらんら	珊底羅《さんちら》の別名。
因達羅	いんだら	薬師十二神将の１つ。地蔵菩薩《じぞうぼさつ》の化身。十二支の馬の守護神。
因陀羅	いんだら	因達羅《いんだら》の別名。
波夷羅	はいら	薬師十二神将の１つ。文殊菩薩《もんじゅぼさつ》の化身。十二支の未の守護神。
婆耶羅	ばやら	波夷羅《はいら》の別名。
摩虎羅	まこら	薬師十二神将の１つ。大威徳明王《だいいとくみょうおう》の化身。十二支の申の守護神。
摩休羅	まきら	摩虎羅《まこら》の別名。
真達羅	しんだら	薬師十二神将の１つ。普賢菩薩《ふげんぼさつ》の化身。十二支の酉の守護神。

項目	よみ	解説
真特羅	しんとら	真達羅《しんだら》の別名。
招杜羅	しょうとら	薬師十二神将の1つ。大日如来《だいにちにょらい》の化身。十二支の戌の守護神。別 照頭羅
毘羯羅	びから	薬師十二神将の1つ。釈迦如来《しゃかにょらい》の化身。十二支の亥の守護神。別 毘伽羅

宗教 ▶仏教 ▶八部衆

項目	よみ	解説
天	てん	釈迦《しゃか》に教化された仏法の守護神、天竜八部衆の1つ。帝釈天などヒンドゥー教の神々。
龍	りゅう	釈迦《しゃか》に教化された仏法の守護神、天竜八部衆の1つ。ヒンドゥー教の竜神ナーガ。
夜叉	やしゃ	釈迦《しゃか》に教化された仏法の守護神、天竜八部衆の1つ。インドの鬼神ヤクシャ。
乾闥婆	けんだつば	釈迦《しゃか》に教化された仏法の守護神、天竜八部衆の1つ。ヒンドゥー教の妖精ガンダルバ。
阿修羅	あしゅら	釈迦《しゃか》に教化された仏法の守護神、天竜八部衆の1つ。ヒンドゥー教の神の敵対者アスラ。
迦楼羅	かるら	釈迦《しゃか》に教化された仏法の守護神、天竜八部衆の1つ。ヒンドゥー教のガルーダ鳥。
緊那羅	きんなら	釈迦《しゃか》に教化された仏法の守護神、天竜八部衆の1つ。ヒンドゥー教の音楽神キンナラ。
摩睺羅伽	まこらが	釈迦《しゃか》に教化された仏法の守護神、天竜八部衆の1つ。ヒンドゥー教の怪魚マカラ。

宗教 ▶仏教 ▶二十八部衆

項目	よみ	解説
密迹金剛力士	みっしゃくこんごうりきし	観音菩薩《かんのんぼさつ》の眷族。仁王として知られる金剛力士の別名。
那羅延堅固王	ならえんけんごおう	観音菩薩《かんのんぼさつ》の眷族。仁王の1つ。ヒンドゥー教のヴィシュヌ神、那羅延天《ならえんてん》の別名とも。
東方天	とうほうてん	観音菩薩《かんのんぼさつ》の眷族。四天王の持国天《じこくてん》の別名。
毘楼勒叉天	びるろくしゃてん	観音菩薩《かんのんぼさつ》の眷族。四天王の増長天《ぞうちょうてん》の別名。
毘楼博叉天	びるばくしゃてん	観音菩薩《かんのんぼさつ》の眷族。四天王の広目天《こうもくてん》の別名。
毘沙門天	びしゃもんてん	観音菩薩《かんのんぼさつ》の眷族。四天王の毘沙門天《びしゃもんてん》（多聞天《たもんてん》）。
梵天	ぼんてん	観音菩薩《かんのんぼさつ》の眷族。ヒンドゥー教のブラフマン、梵天《ぼんてん》。
帝釈天	たいしゃくてん	観音菩薩《かんのんぼさつ》の眷族。古代インドの神インドラ、帝《たい》釈天《しゃくてん》。
毘婆迦羅王	ひばからおう	観音菩薩《かんのんぼさつ》の眷族。ヒンドゥー教のドゥルガー女神の別名。
五部浄居天	ごぶじょうごてん	観音菩薩《かんのんぼさつ》の眷族。天竜八部衆《てんりゅうはちぶしゅう》の天の別名。
沙羯羅王	しゃがらおう	観音菩薩《かんのんぼさつ》の眷族。八大竜王の娑伽羅《しゃから》の別名。海に住み水を支配する。雨乞いの本尊。
阿修羅王	あしゅらおう	観音菩薩《かんのんぼさつ》の眷族。薬師十二神将の阿修羅《あしゅら》。
乾闥婆王	けんだつばおう	観音菩薩《かんのんぼさつ》の眷族。薬師十二神将の乾闥婆《けんだつば》。
迦楼羅王	かるらおう	観音菩薩《かんのんぼさつ》の眷族。薬師十二神将の迦楼羅《かるら》。

項目	よみ	解説
緊那羅王	きんならおう	観音《かんのん》菩薩《ぼさつ》の眷族。薬師十二神将の緊那羅《きんなら》。
摩侯羅王	まごらおう	観音《かんのん》菩薩《ぼさつ》の眷族。薬師十二神将の摩侯羅《まこら》。
金大王	こんだいおう	観音《かんのん》菩薩《ぼさつ》の眷族。八大夜叉の宝顕《ほうけん》夜叉《やしゃ》の別名。
満仙王	まんせんおう	観音菩薩の眷族。八大夜叉の満顕《まんけん》夜叉《やしゃ》の別名。
金毘羅王	こんぴらおう	観音《かんのん》菩薩《ぼさつ》の眷族。薬師十二神将の宮毘羅《くびら》の別名。
満善車王	まんぜんしゃおう	観音《かんのん》菩薩《ぼさつ》の眷族。不明な点が多い。
金色孔雀王	こんじきくじゃくおう	観音《かんのん》菩薩《ぼさつ》の眷族。孔雀明王《くじゃくみょうおう》の別名。
大弁功徳天	だいべんくどくてん	観音《かんのん》菩薩《ぼさつ》の眷族。吉祥天《きっしょうてん》の別名。
神母天	じんもてん	観音《かんのん》菩薩《ぼさつ》の眷族。鬼子母神《きしもじん》の別名。
散脂大将	さんしたいしょう	観音《かんのん》菩薩《ぼさつ》の眷族。八大夜叉の散脂《さんし》夜叉《やしゃ》の別名。
難陀龍王	なんだりゅうおう	観音《かんのん》菩薩《ぼさつ》の眷族。八大竜王の筆頭。龍の降らす雨のように人々に歓喜をもたらす。
摩醯首羅王	まけいしゅらおう	観音《かんのん》菩薩《ぼさつ》の眷族。ヒンドゥー教のシヴァ神。大《だい》自在天《じざいてん》の別名。
婆藪仙人	ばすせんにん	観音《かんのん》菩薩《ぼさつ》の眷族。バラモンの聖仙ヴァシシュタのこと。
婆私仙	ばしせん	婆藪《ばす》仙人《せんにん》の別名。
摩和羅女	まわらにょ	観音《かんのん》菩薩《ぼさつ》の眷族。古代インドで大地を司るプリティヴィー女神。地天の別名。

宗教 ▶ 仏教 ▶ 天部

項目	よみ	解説
持国天	じこくてん	四天王の東方守護者。悪魔を下し国家を安泰させる。
増長天	ぞうちょうてん	四天王の南方守護者。威厳や徳、善性を増し、五穀を豊穣する。㊕ ぞうじょうてん
広目天	こうもくてん	四天王の西方守護者。龍を従え悪人を罰し慈悲の心を起こさせる。
多聞天	たもんてん	毘沙門天《びしゃもんてん》の別名。四天王の北方守護者。夜叉、羅刹を従え財宝を守護。軍神、七福神。
大自在天	だいじざいてん	ヒンドゥー教のシヴァ神。仏教に採り入れられ伊《い》舎那天《しゃなてん》や大黒天《だいこくてん》と同一視されるように。
自在天	じざいてん	大自在天《だいじざいてん》の別名。
弁才天	べんざいてん	ヒンドゥー神話のサラスヴァティ女神。仏教に採り入れられ技芸、財貨、水の女神に。
大黒天	だいこくてん	ヒンドゥー教のシヴァ神の化身マハカーラ。仏教に採り入れられ大国主神《おおくにぬしのかみ》と習合。
吉祥天	きっしょうてん	ヒンドゥー教のラクシュミ女神。仏教に採り入れられ富、美、繁栄、豊穣の女神に。
韋駄天	いだてん	古代インド、ヒンドゥー教のスカンダ神。仏法、伽藍を守護。俊足で速やかに魔を滅す。
摩利支天	まりしてん	ヒンドゥー教の陽炎の女神マリーチ。姿を隠して災厄を逃れさせ、利益を与える。軍神。
歓喜天	かんぎてん	ヒンドゥー神話のガネーシャ神。象面で男女相抱く姿で表す。加護が強い反面祟ることも。
金剛力士	こんごうりきし	仏法の守護神。仏門を守る仁王。阿《あ》形が密迹《みっしゃく》金剛力士、吽《うん》行が那羅延《ならえん》金剛とも。
執金剛神	しっきんこんごう	金剛力士《こんごうりきし》の別名。

項目	よみ	解説
鬼子母神	きしもじん	子を攫い食らう鬼女であったが、釈迦に自らの子を隠され諭され安産、育児の女神に。

宗教 ▶神道 ▶一般

項目	よみ	解説
神楽	かぐら	神を祀るために神前で行う饗宴。特にその舞楽。宮中の御神楽、民間の里神楽に分かれる。
神輿	みこし	祭礼などの際に神体や御霊代《みたましろ》を乗せる輿のこと。多くは木製黒漆塗りに金銅金具をつける。
誓約	うけい	神に祈り誓って事の正否を判定すること。別 宇気比、祈請
神奈備	かんなび	神々の鎮座する山や森林のこと。また神社の森。別 神名備、神南備
荒忌	あらいみ	祭祀などに臨む人が真忌《まいみ》の前後に行う軽い潔斎(心身を清めること)。別 散斎
大忌	おおみ	荒忌《あらいみ》の別名。
真忌	まいみ	神祭当日、祭祀に携わる人が荒忌《あらいみ》の後に行う厳重な潔斎(心身を清めること)。
小忌	おみ	大嘗祭《おおなめさい》、新嘗祭《にいなめさい》に厳重な潔斎(心身を清めること)の後に小忌衣をつけ奉仕すること。
諒闇	りょうあん	天皇、国民が天皇の父母の喪に服する期間のこと。まことに暗いの意。1年間。別 亮陰
神祇	じんぎ	天神地祇《てんじんちぎ》、つまり天津神、国津神のこと。
天津神	あまつかみ	天上の国とされる高天原《たかまのはら》に住む神々。また、そこから降臨したとされる神。
国津神	くにつかみ	天津神が降臨する以前から国土に住んでいたとされる神。別 地祇

項目	よみ	解説
神明	しんめい	神のこと。また天照大神《あまてらすおおみかみ》や天照大神を祭った神社。
明神	みょうじん	神の尊称。また神仏習合後の仏教側からの神の呼称。
名神	みょうじん	延喜式に定められた社格。由緒が古く霊験あらたかな285社に与えられた。
氏神	うじがみ	氏族一門の祖先とされる神のこと。後に産土神《うぶすながみ》とも混同されるようになった。
産土神	うぶすなかみ	生まれた土地を守護する神。また居住地の神とも。初宮、七五三はこの神への祭祀。
鎮守	ちんじゅ	その土地の地霊を鎮め、国や共同体、寺院などを守る神。またその神を祀る神社。
柏手	かしわで	神前での拝礼作法。両の手を打ち、鳴らすこと。鳴らさない忍び手は葬祭の作法。別 拍手
幣	ぬさ	木綿《ゆう》、麻、絹、紙などを細く切り棒につけたもの。供えものや祓えの際に用いる。
幣帛	へいはく	布、酒食、金銭など神前に供えるもの。狭義には天皇、国家などの勅使が献じたもの。
忌火	いみび	神饌などを煮炊きするために用いる神聖な火。通常火切りや火打で起こされる。別 斎火
御阿礼木	みあれぎ	賀茂祭で神霊を迎えるために立てられる榊《さかき》の木のこと。
御薪	みかまぎ	毎年1月15日、宮内省《くないしょう》に役人が献上した薪のこと。また薪を集める儀式。
神酒	みき	神前に供える酒のこと。
神樹	しんじゅ	神が乗り移るとされる樹木のこと。また神社境内の樹木。
神木	しんぼく	神社境内にあり神社と縁故があると神聖視される樹木のこと。注連縄《しめなわ》などが張られる。

項目	よみ	解説
神宝	かむだから	神の所有する宝物のこと。また神前に供えられる宝物。別 かんだから
樋代	ひしろ	伊勢神宮内宮で八《や》咫《たの》鏡《かがみ》を奉安して神座に置くための黄金製の器。最も神聖視される。
奥津城	おくつき	神や霊が鎮まり収まる場所のこと。墓、墓所。
陵	みささぎ	天皇、皇后、太皇太后、皇太后の墓所のこと。
御陵	ごりょう	陵《みささぎ》の別名。
祠宇	しう	神社、お社、祠のこと。
祓殿	はらえどの	神社で祓えを行うための殿舎のこと。
御厨	みくりや	神饌を調理するための屋舎のこと。転じて神饌の材料調達のための所領、職人の居住地。
斎垣	いがき	神社などの神聖な場所の周囲を囲む垣根のこと。みだりに越えてはならない。別 いみがき
神垣	かみがき	神社の周囲を囲み、その内側を神域と定める垣根。
鳥居	とりい	神社の参道、社頭、瑞垣の出入り口などに置き神域であることを示す門の一種。
華表	かひょう	鳥《とり》居《い》の別名。別 花表
鰐口	わにぐち	社寺の正面の軒に吊るす鳴り物のこと。主に銅製で下部は横一文字に裂けている。
宮路	みやじ	神社の参道のこと。別 宮道
荒魂	あらたま	神の一側面。荒々しく猛々しい神霊。別 あらみたま

項目	よみ	解説
和魂	にぎたま	神の一側面。穏和、柔和な神霊。㊓にきたま、にきみたま、にぎみたま
幸魂	さちたま	神の一側面。和魂《にぎたま》の一部。人々に幸福をもたらす神霊。㊓さきみたま
奇魂	くしたま	神の一側面。和魂《にぎたま》の一部。摩訶不思議な力を持つとされる神霊。㊓くしみたま
直霊	なおひ	本居宣長《もとおりのりなが》の思想。天に通じる一霊。神の霊。荒《あら》魂《たま》、和魂《さきたま》、幸魂《さちたま》、奇魂《くしたま》の集まったもの。
四方拝	しほうはい	1月1日の宮中祭祀。寅の刻、清涼殿《せいりょうでん》東庭で天皇が四方を拝し天下太平五穀豊穣を祈願。
歳旦祭	さいたんさい	四方拝《しほうはい》に続き行われる祭祀。宮中三殿で天皇が皇位の栄え、五穀豊穣、国民福祉を祈る。
元始祭	げんしさい	1月3日の宮中祭祀。宮中三殿で天皇が天孫降臨、皇位元始を祝い、皇祖諸神を祀る。
節折	よおり	毎年6月と12月の晦日の大祓《おおはらえ》の夜中に天皇、皇后、東宮のために行われる祓えの儀式。
大祓	おおはらえ	毎年6月と12月の晦日に親王以下官人全てを朱雀門広場に集め万人の罪汚れを祓う神事。
夏祓	なつはらい	毎年6月の晦日の大祓《おおはらえ》の神事。形代を神社に納める、茅の輪を潜るなど内容は様々。
神嘗祭	かんなめさい	伊勢神宮の大祭。新穀を天皇が伊勢神宮に奉納する祭儀。勅使を立て幣帛も奉納。
新嘗祭	にいなめさい	宮廷行事。天皇が新穀を神々に勧め、自らも食すことで収穫を感謝し翌年の豊作を祈る。

宗教 ▶神道 ▶天津神

項目	よみ	解説
天之御中主神	あめのみなかぬしのかみ	『古事記《こじき》』で高天原《たかまのはら》に最初に現れた造化三神《ぞうかさんじん》の1柱。別天津神《ことあまつかみ》。伊勢神道で重要視。

項目	よみ	解説
高御産巣日神	たかみむすびのかみ	『古事記《こじき》』で高天原《たかまのはら》に最初に現れた造化三神《ぞうかさんじん》の1柱。別天津神《ことあまつかみ》。神産巣日神《かみむすびのかみ》と対。
高御霊命	たかみたまのみこと	高御産巣日神《たかみむすびのかみ》の別名。
高木神	たかぎのかみ	高御産巣日神《たかみむすびのかみ》の別名。
神産巣日神	かみむすびのかみ	『古事記《こじき》』で高天原《たかまのはら》に最初に現れた造化三神《ぞうかさんじん》の1柱。別天津神《ことあまつかみ》。大国主神《おおくにぬしのかみ》を救う。
国之常立神	くにのとこたちのかみ	『日本書紀』では天地開闢《てんちかいびゃく》で生まれた最初の神。神代七代《かみよななよ》第1代目。国土形成の根源。
豊雲野神	とよぐもぬのかみ	神代七代《かみよななよ》第2代目。初めて芽を出す、国土が固まり始めることの象徴とも。
葉木国野尊	はごくにぬのみこと	豊雲野神《とよぐもぬのかみ》の別名。
国見野尊	くにみぬのみこと	豊雲野神《とよぐもぬのかみ》の別名。
豊斟渟尊	とよくむぬのみこと	豊雲野神《とよぐもぬのかみ》の別名。
宇比地邇神	うひぢにのかみ	神代七代《かみよななよ》第3代目。須比智邇神《すひぢにのかみ》と対の男神。大地がやや固まった状態の象徴とも。
泥土煮尊	うひぢにのみこと	宇比地邇神《うひぢにのかみ》の別名。**別** 泥土根尊
須比智邇神	すひぢにのかみ	神代七代《かみよななよ》第3代目。宇比地邇神《うひぢにのかみ》と対の女神。大地がやや固まった状態の象徴とも。
沙土煮尊	すひぢにのみこと	須比智邇神《すひぢにのかみ》の別名。**別** 沙土根尊
角杙神	つぬぐいのかみ	神代七代《かみよななよ》第4代目。活杙神《いくぐいのかみ》と対の男神。生育繁栄の神。
活杙神	いくぐいのかみ	神代七代《かみよななよ》第4代目。角杙神《つぬぐいのかみ》と対の女神。生育繁栄の神。

項目	よみ	解説
意富斗能地神	おおとのじのかみ	神代七代《かみよななよ》第５代目。大斗乃弁神《おおとのべのかみ》と対の男神。大地の凝固、男女性器の象徴とも。
大戸摩彦尊	おおとのまひこのみこと	意富斗能地神《おおとのじのかみ》の別名。
大富道尊	おおとみぢのみこと	意富斗能地神《おおとのじのかみ》の別名。
大斗乃弁神	おおとのべのかみ	神代七代《かみよななよ》第５代目。意富斗能地神《おおとのじのかみ》と対の女神。大地の凝固、男女性器の象徴とも。
大苫辺尊	おおとまべのみこと	大斗乃弁神《おおとのべのかみ》の別名。
大戸摩姫尊	おおとまひめのみこと	大斗乃弁神《おおとのべのかみ》の別名。
大富辺尊	おおとみべのみこと	大斗乃弁神《おおとのべのかみ》の別名。
淤母陀琉神	おもだるのかみ	神代七代《かみよななよ》第6代目。阿夜訶志古泥神《あやかしこねのかみ》と対の男神。表面の整った大地、第六天魔王とも。
面足尊	おもだるのみこと	淤母陀琉神《おもだるのかみ》の別名。
阿夜訶志古泥神	あやかしこねのかみ	神代七代《かみよななよ》第６代目。淤母陀琉神《おもだるのかみ》と対の女神。表面の整った大地、第六天魔王とも。
惶根尊	かしこねのみこと	阿夜訶志古泥神《あやかしこねのかみ》の別名。
伊邪那岐神	いざなぎのかみ	伊邪那美神《いざなみのかみ》の夫で共に国土､万物の神々を産む。黄泉降りの後、三貴神を産み隠居。
伊弉諾尊	いざなぎのみこと	伊邪那岐神《いざなぎのかみ》の別名。
伊邪那美神	いざなみのかみ	伊邪那岐神《いざなぎのかみ》の妻で共に国土、万物の神々を産むが火の神を産んだ際の火傷で黄泉国に。
伊弉冉尊	いざなみのみこと	伊邪那美神《いざなみのかみ》の別名。

項目	よみ	解説
天照大神	あまてらすおおみかみ	三貴神の1柱。高天原《たかまのはら》の主神で太陽神。皇祖神。須佐之男命《すさのおのみこと》の横暴に一時岩戸隠れした。
大日孁貴神	おおひるめむちのかみ	天照大神《あまてらすおおみかみ》の別名。
天照大日孁貴尊	あまてらすおおひるめのみこと	天照大神《あまてらすおおみかみ》の別名。
天照坐大神	あまてらいますおおかみ	天照大神《あまてらすおおみかみ》の別名。
月讀命	つくよみのみこと	三貴神の1柱。月、暦（太陰暦）の神。天照《あまてらす》大神《おおみかみ》に離反して昼と夜が生まれたとも。
月弓尊	つきゆみのみこと	月讀命《つくよみのみこと》の別名。
月夜見尊	つきよみのみこと	月讀命《つくよみのみこと》の別名。
建速須佐之男命	たけはやすさのおのみこと	三貴神の1柱。高天原《たかまのはら》では荒神。追放後は八《や》岐大蛇《またのおろち》退治など英雄神。根之堅州國《ねのかたすのくに》の主神。
素戔男尊	すさのおのみこと	建速須佐之男命《たけはやすさのおのみこと》の別名。**別** 素戔嗚尊等、須佐乃袁尊、神須佐能袁命
天津日子根命	あまつひこねのみこと	天の安河原での建速須佐乃男命《たけはやすさのおのみこと》との誓約《うけい》で生まれた天照大神《あまてらすおおみかみ》の御子の1柱。**別** 天津彦根命
天宇受賣命	あめのうずめのみこと	天照大神《あまてらすおおみかみ》の岩戸隠れで舞い踊り、気を引いた女神。猿田毘古神《さるたひこのかみ》の配偶神。**別** 天鈿女命
天忍穂耳命	あめのおしほみみのみこと	天の安河原での建速須佐乃男命《たけはやすさのおのみこと》との誓約《うけい》で生まれた天照大神《あまてらすおおみかみ》の御子の1柱。皇祖神の1柱。
天児屋命	あめのこやねのみこと	天照大神《あまてらすおおみかみ》の岩戸隠れで太祝詞を奏上した神。大祓詞はこの時のもの。中臣氏の祖神。
淤加美神	おかみのかみ	闇龗神《くらおかみのかみ》の別名、もしくは対をなすとされる神。
高龗神	たかおかみのかみ	淤加美神《おかみのかみ》の別名。

項目	よみ	解説
闇御津羽神	くらみつはのかみ	伊邪那岐神《いざなぎのかみ》が火神を斬った際流れた血から生まれた神。闇淤加美神《くらおかみのかみ》と対で雨を司る竜神。
闇淤加美神	くらおかみのかみ	伊邪那岐神《いざなぎのかみ》が火神を斬った際流れた血から生まれた神。闇御津羽神《くらみつはのかみ》と対の竜神。**別** 闇靇神
弥都波能売神	みづはのめのかみ	火神を産んだ際の火傷で苦しむ伊邪那美神《いざなみのかみ》の尿から生まれた女神。水の流れを司る。
罔象女神	みつはのめのかみ	弥都波能売神《みづはのめのかみ》の別名。
水波能売命	みづはのめのみこと	弥都波能売神《みづはのめのかみ》の別名。
火之夜藝速男神	ひのやぎはやをのかみ	伊邪那美神《いざなみのかみ》が生んだ火神。母の身を焼いて産まれたため怒った伊邪那岐神《いざなぎのかみ》に切り殺された。
火之迦具土神	ひのかぐつちのかみ	火之夜藝速男神《ひのやぎはやおのかみ》の別名。
阿遇突智神	かぐつちのかみ	火之夜藝速男神《ひのやぎはやおのかみ》の別名。
火産霊神	ほのむすびのかみ	火之夜藝速男神《ひのやぎはやおのかみ》の別名。
思兼神	おもいかねのかみ	天照大神《あまてらすおおみかみ》を岩戸から出すための策を練った神。智慧の神で高御産巣日神《たかみむすびのかみ》の御子。**別** 思金神
八意思兼神	やごころおもいかねのかみ	思兼神《おもいかねのかみ》の別名。
大事忍男神	おほことおしをのかみ	伊邪那岐神《いざなぎのかみ》、伊邪那美神《いざなみのかみ》が国土を産み終わった後、初めて産んだ御子。名は大仕事の意。
石土毘古神	いはつちびこのかみ	伊邪那岐神《いざなぎのかみ》、伊邪那美神《いざなみのかみ》の御子。男神。家宅六神で家屋の石と土壁を司る。
石巣比売神	いはすひめのかみ	伊邪那岐神《いざなぎのかみ》、伊邪那美神《いざなみのかみ》の御子。女神。家宅六神で家屋の石と砂を司る。
大戸日別神	おほとひわけのかみ	伊邪那岐神《いざなぎのかみ》、伊邪那美神《いざなみのかみ》の御子。家宅六神で家屋の門戸を司る。

項目	よみ	解説
天之吹男神	あめのふきおのかみ	伊邪那岐神《いざなぎのかみ》、伊邪那美神《いざなみのかみ》の御子。男神。家宅六神で家屋の屋根を葺《ふ》くことを司る。
大屋毘古神	おほやびこのかみ	伊邪那岐神《いざなぎのかみ》、伊邪那美神《いざなみのかみ》の御子。男神。家宅六神で家屋の屋根を司る。
風木津別之忍男神	かざもつわけのおしをのかみ	伊邪那岐神《いざなぎのかみ》、伊邪那美神《いざなみのかみ》の御子。男神。家宅六神で家屋の風害を防ぐとされる。
大綿津見神	おほわたつみのかみ	伊邪那岐神《いざなぎのかみ》、伊邪那美神《いざなみのかみ》の御子。海神三神の1柱。海の幸を司る。山幸彦を助けた。
速秋津日子神	はやあきつひこのかみ	伊邪那岐神《いざなぎのかみ》、伊邪那美神《いざなみのかみ》の御子。海神三神の1柱。水戸《みなと》と祓いの神。速秋津比売神《はやあきつひめのかみ》と対。
速秋津比売神	はやあきつひめのかみ	伊邪那岐神《いざなぎのかみ》、伊邪那美神《いざなみのかみ》の御子。海神三神の1柱。水戸《みなと》と祓いの神。速秋津日子神《はやあきつひこのかみ》と対。
沫那藝神	あわなぎのかみ	速秋津日子神《はやあきつひこのかみ》、速秋津比売神《はやあきつひめのかみ》の神の御子。水の八神の1柱。水の泡を表すとも。
沫那美神	あはなみのかみ	速秋津日子神《はやあきつひこのかみ》、速秋津比売神《はやあきつひめのかみ》の神の御子。水の八神の1柱。水の泡を表すとも。
頬那藝神	つらなぎのかみ	速秋津日子神《はやあきつひこのかみ》、速秋津比売神《はやあきつひめのかみ》の神の御子。水の八神の1柱。やや大きな泡を表すとも。
頬那美神	つらなみのかみ	速秋津日子神《はやあきつひこのかみ》、速秋津比売神《はやあきつひめのかみ》の神の御子。水の八神の1柱。やや大きな泡を表すとも。
天之水分神	あめのみくまりのかみ	速秋津日子神《はやあきつひこのかみ》、速秋津比売神《はやあきつひめのかみ》の神の御子。水の八神の1柱。分水域、灌漑を表すとも。
国之水分神	くにのみくまりのかみ	速秋津日子神《はやあきつひこのかみ》、速秋津比売神《はやあきつひめのかみ》の神の御子。水の八神の1柱。分水域、灌漑を表すとも。
天之久比奢母智神	あめのくひざもちのかみ	速秋津日子神《はやあきつひこのかみ》、速秋津比売神《はやあきつひめのかみ》の神の御子。水の八神の1柱。瓢《ひさご》、灌漑を表すとも。
国之久比奢母智神	くにのくひざもちのかみ	速秋津日子神《はやあきつひこのかみ》、速秋津比売神《はやあきつひめのかみ》の神の御子。水の八神の1柱。瓢《ひさご》、灌漑を表すとも。
志那都比古神	しなつひこのかみ	伊邪那岐神《いざなぎのかみ》、伊邪那美神《いざなみのかみ》の御子。『日本書紀』では伊弉諾尊《いざなぎのみこと》の息からとも。風の神。

項目	よみ	解説
級長戸辺神	しなとべのかみ	志那都比古神《しなつひこのかみ》の別名。
級長津彦命	しなつひこのみこと	志那都比古神《しなつひこのかみ》の別名。
久久能智神	くくのちのかみ	伊邪那岐神《いざなぎのかみ》、伊邪那美神《いざなみのかみ》の御子。樹木の神、樹木の守護神とされる。
大山津見神	おほやまつみのかみ	伊邪那岐神《いざなぎのかみ》、伊邪那美神《いざなみのかみ》の御子。山の神で石長《いわなが》比売《ひめ》、木花佐久夜毘売《このはなさくやひめ》の父。
大山祇神	おおやまづみのかみ	大山津見神《おほやまつみのかみ》の別名。**別** 大山積神
和多志大神	わたしのおおかみ	大山津見神《おほやまつみのかみ》の別名。
鹿屋野比売神	かやのひめのかみ	伊邪那岐神《いざなぎのかみ》、伊邪那美神《いざなみのかみ》の御子。女神。野の草花の神で大山津見神《おほやまつみのかみ》の配偶神とも。
草祖草野媛命	くさのおやかやぬひめのみこと	鹿屋野比売神《かやのひめのかみ》の別名。
野椎神	のづちのかみ	鹿屋野比売神《かやのひめのかみ》の別名。
天之狭土神	あめのさづちのかみ	大山津見神《おほやまつみのかみ》、鹿屋野比売神《かやのひめのかみ》の御子。坂道を司る神。
国之狭土神	くにのさづちのかみ	大山津見神《おほやまつみのかみ》、鹿屋野比売神《かやのひめのかみ》の御子。坂道を司る神。
天之狭霧神	あめのさぎりのかみ	大山津見神《おほやまつみのかみ》、鹿屋野比売神《かやのひめのかみ》の御子。山の峠、境を司る神。
国之狭霧神	くにのさぎりのかみ	大山津見神《おほやまつみのかみ》、鹿屋野比売神《かやのひめのかみ》の御子。山の峠、境を司る神。
天之闇戸神	あめのくらどのかみ	大山津見神《おほやまつみのかみ》、鹿屋野比売神《かやのひめのかみ》の御子。谷間、谷の入り口を司る神。
国之闇戸神	くにのくらどのかみ	大山津見神《おほやまつみのかみ》、鹿屋野比売神《かやのひめのかみ》の御子。谷間、谷の入り口を司る神。

項目	よみ	解説
大戸惑子神	おほとまとひこのかみ	大山津見神《おほやまつみのかみ》、鹿屋野比売神《かやのひめのかみ》の御子。山の傾斜面を司る神。
大戸惑女神	おほとまとひめのかみ	大山津見神《おほやまつみのかみ》、鹿屋野比売神《かやのひめのかみ》の御子。山の傾斜面を司る神。
鳥之石楠船神	とりのいはくすぶねのかみ	国譲り交渉に赴く建御雷之男神《たけみかづちのをのかみ》に随伴した神。船の神とされる。
天鳥船神	あめのとりふねのかみ	鳥之石楠船神《とりのいはくすぶねのかみ》の別名。
大宜都比売神	おほげつひめのかみ	伊邪那岐神《いざなぎのかみ》、伊邪那美神《いざなみのかみ》の御子。五穀を司る女神。須佐之男神《すさのおのかみ》の怒りを買い殺された。
金山毘古神	かなやまびこのかみ	火神を産んだ際の火傷で苦しむ伊邪那美神《いざなみのかみ》の嘔吐から生まれた神。鉱山を司る。
金山毘売神	かなやまびめのかみ	火神を産んだ際の火傷で苦しむ伊邪那美神《いざなみのかみ》の嘔吐から生まれた女神。鉱山を司る。
波邇夜須毘古神	はにやすびこのかみ	火神を産んだ際の火傷で苦しむ伊邪那美神《いざなみのかみ》の糞から生まれた神。粘土、焼き物を司る。
埴安彦神	はにやすひこのかみ	波邇夜須毘古神《はにやすびこのかみ》の別名。
波邇夜須毘売神	はにやすびめのかみ	火神を産んだ際の火傷で苦しむ伊邪那美神《いざなみのかみ》の糞から生まれた女神。粘土、焼き物を司る。
埴安姫神	はにやすひめのかみ	波邇夜須毘売神《はにやすびめのかみ》の別名。
和久産巣日神	わくむすひのかみ	火神を産んだ際の火傷で苦しむ伊邪那美神《いざなみのかみ》の尿から生まれた神。**別** 稚産霊神
豊宇気毘売神	とようけびめのかみ	伊勢神宮の食物を主宰する御饌都神《みけつかみ》。伊勢神宮の外宮に鎮座する。
豊受大神	とようけのおおかみ	豊宇気毘売神《とようけびめのかみ》の別名。
豊由宇気神	とよゆうけのかみ	豊宇気毘売神《とようけびめのかみ》の別名。

項目	よみ	解説
泣沢女神	なきさわめのかみ	命を落とした伊邪那美神《いざなみのかみ》の枕元、足元に泣き伏した伊邪那岐神《いざなぎのかみ》の涙から生まれた女神。
石折神	いはさくのかみ	伊邪那岐神《いざなぎのかみ》が火神を斬った際、流れた血が岩に飛び散り生まれた神。**別** 磐裂神
根折神	ねさくのかみ	伊邪那岐神《いざなぎのかみ》が火神を斬った際、流れた血が岩に飛び散り生まれた神。**別** 根裂神
石筒之男神	いはつつのをのかみ	伊邪那岐神《いざなぎのかみ》が火神を斬った際、流れた血が岩に飛び散り生まれた神。経津主神《ふつぬしのかみ》の父。石鎚とも。
甕速日神	みかはやひのかみ	伊邪那岐神《いざなぎのかみ》が火神を斬った際、剣の鍔についた血から生まれた神。火や剣の威力を表すとも。
樋速日神	ひはやひのかみ	伊邪那岐神《いざなぎのかみ》が火神を斬った際、剣の鍔についた血から生まれた神。火や剣の威力を表すとも。
建御雷之男神	たけみかづちのをのかみ	火神の血から生まれた神。軍神、雷神。国譲り交渉に赴き反対するものを平定した。
武甕槌神	たけみかづちのかみ	建御雷之男神《たけみかづちのをのかみ》の別名。**別** 建甕槌神
建布都神	たけふつのかみ	建御雷之男神《たけみかづちのをのかみ》の別名。
豊布都神	とよふつのかみ	建御雷之男神《たけみかづちのをのかみ》の別名。
正鹿山津見神	まさかやまつみのかみ	伊邪那岐神《いざなぎのかみ》が斬った火神の頭もしくは腰から生まれた神。山頂を司るとも。
淤縢山津見神	おどやまつみのかみ	伊邪那岐神《いざなぎのかみ》が斬った火神の胸から生まれた神。山の中腹を司るとも。
奥山津見神	おくやまつみのかみ	伊邪那岐神《いざなぎのかみ》が斬った火神の腹から生まれた神。深い山を司るとも。
闇山津見神	くらやまつみのかみ	伊邪那岐神《いざなぎのかみ》が斬った火神の陰部から生まれた神。山の谷間を司るとも。
志藝山津見神	しぎやまつみのかみ	伊邪那岐神《いざなぎのかみ》が斬った火神の左手から生まれた神。木の生い茂った山を司るとも。

項目	よみ	解説
羽山津見神	はやまつみのかみ	伊邪那岐神《いざなぎのかみ》が斬った火神の右手から生まれた神。浅い山を司るとも。
原山津見神	はらやまつみのかみ	伊邪那岐神《いざなぎのかみ》が斬った火神の左足から生まれた神。山頂の平らな山を司るとも。
戸山津見神	とやまつみのかみ	伊邪那岐神《いざなぎのかみ》が斬った火神の右足から生まれた神。人里近い山を司るとも。
大雷	おほいかづち	黄泉で腐り果てた伊邪那美神《いざなみのかみ》の頭から生まれた八雷神の1柱。伊邪那岐神《いざなぎのかみ》を追跡。
火雷	ほのいかづち	黄泉で腐り果てた伊邪那美神《いざなみのかみ》の胸から生まれた八雷神の1柱。伊邪那岐神《いざなぎのかみ》を追跡。
黒雷	くろいかづち	黄泉で腐り果てた伊邪那美神《いざなみのかみ》の腹から生まれた八雷神の1柱。伊邪那岐神《いざなぎのかみ》を追跡。
析雷	さくいかづち	黄泉で腐り果てた伊邪那美神《いざなみのかみ》の陰部から生まれた八雷神の1柱。伊邪那岐神《いざなぎのかみ》を追跡。
若雷	わかいかづち	黄泉で腐り果てた伊邪那美神《いざなみのかみ》の左手から生まれた八雷神の1柱。伊邪那岐神《いざなぎのかみ》を追跡。
土雷	つちいかづち	黄泉で腐り果てた伊邪那美神《いざなみのかみ》の右手から生まれた八雷神の1柱。伊邪那岐神《いざなぎのかみ》を追跡。
鳴雷	なるいかづち	黄泉で腐り果てた伊邪那美神《いざなみのかみ》の左足から生まれた八雷神の1柱。伊邪那岐神《いざなぎのかみ》を追跡。
伏雷	ふすいかづち	黄泉で腐り果てた伊邪那美神《いざなみのかみ》の右足から生まれた八雷神の1柱。伊邪那岐神《いざなぎのかみ》を追跡。
黄泉醜女	よもつしこめ	醜い姿を見て逃げた伊邪那岐神《いざなぎのかみ》を伊邪那美神《いざなみのかみ》が追跡させた黄泉の醜女。別 豫母都許売
黄泉津大神	よもつおほかみ	伊邪那美神《いざなみのかみ》の黄泉での呼び名。伊邪那岐神《いざなぎのかみ》と絶縁し、1日に1000人を殺すと宣言。
道返之大神	ちかへしのおほかみ	黄泉から逃げ帰った伊邪那岐神《いざなぎのかみ》が黄泉との通路、黄泉比良坂《よもつひらさか》を封じた大岩のこと。
衝立船戸神	つきたつふなとのかみ	黄泉から帰った伊邪那岐神《いざなぎのかみ》が禊の際、投げ捨てた杖から生まれた神。禍を防ぐ。

項目	よみ	解説
道之長乳歯神	みちのながちはのかみ	黄泉から帰った伊邪那岐神《いざなぎのかみ》が禊の際、投げ捨てた帯から生まれた神。道中の安全を守る。
長道磐神	ながちはのかみ	道之長乳歯神《みちのながちはのかみ》の別名。
時量師神	ときはかしのかみ	黄泉から帰った伊邪那岐神《いざなぎのかみ》が禊の際、投げ捨てた上袴から生まれた神。陸路の神。
時置師神	ときおかしのかみ	時量師神《ときはかしのかみ》の別名。
和豆良比能宇斯能神	わづらひのうしのかみ	黄泉から帰った伊邪那岐神《いざなぎのかみ》が禊の際、投げ捨てた衣から生まれた神。陸路の神。
煩神	わずらいのかみ	和豆良比能宇斯能神《わづらひのうしのかみ》の別名。
道俣神	みちまたのかみ	黄泉から帰った伊邪那岐神《いざなぎのかみ》が禊の際、投げ捨てた下袴から生まれた神。道を守る。
飽咋之宇斯能神	あきぐひのうしのかみ	黄泉から帰った伊邪那岐神《いざなぎのかみ》が禊の際、投げ捨てた冠から生まれた神。陸路の神。
奥疎神	おきざかるのかみ	黄泉から帰った伊邪那岐神《いざなぎのかみ》が禊の際、投げ捨てた左の手纏から生まれた神。水路の神。
奥津那芸佐毘古神	おくつなぎさびこのかみ	黄泉から帰った伊邪那岐神《いざなぎのかみ》が禊の際、投げ捨てた左の手纏から生まれた神。水路の神。
奥津甲斐弁羅神	おきつかひべらのかみ	黄泉から帰った伊邪那岐神《いざなぎのかみ》が禊の際、投げ捨てた左の手纏から生まれた神。水路の神。
辺疎神	へざかるのかみ	黄泉から帰った伊邪那岐神《いざなぎのかみ》が禊の際、投げ捨てた右の手纏から生まれた神。水路の神。
辺津那芸佐毘古神	へつなぎさびこのかみ	黄泉から帰った伊邪那岐神《いざなぎのかみ》が禊の際、投げ捨てた右の手纏から生まれた神。水路の神。
辺津甲斐弁羅神	へつかひべらのかみ	黄泉から帰った伊邪那岐神《いざなぎのかみ》が禊の際、投げ捨てた右の手纏から生まれた神。水路の神。
八十禍津日神	やそまがつひのかみ	黄泉から帰った伊邪那岐神《いざなぎのかみ》の禊の際に体についていた穢れから生まれた災厄の神。

項目	よみ	解説
大禍津日神	おほまがつひのかみ	黄泉から帰った伊邪那岐神《いざなぎのかみ》の禊の際に体についていた穢れから生まれた災厄の神。
神直毘神	かむなおびのかみ	黄泉から帰った伊邪那岐神《いざなぎのかみ》が禊をした際に生まれた神。禍を直す。
大直毘神	おほなおびのかみ	黄泉から帰った伊邪那岐神《いざなぎのかみ》が禊をした際に生まれた神。禍を直す。
伊豆能売神	いづのめのかみ	黄泉から帰った伊邪那岐神《いざなぎのかみ》が禊をした際に生まれた神。汚穢を濯ぎ清める。
底津綿津見神	そこつわたつみのかみ	黄泉から帰った伊邪那岐神《いざなぎのかみ》が水底で禊をした際に生まれた神。海の神。
底筒之男神	そこつつのをのかみ	黄泉から帰った伊邪那岐神《いざなぎのかみ》が水底で禊をした際に生まれた神。住吉三神。海、航海の神。
中津綿津見神	なかつわたつみのかみ	黄泉から帰った伊邪那岐神《いざなぎのかみ》が水中で禊をした際に生まれた神。海の神。
中筒之男神	なかつつのをのかみ	黄泉から帰った伊邪那岐神《いざなぎのかみ》が水中で禊をした際に生まれた神。住吉三神。海、航海の神。
上津綿津見神	うはつわたつみのかみ	黄泉から帰った伊邪那岐神《いざなぎのかみ》が水上で禊をした際に生まれた神。海の神。
上筒之男神	うはつつのをのかみ	黄泉から帰った伊邪那岐神《いざなぎのかみ》が水上で禊をした際に生まれた神。住吉三神。海、航海の神。
天日高日子	あめのひだかひこ	天照大神《あまてらすおおみかみ》の皇御孫。父の辞退により天孫降臨、葦原中国統治を命じられ下界に降る。
邇邇芸命	ににぎのみこと	天日高日子《あめのひだかひこ》の別名の略称。正式には天邇岐志《あめにきし》国邇岐志天津日高日子番能邇邇芸命《くににきしあまつひこひこほのににぎのみこと》など。
布刀玉命	ふとだまのみこと	天照大神《あまてらすおおみかみ》の岩戸隠れで神の依代の神籬を作成した神。忌部氏の祖神。
多紀理毘売命	たきりびめのみこと	天照大神《あまてらすおおみかみ》と建速須佐乃男命《たけはやすさのおのみこと》の誓約《うけい》で生まれた御子の1柱。海上交通の守護神、宗像三女神。
奥津島比売命	おきつしまひめのみこと	多紀理毘売命《たきりびめのみこと》の別名。

項目	よみ	解説
田心姫	たごりひめ	多《た》紀《き》理《り》毘《び》売《め》命《のみこと》の別名。
田霧姫	たぎりひめ	多《た》紀《き》理《り》毘《び》売《め》命《のみこと》の別名。
市寸島比売命	いちきしまひめのみこと	天照大神《あまてらすおおみかみ》と建速《たけはや》須《す》佐《さ》乃《の》男命《おのみこと》の誓《う》約《けい》で生まれた御子の１柱。海上交通の守護神、宗像三女神。
狭依毘売命	さよりびめのみこと	市《いち》寸《き》島《しま》比《ひ》売命《めのみこと》の別名。
多岐都比売命	たぎつひめのみこと	天照大神《あまてらすおおみかみ》と建速《たけはや》須《す》佐《さ》乃《の》男命《おのみこと》の誓《う》約《けい》で生まれた御子の１柱。海上交通の守護神、宗像三女神。
日霊	ひるめ	天照大神《あまてらすおおみかみ》の別名。太陽神の巫女とも。**別** 日女

宗教▶神道▶国津神

項目	よみ	解説
大国主神	おおくにぬしのかみ	出雲神話の主神。嫉妬に狂う兄たちを平らげ葦原中国の王に。天孫降臨に伴い隠居。
大国主命	おおくにぬしのみこと	大国主神《おおくにぬしのかみ》の別名。
大穴牟遅神	おおなむちのかみ	大国主神《おおくにぬしのかみ》の別名。
大己貴命	おおなむちのみこと	大国主神《おおくにぬしのかみ》の別名。
大汝命	おおなもちのみこと	大国主神《おおくにぬしのかみ》の別名。
葦原色許男神	あしはらしこおのかみ	大国主神《おおくにぬしのかみ》の別名。
八千矛神	やちほこのかみ	大国主神《おおくにぬしのかみ》の別名。

項目	よみ	解説
宇都志国玉神	うつしくにたまのかみ	大国主神《おおくにぬしのかみ》の別名。
大物主神	おおものぬしのかみ	大和国三輪山の神。少名毘古那神《すくなひこなのかみ》の後の大国《おおくに》主神《ぬしのかみ》の補佐。祟り神。蛇体、矢体で嫁取り。
少名毘古那神	すくなひこなのかみ	神産巣日神《かみむすひのかみ》、もしくは高皇産霊尊《たかひむすひのみこと》の御子とされる小さな神。大国主神《おおくにぬしのかみ》の国造りを助けた。
少彦名命	すくなひこなのみこと	少名毘古那神《すくなひこなのかみ》の別名。
建御名方神	たけみなかたのかみ	大国主神《おおくにぬしのかみ》の次男。国譲りに反対し建御雷之男《たけみかづちのをの》神《かみ》と戦うが敗れ諏訪湖に隠遁した。
足名椎神	あしなづちのかみ	大山津見神《おおやまつみのかみ》の子。最後の娘を八岐大蛇《やまたのおろち》に捧げる所を建速須佐之男神《たけはやすさのおのかみ》に救われる。須賀宮《すがのみや》長官。
足摩乳命	あしなづちのみこと	足名椎神《あしなづちのかみ》の別名。
手名椎神	てなづちのかみ	大山津見神《おおやまつみのかみ》の子。最後の娘を八岐大蛇《やまたのおろち》に捧げる所を建速須佐之男神《たけはやすさのおのかみ》に救われる。
手摩乳命	てなづちのみこと	手名椎神《てなづちのかみ》の別名。
櫛名田比売	くしなだひめ	足名椎神《あしなづちのかみ》、手名椎神《てなづちのかみ》夫婦の８人の娘最後の１人。建速須佐之男神《たけはやすさのおのかみ》に救われその妻となった。
奇稲田媛命	くしなだひめのみこと	櫛名田比売《くしなだひめ》の別名。
石長比売	いわながひめ	大山津見神《おおやまつみのかみ》の娘。皇家の長寿を祈り邇邇芸命《ににぎのみこと》の妻に贈られたが醜く送り返された。
磐長姫	いわながひめのみこと	石長比売《いわながひめ》の別名。
木花之佐久夜毘売	このはなのさくやひめ	大山津見神《おおやまつみのかみ》の娘。皇家の繁栄を祈り邇邇芸命《ににぎのみこと》の妻に贈られる。一夜で懐妊し疑われた。
木花開耶媛命	このはなさくやひめのみこと	木花之佐久夜毘売《このはなのさくやひめ》の別名。

項目	よみ	解説
神阿多都比売命	かみあたつひめのみこと	木花之佐久夜毘売《このはなのさくやひめ》の別名。
豊吾田津媛命	とよあたつひめのみこと	木花之佐久夜毘売《このはなのさくやひめ》の別名。
神吾田鹿葦津媛命	かみあたかあしつひめのみこと	木花之佐久夜毘売《このはなのさくやひめ》の別名。
須勢理毘売命	すせりひめのみこと	建速須佐之男神《たけはやすさのおのかみ》の娘。根之堅州國《ねのかたすのくに》に逃れて来た大国主神《おおくにぬしのかみ》を援助し、共に国を出て妻となる。
豊玉毘売命	とよたまひめのみこと	大綿津見神《おおわだつみのかみ》の娘。山幸彦《やまさちひこ》と結ばれるが出産の際本来の姿を見られ地上を去る。別 豊玉媛尊
猿田毘古神	さるたひこのかみ	天孫降臨の案内役を買って出た国津神。その風体から天宇受賣命《あめのうずめのみこと》と対峙。後に配偶神に。
大屋都比賣神	おおやつひめのかみ	建速須佐之男神《たけはやすさのおのかみ》の娘。兄の大屋毘古神《おおやひこのかみ》(五十猛《いそたけるの》命《みこと》)、妹の枛津姫神《つまつひめのかみ》と共に樹木の種を植える。
枛津姫神	つまつひめのかみ	建速須佐之男神《たけはやすさのおのかみ》の娘。兄の大屋毘古神《おおやひこのかみ》(五十猛《いそたけるの》命《みこと》)、姉の大屋都比賣神《おおやつひめのかみ》と共に樹木の種を植える。
大山咋神	おおやまくいのかみ	穀物神である大年神《おおとしがみ》の子。丹塗矢に化け玉依姫《たまよりひめ》と結ばれる。賀茂氏の祖神の１柱。
山末之大主神	やますえのおおぬしのかみ	大山咋神《おおやまくいのかみ》の別名。
鳴鏑神	なりかぶらのかみ	大山咋神《おおやまくいのかみ》の別名。
久延毘古	くえびこ	案山子《かかし》の神格化。知恵者であり少名毘古那神《すくなひこなのかみ》が何者なのかを大国主神《おおくにぬしのかみ》に教えた。別 萠彦
下光比売命	したてるひめのみこと	大国主神《おおくにぬしのかみ》の娘。国譲りの交渉役、天稚彦《あめのわかひこ》と結ばれるが天稚彦は天津神に反逆し殺された。

宗教▶陰陽道▶一般

項目	よみ	解説
太極	たいきょく	古代中国の思想において万物の根元とされるもの。ここから陰陽の気、天地が分かれる。
両儀	りょうぎ	古代中国の思想で万物の根元である太極から分かれた2つのもの。天地、陰陽。
陰陽	いんよう	古代中国の思想で相反する性質を持つとされる2つの気。夜や女性が陰、昼や男性は陽。
乾坤	けんこん	易で算木に現れる現象のうち乾と坤のこと。天地、陰陽。転じて書物の上下巻。
六壬	りくじん	時刻に天文と干支を組み合わせた中国の占い。陰陽道でも用いられた。
禹歩	うほ	貴人の外出時に行われた特殊な呪術的歩法。古代中国夏王朝の禹王の歩き方の意。
反閇	へんばい	貴人の外出時に陰陽師が行う邪気を封じる特殊な呪術的歩方。別 返閉、反陪
形代	かたしろ	陰陽師などが使う、体を撫で付け川に流すことで災厄を肩代わりさせる紙の人形。
贖物	あがもの	祓いの際に罪汚れをあがなうため神に差し出すもの。また災厄を肩代わりさせる人形。
呪詛	じゅそ	恨みのある人物に災厄があるよう神仏に祈願すること。別 しゅそ、ずそ、すそ
蠱業	まじわざ	呪詛《じゅ そ》の別名。また呪詛の為の法術。人を惑わす魔物。別 蠱事
天中節	てんちゅうせつ	火災や盗難などの災厄を祓うため、陰暦8月1日の日の出前に柱に貼る陰陽道の札、法術。
紙冠	かみかぶり	陰陽師や法師が儀式の際につける紙製の冠。白い三角形の紙で現在は死装束に見られる。
紙烏帽子	かみえぼし	紙冠《かみかぶり》の別名。

項目	よみ	解説
勘文	かんもん	陰陽師などが朝廷の依頼で諸事を先例、占いの吉凶に照らして意見する書簡。㊀別 かもん
属星	ぞくしょう	その年の干支に対応した貪狼《とんろう》星などの北斗七星に属する星。㊀別 ぞくせい
有卦	うけ	陰陽道においてその人の干支により７年間幸運が続くという年回りのこと。
無卦	むけ	陰陽道においてその人の干支により５年間不運が続くとされる年回り。
九星	きゅうせい	古代中国の『洛書《らくしょ》』の図にあるという９つの星。陰陽道で吉凶を判断するのに使われる。
一白	いっぱく	九星《きゅうせい》の１つ。
二黒	じこく	九星《きゅうせい》の１つ。
三碧	さんぺき	九星《きゅうせい》の１つ。
四緑	しろく	九星《きゅうせい》の１つ。
五黄	ごおう	九星《きゅうせい》の１つ。
六白	ろっぱく	九星《きゅうせい》の１つ。
七赤	しちせき	九星《きゅうせい》の１つ。
八白	はっぱく	九星《きゅうせい》の１つ。
九紫	きゅうし	九星《きゅうせい》の１つ。
革令	かくれい	干支の１番目の年。陰陽道では乱変の年とされ、元号を改めることが多い。

項目	よみ	解説
鬼門	きもん	艮《うしとら》（東北）のこと。陰陽道では鬼が出入りする方角として万事忌み嫌われた。
生気	しょうげ	十二支と12の月、八卦の方位を対応させた陰陽道の占いでその人に幸運とされる方位。
的殺	てきさつ	9つの星と五行、方位を組み合わせた陰陽道の九星占いで大凶とされる方角。
悪月	あくげつ	陰陽道において運が悪いとされる月のこと。中国の陰暦5月。
厄月	やくづき	陰陽道において災厄があるから万事慎むべきとされる月のこと。
道虚日	どうこにち	陰陽道で外出を慎むべきとされる日のこと。
土府	どふ	陰陽道において土塀作りや井戸堀りなど土をいじる仕事を忌むべきとされる日のこと。
衰日	すいにち	陰陽道において生年月、干支、年齢に照らし万事忌み慎むべきとされる兇日。
帝日	ていじつ	陰陽道において生年月、五行と照らして諸事に良いとされる吉日。
伐日	ばつにち	干支においては下の支が上の干を侵すと考えられたことから下が上を侵すとされる悪日。
没日	ぼつにち	陰陽道において全ての物事において凶とされる日。㊍もつにち
滅門日	めつもんにち	陰陽道において百事に悪いとされる日。
遊禍	ゆうか	陰陽道において薬を飲むことや病気平癒の祈祷を忌む日。
羅刹日	らせつにち	宿陽経の暦において何事をなしても成就できないとされる大凶日。
五竜祭	ごりゅうさい	5匹の竜神に祈願する陰陽道の雨乞いの祭祀。

項目	よみ	解説
年星	ねそう	陰陽道において人の運命を支配するとされる星に幸運を祈願する祭り。別 年三
四境祭	しきょうさい	疫神の災厄を祓うために家や国家の四方で行う陰陽道の祭祀。
土忌	つちいみ	陰陽道の土神、土公神《どくじん》の方角の工事を忌むこと。やむを得ぬ場合、家人は一時転居する。
金神	こんじん	陰陽道の方位神。季節や干支で移動し、その方角への工事、転居、嫁取りなどは大凶。
赤舌神	しゃくぜつしん	太歳《たいさい》（木星）の西門を守る門神。衆生を惑乱させる極悪、憤怒を司る羅刹神。
太白神	たいはくじん	陰陽道の八将軍、大将軍の別名。
天一神	なかがみ	陰陽道の暦神。三界を巡り人の善行悪行を帝《たい》釈天《しゃくてん》に報告するため16日間天に帰る。
土公神	どくじん	陰陽道の土神、竃《かまど》神。在所を侵されるのを嫌うが3か月ごとに竃、門、井戸、庭を移動。
歳徳神	としとくじん	陰陽道の方位神。八将神の母神で1年の福を司る。容姿端麗で慈悲深いとされる。
式神	しきがみ	陰陽師の命令で変幻自在の技をなす神、精霊。安倍晴明《あべのせいめい》の式神が有名。別 識神　(別) しきじん
飛廉	ひれん	風神。風を起こす怪鳥、長い毛と翼のあるという怪獣とも。別 蜚廉
方伯神	ほうはくしん	陰陽道で方位を司る神。この神のいる方角への旅立ち、出陣は大凶。

宗教 ▶陰陽道 ▶八将神

項目	よみ	解説
太歳	たいさい	陰陽道の八将神。木星の精で吉方を司る年の君主。太陰《だいおん》神の夫、歳破《さいは》神の親戚。

項目	よみ	解説
大将軍	たいしょうぐん	陰陽道の八将神。金星の精で大凶の方位を司る武将神。国土を守る神とも。
大陰	だいおん	陰陽道の八将神。土星の精で太歳《たいさい》神の妻。女性に嫉妬し婚礼、出産に凶。学問などは吉。
歳刑	さいきょう	陰陽道の八将神。水星の精で凶方を司る地の守護神。武具を好み武道や戦には吉。
歳破	さいは	陰陽道の八将神。土星の精で凶方を司る。太歳《たいさい》神に破れる神で水上や工事、婚姻に凶。
歳殺	さいせつ	陰陽道の八将神。金星の精で凶方を司り4方位のみを巡る。殺戮を好むが戦にも凶。
黄幡	おうばん	陰陽道の八将神。羅睺《らごう》星の精で4方位のみを巡る。建設、貯蓄に大凶で戦に吉。
豹尾	ひょうび	陰陽道の八将神。計都《けいと》星の精で常に黄幡《おうばん》神と相対する。物の出入りに不浄、特に家畜に凶。

宗教▶陰陽道▶十二天将

項目	よみ	解説
騰蛇	とうしゃ	陰陽道の六壬《りくじん》に関係する神。火神。凶将。本来は中国の蛇神。㊙とうだ
朱雀	すざく	陰陽道の六壬《りくじん》に関係する神。火神。凶将。本来は南方を守護する四神。
六合	りくごう	陰陽道の六壬《りくじん》に関係する神。木神。吉将。
勾陳	こうちん	陰陽道の六壬《りくじん》に関係する神。土神。凶将。
青竜	せいりゅう	陰陽道の六壬《りくじん》に関係する神。木神。吉将。本来は東方を守護する四神。
貴人	きじん	陰陽道の六壬《りくじん》に関係する神。十二天将の主神。吉将。

項目	よみ	解説
天后	てんこう	陰陽道の六壬《りくじん》に関係する神。水神。吉将。
大陰	たいいん	陰陽道の六壬《りくじん》に関係する神。金神。吉将。
玄武	げんぶ	陰陽道の六壬《りくじん》に関係する神。水神。凶将。本来は北方を守護する四神。
大裳	たいも	陰陽道の六壬《りくじん》に関係する神。土神。吉将。
白虎	びゃっこ	陰陽道の六壬《りくじん》に関係する神。金神。凶将。本来は西方を守護する四神。
天空	てんくう	陰陽道の六壬《りくじん》に関係する神。土神。凶将。

宗教 ▶陰陽道 ▶十干

項目	よみ	解説
甲	きのえ	木、火、土、金、水の五行を陰陽に分けた十干《じっかん》の1番目。木の兄《え》の意。㊍こう
乙	きのと	木、火、土、金、水の五行を陰陽に分けた十干《じっかん》の2番目。木の弟《え》の意。㊍おつ
丙	ひのえ	木、火、土、金、水の五行を陰陽に分けた十干《じっかん》の3番目。火の兄《え》の意。㊍へい
丁	ひのと	木、火、土、金、水の五行を陰陽に分けた十干《じっかん》の4番目。火の弟《と》の意。㊍てい
戊	つちのえ	木、火、土、金、水の五行を陰陽に分けた十干《じっかん》の5番目。土の兄《え》の意。㊍ぼ
己	つちのと	木、火、土、金、水の五行を陰陽に分けた十干《じっかん》の6番目。土の弟《と》の意。㊍き
庚	かのえ	木、火、土、金、水の五行を陰陽に分けた十干《じつかん》の7番目。金の兄《え》の意。㊍こう

項目	よみ	解説
辛	かのと	木、火、土、金、水の五行を陰陽に分けた十干《じっかん》の8番目。金の弟《と》の意。㊙しん
壬	みずのえ	木、火、土、金、水の五行を陰陽に分けた十干《じっかん》の9番目。水の兄《え》の意。㊙じん
癸	みずのと	木、火、土、金、水の五行を陰陽に分けた十干《じっかん》の10番目。水の弟《と》の意。㊙き

平安京 ▶殿舎

項目	よみ	解説
内裏	だいり	天皇の住居としての御殿のこと。紫宸殿《ししんでん》、仁寿《じんじゅ》殿《でん》を中心に各種殿舎によって構成される。
朝堂院	ちょうどういん	宮中でも重要な政務、儀式を執り行った政庁。大極殿《だいごくでん》を中心に各種の殿舎で構成される。
大極殿	だいごくでん	朝堂院《ちょうどういん》の正殿。天皇が政務、儀式を執り行った。平安宮焼失以降、役割は紫宸殿《ししんでん》に移行。
豊楽殿	ぶらくでん	朝堂院《ちょうどういん》の西の殿舎。一種の宴会場で様々な儀式、饗宴が行われた。11世紀に焼失。
紫宸殿	ししんでん	内裏の正殿。大極殿《だいごくでん》廃止後は即位礼など重要な儀式が行われるように。(別)ししいでん
清涼殿	せいりょうでん	内裏で天皇が日常生活や一部儀式を行う茅葺きの宮殿。後に儀式専用に。(別)せいろうでん
南殿	なでん	清涼殿《せいりょうでん》の別名。
前殿	ぜんでん	清涼殿《せいりょうでん》の別名。
仁寿殿	じんじゅでん	内裏の中央の殿舎。紫宸殿《ししんでん》以前の天皇の住居。後に相撲などの宴会場に。(別)じじゅうでん
内侍所	ないしどころ	仁寿殿《じんじゅでん》の別名。
春興殿	しゅんこうでん	内裏の殿舎の1つ。武器の保管所。室町時代から神鏡安置の賢所に。(別)しゅんきょうでん
東宮	とうぐう	皇太子の御殿。皇居の東（五行説では春の意）に位置することから。
春宮	はるのみや	東宮《とうぐう》の別名。
後宮	こうきゅう	皇后、后の住居で女官たちが奉仕する承香殿《しょうきょうでん》などの殿舎の総称。仁寿殿《じんじゅでん》後方に位置する。

項目	よみ	解説
弘徽殿	こきでん	後宮の1つ。天皇の住居が清涼殿《せいりょうでん》に移って以降の皇后、中宮、女御の住居。㊡こうきでん
承香殿	しょうきょうでん	後宮の1つ。内縁、御遊が行われた殿舎。㊡そうきょうでん
麗景殿	れいけいでん	後宮の1つ。皇后、中宮、女御の住居。天皇や上皇が在所にすることも。
登華殿	とうかでん	後宮の1つ。皇后、女御などの住居。別 登花殿
貞観殿	じょうがんでん	後宮の1つ。後宮の正殿であり種々の事務処理、服飾関連の業務が行われた。
御匣殿	みくしげどの	貞観殿《じょうがんでん》の別名。
宣耀殿	せんようでん	後宮の1つ。女御、更衣などの女官の住居。㊡せんにょうでん
常寧殿	じょうねいでん	後宮の1つ。女御、更衣などの女官の住居。
飛香舎	ひぎょうしゃ	後宮の1つ。中宮、女御の住居。女御入内の義などが行われた。
藤壺	ふじつぼ	飛香舎《ひぎょうしゃ》の別名。
凝花舎	ぎょうかしゃ	後宮の1つ。女官用の住居。
梅壺	うめつぼ	凝花舎《ぎょうかしゃ》の別名。
昭陽舎	しょうようしゃ	後宮の1つ。勅撰和歌集などの選定を行った和歌所などが置かれる。
梨壷	なしつぼ	昭陽舎《しょうようしゃ》の別名。
淑景舎	しげいしゃ	後宮の1つ。本来は女御、更衣の住居であるが、摂政などの宿直のためにも用いられた。

項目	よみ	解説
襲芳舎	しゅうほうしゃ	後宮の1つ。本来は後宮の住居だが右大将の宿泊如としても用いられた。別 しほうしゃ
雷鳴壺	かみなりのつぼ	襲芳舎《しゅうほうしゃ》の別名。

平安京 ▶門

項目	よみ	解説
朱雀門	すざくもん	大内裏外郭南面中央の正門。入母屋造りの二階建。柱は朱塗で黒瓦を乗せる。
皇嘉門	こうかもん	大内裏外郭南面西側の門。
若犬養門	わかいぬかいもん	皇嘉門《こうかもん》の別名。
雅楽寮門	うたつかさもん	皇嘉門《こうかもん》の別名。別 歌司門
美福門	びふくもん	大内裏外郭南面東側の門。越前国《えちぜんのくに》の壬生《みぶ》氏が造進。
壬生門	みぶもん	美福門《びふくもん》の別名。
安嘉門	あんかもん	大内裏外郭北面西側の門。
海犬養門	あまいぬかうもん	安嘉門《あんかもん》の別名。
兵庫寮御門	ひょうごのつかさのみかど	安嘉門《あんかもん》の別名。
偉鑒門	いかんもん	大内裏外郭北面中央の門。通常使用されることがないため開かず門とも。
猪使門	いかいもん	偉鑒門《いかんもん》の別名。別 猪飼門

項目	よみ	解説
達智門	たっちもん	大内裏外郭北面東側の門。
多天井門	たていもん	達智門《たっちもん》の別名。
丹治比門	たじひもん	達智門《たっちもん》の別名。
上東門	じょうとうもん	大内裏外郭東面北端の門。板芯の土壁を切り抜いただけで屋根のない簡素な門。
土御門	つちみかど	上東門《じょうとうもん》の別名。
陽明門	ようめいもん	大内裏外郭東面、上東門《じょうとうもん》の南の門。備前国《びぜんのくに》の山《やま》氏が造進。
待賢門	たいけんもん	内裏外郭東面、陽明門《ようめいもん》の南の門。播磨国《はりまのくに》の建部《たけべ》氏が造進。
建部門	たけべもん	待賢門《たいけんもん》の別名。
中御門	なかみかど	待賢門《たいけんもん》の別名。
郁芳門	いくほうもん	大内裏外郭東面南端の門。的《いくは》氏が守衛した。
的門	いくはもん	郁芳門《いくほうもん》の別名。
大炊御門	おおいみかど	郁芳門《いくほうもん》の別名。
上西門	じょうさいもん	大内裏外郭西面北端の門。板芯の土壁を切り抜いただけで屋根のない簡素な門。
殷富門	いんぷもん	大内裏外郭西面、上西門《じょうさいもん》の南の門。古くは尾張国《おわりのくに》の伊福部《いふきべ》氏が守衛。後に右衛門府《うえもんふ》に。
伊福部門	いふきべもん	殷富門《いんぷもん》の別名。

項目	よみ	解説
西近衛門	にしこのえもん	殷富門《いんぶもん》の別名。
藻壁門	そうへきもん	大内裏外郭西面、殷富門《いんぶもん》の南の門。
佐伯門	さえきもん	藻壁門《そうへきもん》の別名。
西御門	にしみかど	藻壁門《そうへきもん》の別名。
談天門	だんてんもん	大内裏外郭西面南端の門。
玉手門	たまてもん	談天門《だんてんもん》の別名。
馬寮門	めりょうもん	談天門《だんてんもん》の別名。
応天門	おうてんもん	大内裏、朝堂院《ちょうどういん》南面正門。大伴《おおとも》氏、紀《き》氏没落のきっかけ応天門の変で放火された。
建礼門	けんれいもん	内裏外郭門南面中央の門。白馬節会《おうまのせちえ》など様々な節会が行われた。兵衛《ひょうえ》が警護。
白馬陣	あおうまのじん	建礼門《けんれいもん》の別名。
承明門	しょうめいもん	平安京大内裏内郭南面中央の門。建礼門《けんれいもん》と相対する。

平安京▶官職

項目	よみ	解説
大臣	だいじん	太政官《だじょうかん》の上官。太政大臣《だじょうだいじん》、左大臣《さだいじん》、右大臣《うだいじん》、内大臣《ないだいじん》のこと。
納言	なごん	太政官《だじょうかん》の役人である大納言《だいなごん》、中納言《ちゅうなごん》、少納言《しょうなごん》の総称。

項目	よみ	解説
参議	さんぎ	奈良時代に置かれた令外官《りょうげのかん》。太政官《だじょうかん》の大臣、納言《なごん》に次ぐ重職でここまでが公卿《くぎょう》。
外記	げき	太政官《だじょうかん》の主典《さかん》。少納言《しょうなごん》の下で文書作成、任官叙位の儀式に携わる。大外記《だいげき》、小外記《しょうげき》など。
侍従	じじゅう	中務省《なかつかさしょう》の官人。天皇に近習するが後に実務は蔵人《くらんど》、儀式は侍従と役割分担された。
内記	ないき	中務省《なかつかさしょう》の官人。詔勅《ちょくし》などの文書作成、宮中の記録を担当。大内記《だいないき》、中内記《ちゅうないき》、小内記《しょうないき》など。
長官	かみ	律令制の四等官の最上位。「大臣」、「伯」など役所で字は異なる。
卿	かみ	律令制の中務《なかつかさ》、式部《しきぶ》、治部《じぶ》、民部《みんぶ》、兵部《ひょうぶ》、刑《ぎょう》部《ぶ》、大蔵《おおくら》、宮内《くない》の八省の長官。
頭	かみ	律令制の蔵人所《くろうどどころ》、大舎人《おおとねり》、図書《ずしょ》、内蔵《くら》、縫殿《ぬいどの》、陰陽《おんみょう》、内匠《たくみ》などの12寮の長官。
大夫	だいぶ	律令制の中宮職、大膳職、修理職、左右京職の４職、春宮坊の長官。
次官	すけ	律令制の四等官の第２位。長官の補佐、代理。「副」、「佐」など役所で字が異なる。
輔	すけ	律令制の中務《なかつかさ》、式部《しきぶ》、治部《じぶ》、民部《みんぶ》、兵部《ひょうぶ》、刑《ぎょう》部《ぶ》、大蔵《おおくら》、宮内《くない》の八省の次官。
助	すけ	律令制の蔵人所《くろうどどころ》、大舎人《おおとねり》、図書《ずしょ》、内蔵《くら》、縫殿《ぬいどの》、陰陽《おんよう》、内匠《たくみ》などの12寮の次官。
亮	すけ	律令制の中宮職《ちゅうぐうしき》、大膳職《だいぜんしき》、修理職《しゅりしき》、左右京職《さゆうきょうしき》の４職、春宮坊《とうぐうぼう》の次官。
判官	じょう	律令制の四等官の第３位。事務、文書の監査役。「裕」、「弁」など役所で字が異なる。
丞	じょう	律令制の中務《なかつかさ》、式部《しきぶ》、治部《じぶ》、民部《みんぶ》、兵部《ひょうぶ》、刑《ぎょう》部《ぶ》、大蔵《おおくら》、宮内《くない》の八省の第３位。
允	じょう	律令制の蔵人所《くろうどどころ》、大舎人《おおとねり》、図書《ずしょ》、内蔵《くら》、縫殿《ぬいどの》、陰陽《おんよう》、内匠《たくみ》などの12寮の第３位。

平安京

項目	よみ	解説
進	じょう	律令制の中宮職、大膳職、修理職、左右京職の４職、春宮坊の第３位。
主典	さかん	律令制の四等官の最下位。公文書作成、授受。「史」、「録」など役所で字が異なる。
録	さかん	律令制の中務《なかつかさ》、式部《しきぶ》、治部《じぶ》、民部《みんぶ》、兵部《ひょうぶ》、刑《ぎょう》部《ぶ》、大蔵《おおくら》、宮内《くない》の八省の最下位。
属	さかん	律令制の中宮職など４職、陰陽など12寮の最下位。
司	つかさ	役所、役人、官職のこと。**別** 官、寮
舎人	とねり	下級役人のこと。本来は天皇、貴族の近習のこと。
女嬬	にょじゅ	内侍司《ないしのつかさ》に属する女官。掃除や点灯を担当した。**別** 女孺
史生	ししょう	律令制の太政官《だじょうかん》、八省、弾正台《だんじょうだい》などで四等官の下で公文書の書写などを担当した。
省掌	しょうしょう	律令制の八省で働く下級役人のこと。
使部	しぶ	律令制の太政官《だじょうかん》、八省などで雑役に使われた下級役人。
直丁	じきちょう	全国から官庁の労役、雑役のために徴収された仕丁のうち、常に官舎に宿直するもの。
雑色	ぞうしき	蔵人所《くろうどどころ》や院で働く無位の役人のこと。また公家、武家の雑役をした下男。
別当	べっとう	専任の長官のこと。本来は臨時に別の職に当たるの意。主に検非違使《けびいし》の長官。
帯刀	たちはき	春宮坊《とうぐうぼう》、舎人監《とねりのつかさ》の役人。皇太子の護衛に当たった。名は帯刀したことから。
按察使	あぜち	国司《こくし》を兼ね地方官の行政を監督する官人。後に有名無実となった。

平安京 ▶役所

項目	よみ	解説
神祇官	じんぎかん	律令八省。太政官《だじょうかん》と並立した官庁。神祇の祭祀を司り官社を総括した。㊕かんのつかさ
太政官	だいじょうかん	律令八省。立法、司法、行政を司った最高官庁。役所、諸国を統括。㊕だじょうかん
中務省	なかつかさしょう	律令八省。宮中の庶務を司った役所。勅使《ちょくし》、宣《せん》下《げ》、叙勲《じょくん》など天皇側近の事務を担当。
中宮職	ちゅうぐうしき	律令制下で中務省《なかつかさしょう》に属する役所。皇后、皇太后、太皇太后の文書作成、庶務を司った。
大膳職	だいぜんしき	律令制下で中務省《なかつかさしょう》に属する役所。宮中の会食、料理などを司った。
修理職	すりしき	律令制下で中務省《なかつかさしょう》に属する役所。皇居の造営、修理を司った。律令に規定されない官。
大舎人寮	おおとねりりょう	律令制下で中務省《なかつかさしょう》に属する役所。宮中に宿直し、奉仕する大舎人の管理を司った。
内蔵寮	くらりょう	律令制下で中務省《なかつかさしょう》に属する役所。宮中の宝物、日用品の調達管理などを司った。
縫殿寮	ぬいどのりょう	律令制下で中務省《なかつかさしょう》に属する役所。女王、命婦、女官などの人事、衣類の縫製を司った。
内匠寮	たくみりょう	律令制下で中務省《なかつかさしょう》に属する役所。宮中の調度、装飾の作成を司った。
陰陽寮	おんようりょう	律令制下で中務省《なかつかさしょう》に属する役所。天文、気象観測、暦の算定、卜占などを司った。
図書寮	ずしょりょう	律令制下で中務省《なかつかさしょう》に属する役所。書籍の管理や複製、宮中での仏事を司った。
式部省	しきぶしょう	律令八省。国家の儀式、文官の勤務査定や昇格、降格など人事一般を司った役所。
大学寮	だいがくりょう	律令制下で式部省《しきぶしょう》に属する役所。官人の育成機関、大学の管理を司った。

項目	よみ	解説
治部省	じぶしょう	律令八省。外交、葬儀を司った役所。五位以上の公家の親族関係、僧尼、山稜も管理。
雅楽寮	うたりょう	律令制下で治部省《じぶしょう》に属する役所。宮廷の楽人の管理、教育を司った。㊍ががくりょう
玄番寮	げんばりょう	律令制下で治部省《じぶしょう》に属する役所。仏寺、僧尼の管理、外国使節の接待や送迎を司った。
諸陵寮	しょりょうりょう	律令制下で治部省《じぶしょう》に属する役所。陵墓の管理、維持、記録などを司った。
民部省	みんぶしょう	律令八省。諸国の戸籍管理と徴税。田畑、山河、道路の管理などを司った役所。
主計寮	かずえりょう	律令制下で民部省《みんぶしょう》に属する役所。税収を計算し財政の収支を司った。㊍しゅけいりょう
主税寮	ちからりょう	律令制下で民部省《みんぶしょう》に属する役所。諸国の田租、米倉の出納を司った。㊍しゅぜいりょう
兵部省	ひょうぶしょう	律令八省。武官の人事、訓練や兵器、兵馬の管理など軍政全般を司った役所。
刑部省	ぎょうぶしょう	律令八省。裁判、京で起こった犯罪への刑罰の執行を司った役所。
囚獄司	ひとやのつかさ	律令制下で刑部省《ぎょうぶしょう》に属する役所。牢獄全般を司った。
大蔵省	おおくらしょう	律令八省。徴税した税の出納や度量衡の決定。衣類、装身具の保管、作成を司った役所。
掃部寮	かもんりょう	律令制下で大蔵省《おおくらしょう》に属する役所。諸行事の設営、清掃を司った。㊍かにもり、かもり
織部司	おりべのつかさ	律令制下で大蔵省《おおくらしょう》に属する役所。織物全般と染色を司った。
主水司	もんどのつかさ	律令制下で大蔵省《おおくらしょう》に属する役所。宮中に供する水、粥、氷全般を司った。㊍しゅすいし
宮内省	くないしょう	律令八省。天皇、皇室に関する宮中の全ての庶務を司る役所。

項目	よみ	解説
木工寮	もくりょう	律令制下で宮内省《くないしょう》に属する役所。殿舎の造営や修理、材木の収集を司った。
大炊寮	おおいりょう	律令制下で宮内省《くないしょう》に属する役所。諸国から集まった米の管理、諸国への分配を司った。
主殿寮	とのもりょう	律令制下で宮内省《くないしょう》に属する役所。行幸の乗物管理、庭清掃、灯火燃料の調達を司った。
典薬寮	てんやくりょう	律令制下で宮内省《くないしょう》に属する役所。医療、医薬品の調達管理、薬園、乳牛の管理を司った。
造酒司	みきのつかさ	律令制下で宮内省《くないしょう》に属する役所。皇室用の酒、甘酒、酢など醸造したものを司った。
内膳司	ないぜんのつかさ	律令制下で宮内省《くないしょう》に属する役所。天皇の食事の調理、試食などを司った。㊗ないぜんし
采女司	うねめのつかさ	律令制下で宮内省《くないしょう》に属する役所。女官の采女の管理を司った。
春宮坊	とうぐうぼう	律令制下で皇太子に奉仕し庶務を司った役所。
舎人監	とねりのつかさ	律令制下で春宮坊《とうぐうぼう》に属する役所。舎人《とねり》の名簿、分番、礼儀の教育などを司った。
主馬署	しゅめしょ	律令制下で春宮坊《とうぐうぼう》に属する役所。春宮《とうぐう》の馬、馬具の管理、乗馬を司った。
斎宮寮	さいぐうりょう	斎宮の事務一切を司る役所。伊勢国《いせのくに》多気郡《たけぐん》竹郷《たけのごう》に設置。律令に規定されない官。
弾正台	だんじょうだい	律令制下における警察機構の一種。内外の不正、風俗の乱れを粛清した。
近衛府	このえふ	律令制下で宮中の警備を司る役所。宮中、行幸の警備の他、儀礼参加し威儀を加えた。
衛門府	えもんふ	律令制下で宮中の警備を司る役所。御門を護り通行する人や物を記録監視した。
靫負	ゆげい	衛門府《えもんふ》の別名。

項目	よみ	解説
隼人司	はやとのつかさ	律令制下で衛門府《えもんふ》に属する役所。隼人族の管理育成を司った。
兵衛府	ひょうえふ	律令制下で宮中の警備を司る役所。宮中、行幸の警護を行う。公家子弟出身者が多い。
馬寮	めりょう	律令制下で官馬の調教、飼育、馬飼いの戸籍管理などを司った役所。
兵庫寮	ひょうごりょう	律令制下で兵器、儀仗の武器の保管、出納、管理、検閲を司った役所。
検非違使庁	けびいしちょう	京中の犯罪調査から刑の執行まで担当する令外《りょうげの》官《かん》、検非違使《けびいし》の事務全般を司った役所。
蔵人所	くろうどどころ	天皇の側近として雑務や警備を担当した令外官《りょうげのかん》、蔵人《くらんど》の事務全般を司った役所。
斎院司	さいいんし	賀茂神社に奉仕した未婚の皇女、女王の庶務を司った役所。(別)いつきのみやのつかさ
勘解由使庁	かげゆしちょう	国司《こくし》、官人の職務引き継ぎ書類を審査し、不正の有無を確認した役所。
烽火	とぶひ	狼煙《のろし》を上げ外敵の侵入を知らせる設備のこと。後に大宰府管轄内以外は廃止。

旧国名

項目	よみ	解説
山城	やましろ	旧国名。畿内五か国。上国。現在の京都南部。名は奈良京の山むこうの意。**別** 山代、山背
大和	やまと	旧国名。畿内五か国。大国。現在の奈良県。名は山処《やまのと》からとも。**別** 倭、大倭、日本
摂津	せっつ	旧国名。畿内五か国。上国。現在の大阪府北西部と兵庫県南東部。名は港を指す津から。
河内	かわち	旧国名。畿内五か国。大国。現在の大阪府東南部。和泉《いずみ》国と分割合併を繰り返した。
和泉	いずみ	旧国名。畿内五か国。下国。現在の大阪府南部。古くから景勝地として離宮が置かれた。
紀伊	きい	旧国名。南海道の1国。上国。現在の和歌山県と三重県南部。名は木国《きのくに》からとも。
淡路	あわじ	旧国名。南海道の1国。下国。現在の兵庫県淡路島。国産み神話で始めに生まれた島。
阿波	あわ	旧国名。南海道の1国。上国。現在の徳島県。名は粟《あわ》の産地だったことから。
讃岐	さぬき	旧国名。南海道の1国。上国。現在の香川県。古来、瀬戸内海海運の用地。
伊予	いよ	旧国名。南海道の1国。上国。現在の愛媛県。藤原純友《ふじわらのすみとも》の乱より精強な海賊で有名。
土佐	とさ	旧国名。南海道の1国。中国。現在の高知県。古くは流刑地。土佐日記などで有名。
豊前	ぶぜん	旧国名。西海道の1国。上国。現在の福岡県東部と大分県北部。本州との交通の要所。
豊後	ぶんご	旧国名。西海道の1国。上国。現在の大分県のほぼ全域。豊前《ぶぜん》と合わせ豊国《とよのくに》という。
筑前	ちくぜん	旧国名。西海道の1国。上国。現在の福岡県北西部。海外交流の要所。太宰府を置く。

項目	よみ	解説
筑後	ちくご	旧国名。西海道の1国。上国。現在の福岡県南西部。早く開け、邪馬台国所在地とも。
肥前	ひぜん	旧国名。西海道の1国。上国。現在の佐賀県と壱岐《いき》、対馬《つしま》を除く長崎県。古くは火の国。
肥後	ひご	旧国名。西海道の1国。上国。現在の熊本県。古くは肥前《ひぜん》と1つ。熊襲《くまそ》の居住地。
日向	ひゅうが	旧国名。西海道の1国。中国。現在の宮崎県。名は日に向かうの意。天孫降臨の地。
薩摩	さつま	旧国名。西海道の1国。中国。現在の鹿児島県西部。隼人《はやと》の居住地。律令下では最遠国。
大隅	おおすみ	旧国名。西海道の1国。中国。現在の鹿児島県東部、種子島、屋久島などの諸島。
壱岐	いき	旧国名。西海道の1国。下国。現在の長崎県壱岐島。古くから大陸、半島の交流の要所。
対馬	つしま	旧国名。西海道の1国。下国。現在の長崎県対馬。古くから半島との交流の要所。
播磨	はりま	旧国名。山陽道の1国。大国。現在の兵庫県南西部。古くから開け神話伝承が豊富。
美作	みまさか	旧国名。山陽道の1国。上国。現在の岡山県北部。古くは備前の一部。
備前	びぜん	旧国名。山陽道の1国。上国。現在の岡山県東部。古くは吉備《きび》の一部。
備中	びっちゅう	旧国名。山陽道の1国。上国。現在の岡山県西部。古くは吉備《きび》の一部。
備後	びんご	旧国名。山陽道の1国。上国。現在の広島県東部。古くは吉備《きび》の一部。特産は藺草《いぐさ》。
安芸	あき	旧国名。山陽道の1国。上国。現在の広島県西部。古くは流刑地。平氏と遠の深い土地。
周防	すおう	旧国名。山陽道の1国。上国。現在の山口県東部。銅の産地として鋳銭司《ちゅうせんし》が置かれた。

項目	よみ	解説
長門	ながと	旧国名。山陽道の1つ。中国。現在の山口県西部。半島、瀬戸内海を押さえる要所。
丹波	たんば	旧国名。山陰道の1国。上国。現在の京都府中央部と兵庫県東部。
丹後	たんご	旧国名。山陰道の1国。中国。現在の京都府北部。古くは丹波《たんば》の一部。海外交流の要所。
但馬	たじま	旧国名。山陰道の1国。上国。現在の兵庫県北部。
因幡	いなば	旧国名。山陰道の1国。上国一。現在の鳥取県東部。因幡の白兎の神話が残る。
伯耆	ほうき	旧国名。山陰道の1国。上国。現在の鳥取県西部。古くから開け、古墳、遺跡が多い。
出雲	いずも	旧国名。山陰道の1国。上国。現在の島根県東部。古くから開ける。出雲大社鎮座の地。
石見	いわみ	旧国名。山陰道の1国。中国。現在の島根県西部。近世以降、銀の特産地として有名。
隠岐	おき	旧国名。山陰道の1国。下国。現在の島根県隠岐島。古くから流刑地として知られる。
若狭	わかさ	旧国名。北陸道の1国。中国。現在の福井県南西部。京都、北陸、山陰を結ぶ要地。
越前	えちぜん	旧国名。北陸道の1国。大国。現在の福井県北部。半島交流、海上交通の要地。
加賀	かが	旧国名。北陸道の1つ。上国。現在の石川県の南部。戦国時代の加賀一向一揆の舞台。
能登	のと	旧国名。北陸道の1国。中国。現在の石川県北部。古く海上交通の要地。
越中	えっちゅう	旧国名。北陸道の1つ。上国。現在の富山県。古くは越国《えつのくに》の一部。薬売りで有名。
越後	えちご	旧国名。北陸道の1国。上国。現在の佐渡を除く新潟県。古くから縮布の名産地。

項目	よみ	解説
佐渡	さど	旧国名。北陸道の１国。下国。現在の新潟県佐渡島。古くは流刑地。近世以降は金山。
近江	おうみ	旧国名。東山道の１国。大国。現在の滋賀県。名は琵琶湖の古名。古くから開ける。
美濃	みの	旧国名。東山道の１国。上国。現在の岐阜県南部。東山道の要所として古くから開ける。
飛騨	ひだ	旧国名。東山道の１国。下国。現在の岐阜県北部。山がちで木工が盛ん。飛騨工《ひだのたくみ》で有名。
信濃	しなの	旧国名。東山道の１国。上国。現在の長野県。山間だが古くから開け養蚕が発達。
上野	こうずけ	旧国名。東山道の１国。大国。現在の群馬県。古くは毛野国《けののくに》の一部。東国経営の要地。
下野	しもつけ	旧国名。東山道の1つ。大国。現在の栃木県。平将門《たいらのまさかど》の乱の舞台。関東管領《かんとうかんれい》の支配地。
岩代	いわしろ	旧国名。現在の福島県西部。明治時代に陸奥《むつ》から分割。
磐城	いわき	旧国名。現在の福島県東部。明治時代に陸奥《むつ》から分割。
陸前	りくぜん	旧国名。現在の南部を除く宮城県と岩手県南東部。明治時代に陸奥《むつ》から分割。
陸中	りくちゅう	旧国名。現在の南東部、北西部を除く岩手県と宮城県南部。明治時代に陸奥《むつ》から分割。
陸奥	むつ	旧国名。東山道の１国。大国。現在の福島県、宮城県、岩手県、青森県。蝦夷《えみし》の地。
羽前	うぜん	旧国名。現在の山形県の大半。明治時代に出羽《でわ》から分割。
羽後	うご	旧国名。現在の山形県の一部と宮城県の大半。明治時代に出羽《でわ》から分割。
伊賀	いが	旧国名。東海道の１国。下国。現在の三重県北西部。畿内と東海道をつなぐ要地。

項目	よみ	解説
伊勢	いせ	旧国名。東海道の1国。大国。現在の三重県の大半。伊勢神宮鎮座の地として重要視。
志摩	しま	旧国名。東海道の1国。下国。現在の三重県志摩市。海産資源が豊富で食料供給の要地。
尾張	おわり	旧国名。東海道の1国。上国。現在の愛知県西部。古くから開ける。織田信長の出身地。
三河	みかわ	旧国名。東海道の1国。上国。現在の愛知県東部。徳川家康の出身地。
遠江	とおとうみ	旧国名。東海道の1国。上国。現在の静岡県の西部。名は浜名湖の古名の遠淡海《とつおうみ》から。
駿河	するが	旧国名。東海道の1国。上国。現在の静岡県中央部。徳川家康晩年の隠居地。
伊豆	いず	旧国名。東海道の1国。下国。現在の静岡県南部と東京都伊豆諸島。江戸の海運の要所。
甲斐	かい	旧国名。東海道の1国。上国。現在の山梨県。名馬、絹の山地。武田信玄の出身地。
相模	さがみ	旧国名。東海道の1国。上国。現在の神奈川県の大半。
武蔵	むさし	旧国名。東海道の1国。大国。現在の東京都、埼玉県、神奈川県北東部。江戸幕府。
下総	しもうさ	旧国名。東海道の1国。大国。現在の千葉県北部、茨城県南西部。平将門《たいらのまさかど》の根拠地。
上総	かずさ	旧国名。東海道の1国。大国。現在の千葉県中央部。平忠常《たいらのただつね》の乱の舞台。
安房	あわ	旧国名。東海道の1国。中国。現在の千葉県南部。古くは流刑地。
常陸	ひたち	旧国名。東海道の1国。大国。現在の茨城県の大半。名は日の出の意。古くから開ける。
渡島	おしま	旧国名。現在の北海道最南端。明治時代、蝦夷《えぞ》地《ち》を北海道と改めた際に設置。

項目	よみ	解説
胆振	いぶり	旧国名。現在の北海道中央から南西部。明治時代、蝦夷地《えぞち》を北海道と改めた際に設置。
日高	ひだか	旧国名。現在の北海道日高山脈南西部。明治時代、蝦夷地《えぞち》を北海道と改めた際に設置。
後志	しりべし	旧国名。現在の北海道西部。明治時代、蝦夷地《えぞち》を北海道と改めた際に設置。
石狩	いしかり	旧国名。現在の北海道中央部から西部。明治時代、蝦夷地《えぞち》を北海道と改めた際に設置。
天塩	てしお	旧国名。現在の北海道北西部。明治時代、蝦夷《えぞ》地《ち》を北海道と改めた際に設置。
北見	きたみ	旧国名。現在の北海道北東部。明治時代、蝦夷《えぞ》地《ち》を北海道と改めた際に設置。
十勝	とかち	旧国名。現在の北海道中央部から南部。明治時代、蝦夷地《えぞち》を北海道と改めた際に設置。
釧路	くしろ	旧国名。現在の北海道東部。明治時代、蝦夷地《えぞち》を北海道と改めた際に設置。
根室	ねむろ	旧国名。現在の北海道最東端。明治時代、蝦夷《えぞ》地《ち》を北海道と改めた際に設置。
千島	ちしま	旧国名。現在の北海道千島列島。明治時代、蝦《え》夷地《ぞち》を北海道と改めた際に設置。
琉球	りゅうきゅう	沖縄の別称。独自の文化を持ち海上貿易の要地として繁栄。17世紀に薩摩が征服。

索引

五十音順索引

あ

鮎 あい……59
藍 あい……132
埃 あい……220
靄雲 あいうん……110
哀音 あいおん……138
愛河 あいが……224
藍白 あいじろ……135
愛染 あいぜん……224
愛染明王 あいぜんみょうおう…239
鮎並 あいなめ……58
鮎魚女 あいなめ……58
曖昧 あいまい……143
亜鉛 あえん……72
蒼 あお……131
襖 あお……200
青嵐 あおあらし……109
葵 あおい……8
葵葛 あおいかずら……8
白馬陣 あおうまのじん……274
青北 あおきた……109
梧桐 あおぎり……22
青桐 あおぎり……22
青黒 あおくろ……135
石蓴 あおさ……34
青潮 あおしお……121
青鹿 あおしし……39
青摺 あおずり……131
青丹 あおに……131
青土 あおに……131
青鈍 あおにび……133
青葉 あおば……185
青星 あおぼし……78
障泥 あおり……216
泥障 あおり……216
閼伽 あか……233
銅 あかがね……72
赤衣 あかぎぬ……200
藜 あかざ……8
赤翡翠 あかしょうびん……42
阿伽陀 あかだ……232
阿掲陀 あかだ……232
県 あがた……125
暁 あかつき……155
暁闇 あかときやみ……155
茜草 あかね……8
茜 あかね……8、128
赤星 あかぼし……78
啓明 あかぼし……78
明星 あかぼし……78
赤実木 あかみのき……22
贖物 あがもの……263
赤雪 あかゆき……101
安芸 あき……282
秋麗 あきうらら……150
飽咋之宇斯能神
あきぐひのうしのかみ……258
秋津 あきず……53
商人 あきんど……172
悪月 あくげつ……265
悪地 あくち……117
緋 あけ……128
緋袍 あけごろも……200
緋衣 あけごろも……200
木通 あけび……22
通草 あけび……22
曙 あけぼの……156
赤秀 あこう……22
雀榕 あこう……22
阿漕 あこぎ……165
衵 あこめ……200
阿含 あごん……233
麻 あさ……8
朝嵐 あさあらし……209
朝顔 あさがお……8
槿 あさがお……8
朝顔 あさがお……53
浅葱 あさぎ……133
浅黄 あさぎ……133
朝霧 あさぎり……95
浅沙 あさざ……8
莕菜 あさざ……8
荇菜 あさざ……8
朝潮 あさしお……121
朝汐 あさしお……121
朝霜 あさしも……98
朝霜 あさじも……98
浅葱 あさつき……21
糸葱 あさつき……21
朝月 あさづき……86
朝露 あさつゆ……96
朝凪 あさなぎ……107
浅縹 あさはなだ……132
朝日 あさひ……88
旭 あさひ……88
薊 あざみ……8
浅緑 あさみどり……131
朝焼 あさやけ……91
海豹 あざらし……41
浅蜊 あさり……64
蛤仔 あさり……64
鯵 あじ……58
海驢 あしか……41
葦鹿 あしか……41
蘆牙 あしかび……35
絁 あしぎぬ……197
葦五位 あしごい……51
紫陽花 あじさい……22
鯵刺 あじさし……42
尾 あしたれぼし……81
足垂星 あしたれぼし……81
葦手 あしで……204
足名椎神 あしなづちのかみ…261
足摩乳命 あしなづちのみこと…261
葦原色許男神
あしはらしこおのかみ……260
馬酔木 あしび……22
阿闍梨 あじゃり……170
阿閦如来 あしゅくにょらい……235
阿閦婆 あしゅくば……235
阿修羅 あしゅら……241

阿修羅王 あしゅらおう……242
網代 あじろ……119
小豆 あずき……20
梓 あずさ……22
翌檜 あすなろ……22
吾兄 あせ……180
綜 あぜ……193
按察使 あぜち……276
馬酔木 あせび……22
馬酔木 あせぼ……22
阿僧祇 あそうぎ……219
朝臣 あそん……175
徒波 あだなみ……122
徒矢 あだや……211
厚総 あつぶさ……215
貴 あて……143
獦子鳥 あとり……43
花鶏 あとり……43
貛 あなぐま……39
穴熊 あなぐま……39
穴子 あなご……59
阿那含 あなごん……230
貴方 あなた……180
貴女 あなた……180
穴掘 あなほり……39
頞儞羅 あにら……240
沫那美神 あはなみのかみ……253
家鴨 あひる……43
鶩 あひる……43
虻 あぶ……53
鐙 あぶみ……215
油目 あぶらめ……58
信天翁 あほうどり……43
阿呆鳥 あほうどり……43
亜麻 あま……8
海犬養門 あまいぬかうもん……272
甘草 あまき……10
甘草 あまくさ……10
天津神 あまつかみ……245
天璽瑞宝
あまつしるしのみずたから……191
天津日子根命
あまつひこねのみこと……251
天津彦根命
あまつひこねのみこと……251
天照坐大神
あまてらいますおおかみ……251
天照大日靈貴尊
あまてらすおおひるめのみこと……251
天照大神
あまてらすおおみかみ……251
雨彦 あまひこ……53
天満月 あまみつつき……85
阿摩羅 あまら……221
菴摩羅 あまら……226
網人 あみうど……172
阿弥陀如来 あみだにょらい……235
亢 あみぼし……81
網星 あみぼし……81
天宇受賣命
あめのうずめのみこと……251
天鈿女命
あめのうずめのみこと……251
天忍穂耳命
あめのおしほみみのみこと……251
天之尾羽張 あめのおはばり……207
天鹿児弓 あめのかごゆみ……212
天之久比奢母智神
あめのくひざもちのかみ……253
天之闇戸神
あめのくらどのかみ……254
天児屋命
あめのこやねのみこと……251
天之狭霧神
あめのさぎりのかみ……254
天之狭土神
あめのさづちのかみ……254
天鳥船神
あめのとりふねのかみ……255
天沼矛 あめのぬぼこ……191
天羽々矢 あめのはばや……212
天日高日子 あめのひだかひこ……259
天之吹男神
あめのふきおのかみ……253
天之水分神
あめのみくまりのかみ……253
天之御中主神
あめのみなかぬしのかみ……248
天叢雲剣
あめのむらくものつるぎ……206
雨虎 あめふらし……65
畢 あめふりぼし……82
雨降星 あめふりぼし……82
水馬 あめんぼ……53
水黽 あめんぼ……53
飴坊 あめんぼ……53
水馬 あめんぼう……53
綾 あや……197
阿夜訶志古泥神
あやかしこねのかみ……250
菖蒲 あやめ……8
文目 あやめ……8
綾目 あやめ……8
泡雪 あやゆき……99
鮎 あゆ……59
香魚 あゆ……59
年魚 あゆ……59
足結 あゆい……187
足結 あよい……187
洗朱 あらいしゅ……129
荒忌 あらいみ……245
散斎 あらいみ……245
粗金 あらがね……76
鉱 あらがね……76
阿羅漢 あらかん……229
新墾 あらき……125
新開 あらき……125
荒開 あらき……125
紫羅欄花 あらせいとう……8
退紅 あらぞめ……128
荒魂 あらたま……247
荒野 あらの……116
曠野 あらの……116
荒魂 あらみたま……247
荒布 あらめ……34
阿頼耶 あらや……221、226
蘭 あららぎ……22
霰 あられ……102
阿蘭若 あらんにゃ……232
蟻 あり……53

有明 ありあけ……86
蟻食 ありくい……40
阿利乃比布岐 ありのひふき……8
荒野 あれの……116
粟 あわ……18
阿波 あわ……281
安房 あわ……285
淡路 あわじ……281
袷 あわせ……200
沫那藝神 あわなぎのかみ……253
粟花 あわばな……8
鮑 あわび……64
鰒 あわび……64
淡雪 あわゆき……99
沫雪 あわゆき……99
泡雪 あわゆき……99
暗雨 あんう……92
暗雲 あんうん……111
暗影 あんえい……142
暗翳 あんえい……142
行火 あんか……186
暗晦 あんかい……166
安嘉門 あんかもん……272
安閑 あんかん……144
安居 あんご……234
鮟鱇 あんこう……59
暗紅 あんこう……128
暗香 あんこう……136
暗向 あんこう……162
暗向 あんごう……162
暗黒 あんこく……141
闇黒 あんこく……141
晏如 あんじょ……144
杏 あんず……31
杏子 あんず……31
暗然 あんぜん……141
黯然 あんぜん……141
闇然 あんぜん……141
晏然 あんぜん……144
安陀羅 あんだら……240
暗澹 あんたん……144
安底羅 あんちら……240
安底羅 あんていら……240
行灯 あんどん……186
按摩 あんま……173
菴羅 あんら……32
安蘭樹 あんらんじゅ……32

い

藺 い……8
猪 い……40
胃 い……82
委蛇 いい……144
飯綱 いいずな……37
硫黄 いおう……74
医王善逝 いおうぜんぜい……235
五百重波 いおえなみ……122
五百機 いおはた……193
烏賊 いか……65
墨魚 いか……65
柔魚 いか……65
伊賀 いが……284
猪使門 いかいもん……272
猪飼門 いかいもん……272
斎垣 いがき……247
雷 いかずち……104
鳴神 いかづち……105
玉筋魚 いかなご……59
鮊子 いかなご……59
如何物師 いかものし……171
碇星 いかりぼし……80
鵤 いかる……43
斑鳩 いかる……43
斑鳩 いかるが……43
衣冠 いかん……200
偉鑒門 いかんもん……272
壱岐 いき……282
居木 いぎ……215
異郷 いきょう……126
活杙神 いくぐいのかみ……249
藺 いぐさ……8
幾瀬 いくせ……118
生玉 いくたま……191
的門 いくはもん……273
郁芳門 いくほうもん……273
巳己巳己 いこみき……144
伊邪那岐神 いざなぎのかみ……250
伊弉諾尊 いざなぎのみこと……250
伊邪那美神 いざなみのかみ……250
伊弉冉尊 いざなみのみこと……250
斑葉 いさは……35
十六夜 いざよい……85
細小波 いさらなみ……122
漁火 いさりび……125
石狩 いしかり……286
礎 いしずえ……216
石火矢 いしびや……209
石火箭 いしびや……209
石首魚 いしもち……59
石持 いしもち……59
弩 いしゆみ……209
石弓 いしゆみ……209
伊豆 いず……285
交喙鳥 いすか……43
鶍 いすか……43
交喙 いすか……43
和泉 いずみ……281
出雲 いずも……283
伊勢 いせ……285
磯 いそ……124
磯廻 いそみ……124
磯回 いそみ……124
委蛇 いだ……144
頂 いただき……115
鼬鼠 いたち……37
鼬 いたち……37
平題箭 いたつき……211
韋駄天 いだてん……244
虎杖 いたどり……9
櫟 いちい……22
柴松 いちい……22
一雨 いちう……92
市寸島比売命
いちきしまひめのみこと……260
一夏 いちげ……148
苺 いちご……32
莓 いちご……32
無花果 いちじく……32
映日果 いちじく……32
銀杏 いちょう……22
鴨脚樹 いちょう……22

公孫樹 いちょう……22
一来 いちらい……229
斎 いつき……169
五衣 いつぎぬ……201
齋院司 いつきのみやのつかさ…280
壱鼓 いっこ……183
一鼓 いっこ……183
一閃 いっせん……140
飯綱 いづな……69
伊豆能売神 いづのめのかみ……259
一白 いっぱく……264
凍霞 いてがすみ……96
凍風 いてかぜ……110
凍雲 いてぐも……111
凍曇 いてぐもり……91
凍空 いてぞら……91
凍晴 いてばれ……152
凍靄 いてもや……95
異土 いど……126
竈馬 いとど……55
糸遊 いとゆう……114
維那 いな……230
稲城 いなき……206
蝗 いなご……53
稲子 いなご……53
鰍 いなだ……59
稲妻 いなづま……105
因幡 いなば……283
牛 いなみぼし……82
稲見星 いなみぼし……82
犬 いぬ……40
狗 いぬ……40
犬神 いぬがみ……68
稲 いね……19
猪 いのこ……40
牛膝 いのこずち……9
猪 いのしし……40
石折神 いはさくのかみ……256
磐裂神 いはさくのかみ……256
石巣比売神
いはすひめのかみ……252
石土毘古神
いはつちびこのかみ……252
石筒之男神
いはつつのをのかみ……256
茨 いばら……23
棘 いばら……23
荊 いばら……23
鼾 いびき……139
伊福部門 いふきべもん……273
胆振 いぶり……286
疣尻 いぼじり……53
疣毟 いぼむしり……54
居待月 いまちづき……85
斎垣 いみがき……247
忌火 いみび……246
斎火 いみび……246
芋 いも……19
藷 いも……19
薯 いも……19
井守 いもり……52
蠑螈 いもり……52
弥弥雪 いややゆき……100
伊予 いよ……281
海豚 いるか……42
色白 いろしろ……78
石木 いわき……165
岩木 いわき……165
磐城 いわき……284
鰯 いわし……59
鰛 いわし……59
岩代 いわしろ……284
岩融 いわとおし……209
岩魚 いわな……59
石長比売 いわながひめ……261
磐長姫
いわながひめのみこと……261
石見 いわみ……283
陰鬱 いんうつ……144
陰雲 いんうん……111
陰影 いんえい……142
陰翳 いんえい……142
印可 いんか……230
因果 いんが……223
引磬 いんきん……184
鸚哥 いんこ……43
陰惨 いんさん……144
因達羅 いんだら……240
因陀羅 いんだら……240
因縁 いんねん……223
殷富門 いんぷもん……273
陰陽 いんよう……263
印籠 いんろう……188

う

鵜 う……43
雨安居 うあんご……234
有為 うい……223
茴香 ういきょう……9
烏雲 ううん……111
筌 うえ……195
魚鷹 うおたか……43
鳥喙 うかい……160
盞 うき……195
萍 うきくさ……9
浮草 うきくさ……9
萍草 うきくさ……9
烏金 うきん……73
鶯 うぐいす……43
嵂 うぐら……16
土竜 うぐら……38
筌 うけ……195
有卦 うけ……264
誓約 うけい……245
宇気比 うけい……245
祈請 うけい……245
受緒 うけお……214
雨月 うげつ……85
海髪 うご……34
羽後 うご……284
五加木 うこぎ……23
胡麻 うごま……20
鬱金 うこん……9
兎 うさぎ……39
牛 うし……41
蛆 うじ……54
潮 うしお……121
汐 うしお……121
氏神 うじがみ……246
烏鵲 うじゃく……43

鵜匠 うしょう……172
鵜匠 うじょう……172
有情 うじょう……223
臼 うす……194
舂 うす……194
碓 うす……194
雲珠 うず……216
浅緋 うすあけ……128
雨水 うすい……153
薄色 うすいろ……133
薄金 うすかね……214
薄霧 うすぎり……95
烏枢沙摩明王
うすさまみょうおう……239
渦潮 うずしお……122
薄月 うすづき……86
鶉 うずら……43
薄氷 うすらい……103
渦雷 うずらい……106
羽前 うぜん……284
鷽 うそ……43
嘯 うそ……138
有待 うだい……223
泡沫 うたかた……168
雅楽寮門 うたつかさもん……272
歌司門 うたつかさもん……272
雅楽寮 うたりょう……278
袿 うちき……200
団扇 うちわ……188
鬱 うつ……143
欝 うつ……143
空木 うつぎ……23
卯木 うつぎ……23
卯月 うづき……148
宇都志国玉神
うつしくにたまのかみ……261
空五倍子 うつぶし……130
靫 うつほ……210
靫 うつぼ……210
空穂 うつぼ……210
空 うつろ……142
虚 うつろ……142
洞 うつろ……142
烏兎 うと……88
独活 うど……21
優曇華 うどんげ……54
鰻 うなぎ……59
海門 うなと……123
海原 うなばら……121
卯波 うなみ……123
雲丹 うに……65
海肝 うに……65
海栗 うに……65
汝 うぬ……181
己 うぬ……181
采女司 うねめのつかさ……279
卯花 うのはな……23
乳母 うば……173
上筒之男神
うはつつのをのかみ……259
上津綿津見神
うはつわたつみのかみ……259
茨 うばら……23
雨飛 うひ……94
宇比地邇神 うひぢにのかみ…249
泥土煮尊 うひぢにのみこと…249
泥土根尊 うひぢにのみこと…249
雨氷 うひょう……103
烏皮履 うひり……203
迂腐 うふ……162
産土神 うぶすなかみ……246
産女 うぶめ……69
姑獲鳥 うぶめ……69
烏文木 うぶんぼく……23
禹歩 うほ……263
烏木 うぼく……23
馬 うま……38
馬追 うまおい……54、174
馬方 うまかた……174
馬面 うまづら……59
海霧 うみぎり……94
海鳴 うみなり……121
海猫 うみねこ……43
危 うみやめぼし……82
梅 うめ……23
梅壺 うめつぼ……271
浦 うら……124
末矧 うらはぎ……211
末弭 うらはず……210
盂蘭盆 うらぼん……234
浦廻 うらま……124
浦廻 うらみ……124
浦回 うらみ……124
浦廻 うらわ……124
瓜 うり……17
女 うるきぼし……82
漆 うるし……23
潤 うるみ……135
雨裂 うれつ……117
有漏 うろ……224
胡乱 うろん……166
上露 うわつゆ……97
蟒蛇 うわばみ……52
蟒 うわばみ……52
雲影 うんえい……112
雲翳 うんえい……112
浮塵子 うんか……54
雲霞 うんか……112
雲海 うんかい……112
雲塊 うんかい……112
雲外 うんがい……113
雲鶴 うんかく……203
雲漢 うんかん……77
暈色 うんしょく……75
雲屯 うんとん……194
雲鬢 うんびん……160
雲母 うんも……74
雲鑼 うんら……184

え

永遠 えいえん……156
永久 えいきゅう……156
永劫 えいごう……157
永日 えいじつ……147
永陽 えいよう……147
液雨 えきう……94
胃 えきえぼし……82
慧剣 えけん……226
慧眼 えげん……225
壊劫 えこう……226
越後 えちご……283

越前 えちぜん……283
越中 えっちゅう……283
穢土 えど……231
江戸紫 えどむらさき……134
柄長 えなが……43
鸛雀 えなが……43
金雀枝 えにしだ……23
金雀児 えにしだ……23
慧日 えにち……227
榎 えのき……23
海老 えび……64
蝦 えび……64
夷 えびす……126
戎 えびす……126
蝦 えびす……126
化偸草 えびね……9
海老根 えびね……9
蝦根 えびね……9
箙 えびら……210
烏帽子 えぼし……187
衛門府 えもんふ……279
艶 えん……143
円丘 えんきゅう……116
臙脂 えんじ……129
燕雀 えんじゃく……166
槐 えんじゅ……23
炎暑 えんしょ……149
炎昼 えんちゅう……149
炎天 えんてん……90
煙濤 えんとう……123
豌豆 えんどう……20
炎熱 えんねつ……149
煙波 えんぱ……122
鉛白 えんぱく……134
閻浮樹 えんぶじゅ……232
閻浮提 えんぶだい……232
閻魔 えんま……231
煙霧 えんむ……95
艶冶 えんや……160
炎陽 えんよう……88
遠雷 えんらい……106
厭離 えんり……223
煙浪 えんろう……123

お

追剥 おいはぎ……171
老緑 おいみどり……130
花魁 おいらん……170
桜雲 おううん……112
桜花 おうか……35
扇 おうぎ……188
黄玉 おうぎょく……70
応供 おうぐ……229
横竪 おうじゅ……223
黄熟香 おうじゅくこう……190
桜唇 おうしん……159
鶯舌 おうぜつ……159
楝 おうち……23
樗 おうち……23
応天門 おうてんもん……274
黄土 おうど……130
黄銅 おうどう……73
媼 おうな……176
黄丹 おうに……129
黄幡 おうばん……267
近江 おうみ……284
鸚鵡 おうむ……44
黄燐 おうりん……73
大炊御門 おおいみかど……273
大炊寮 おおいりょう……279
大扇 おおおうぎ……44
大包平 おおかねひら……208
大兼光 おおかねみつ……208
狼 おおかみ……40
王 おおきみ……175
大君 おおきみ……175
大国主神
おおくにぬしのかみ……260
大国主命
おおくにぬしのみこと……260
大蔵省 おおくらしょう……278
大倶利伽羅 おおくりから……208
大潮 おおしお……122
大霜 おおしも……98
大隅 おおすみ……282
大典太 おおてんた……207
大舎人寮 おおとねりりょう……277
意富斗能地神
おおとのじのかみ……250
大斗乃弁神
おおとのべのかみ……250
大戸摩彦尊
おおとのまひこのみこと……250
大戸摩姫尊
おおとまひめのみこと……250
大苫辺尊 おおとまべのみこと……250
大富道尊 おおとみぢのみこと……250
大富辺尊 おおとみべのみこと……250
大穴牟遅神 おおなむちのかみ……260
大己貴命 おおなむちのみこと……260
大汝命 おおなもちのみこと……260
大根 おおね……20
車前子 おおばこ……9
車前草 おおばこ……9
大葉子 おおばこ……9
大祓 おおはらえ……248
大日孁貴神
おおひるめむちのかみ……251
大風 おおふう……166
大忌 おおみ……245
大宮 おおみや……176
大物主神
おおものぬしのかみ……261
大屋都比賣神
おおやつひめのかみ……262
大山咋神 おおやまくいのかみ……262
大山祇神 おおやまづみのかみ……254
大山積神 おおやまづみのかみ……254
大雪 おおゆき……99
大鎧 おおよろい……212
大曲 おおわだ……120
大鋸 おが……192
招霊木 おがたまのき……23
黄心樹 おがたまのき……23
小賀玉木 おがたまのき……23
尾披 おかつぎ……38
岡止々岐 おかととき……9
陸稲 おかぼ……19
淤加美神 おかみのかみ……251
沖 おき……124
隠岐 おき……283

奥疎神 おきざかるのかみ……258
息嘯 おきそ……138
瀛都鏡 おきつかがみ……191
奥津甲斐弁羅神
おきつかひべらのかみ……258
奥津島比売命
おきつしまひめのみこと……259
翁 おきな……176
尺蠖 おぎむし……54
奥 おく……177
億劫 おくごう……157
奥津城 おくつき……247
奥津那芸佐毘古神
おくつなぎさびこのかみ……258
晩稲 おくて……20
億手 おくて……20
晩生 おくて……20
奥山津見神
おくやまつみのかみ……256
螻蛄 おけら……54
海髪 おご……34
虎魚 おこぜ……59
鰧 おこぜ……59
御事 おこと……180
海髪 おごのり……34
御子良子 おこらご……169
長 おさ……176
筬 おさ……193
筬虫 おさむし……54
御三 おさん……173
御爨 おさん……173
鴛鴦 おしどり……44
晩稲 おしね……20
渡島 おしま……285
和尚 おしょう……170
御白様 おしらさま……54
落人 おちうと……171
落人 おちうど……171
落稲 おちぼ……20
落人 おちゅうど……171
乙 おつ……268
膃肭臍 おっとせい……42
音金 おとがね……210
弟切草 おとぎりそう……9
男郎花 おとこえし……9
威 おどし……213
落潮 おとしお……121
大殿 おとど……176
大臣 おとど……176
乙矢 おとや……211
弟矢 おとや……211
淤縢山津見神
おどやまつみのかみ……256
棘 おどろ……143
荊棘 おどろ……143
葈耳 おなもみ……9
巻耳 おなもみ……9
鬼 おに……69
鬼丸 おにまる……207
鬼味噌 おにみそ……162
御主 おぬし……180
斧 おの……205
己 おのれ……179
首 おびと……176
大雷 おほいかづち……257
大宜都比売神
おほげつひめのかみ……255
大事忍男神
おほことおしをのかみ……252
大戸日別神
おほとひわけのかみ……252
大戸惑子神
おほとまとひこのかみ……255
大戸惑女神
おほとまとひめのかみ……255
大直毘神 おほなおびのかみ……259
大禍津日神
おほまがつひのかみ……259
大屋毘古神
おほやびこのかみ……253
大山津見神
おほやまつみのかみ……254
朧 おぼろ……142
朧月 おぼろづき……86
大綿津見神
おほわたつみのかみ……253
御前 おまえ……180
麻績 おみ……173
臣 おみ……176
小忌 おみ……245
女郎花 おみなえし……9
女郎花 おみなめし……9
思兼神 おもいかねのかみ……252
思金神 おもいかねのかみ……252
思草 おもいぐさ……9
面繋 おもがい……215
面懸 おもがい……215
羈 おもがい……215
面掛 おもがい……215
沢瀉 おもだか……9
面高 おもだか……9
沢瀉 おもだか……214
淤母陀琉神 おもだるのかみ……250
面足尊 おもだるのみこと……250
万年青 おもと……9
御許 おもと……177
親方 おやかた……176
親分 おやぶん……176
織部司 おりべのつかさ……278
俺 おれ……178
颪 おろし……107
大蛇 おろち……68
尾張 おわり……285
音吐 おんと……139
陰摩羅鬼 おんもらき……69
陰陽寮 おんようりょう……277
厭離 おんり……223

か

蚊 か……54
靴 か……202
蛾 が……54
甲斐 かい……285
垓 がい……219
恢恢 かいかい……143
海岳 かいがく……164
海気 かいき……198
改機 かいき……198
海黄 かいき……198
界繋 かいけ……223
蚕 かいこ……54

鎧袖 がいしゅう……213
灰塵 かいじん……162
海鼠 かいそ……65
解豸 かいち……67
鳰 かいつぶり……44
鸊鷉 かいつぶり……44
垣内 かいと……125
海棠 かいどう……23
灰白 かいはく……135
開敷華王如来
かいふけおうにょらい……236
海霧 かいむ……94
海鳴 かいめい……121
晦冥 かいめい……142
開陽 かいよう……79
貝寄 かいよせ……109
瑰麗 かいれい……160
楓 かえで……23
槭樹 かえで……23
蛙 かえる……52
蛤 かえる……52
蝦 かえる……52
蛙葉 かえるば……10
花王 かおう……35
華夏 かか……126
加賀 かが……283
峨峨 がが……143
華蓋 かがい……188
蝸角 かかく……125
過客 かかく……175
雅客 がかく……175
雅楽寮 ががくりょう……278
案山子 かかし……195
鹿驚 かかし……195
鏡 かがみ……189
篝火 かがりび……186
河漢 かかん……77
柿 かき……32
柹 かき……32
嘉卉 かき……36
牡蠣 かき……64
餓鬼 がき……69、230
垣内 かきつ……125
燕子花 かきつばた……10
杜若 かきつばた……10
嘉魚 かぎょ……59
火坑 かきょう……166
蜉蝣 かぎろう……54
角 かく……81
我空 がくう……222
赫焉 かくえん……140
赫灼 かくしゃく……140
楽箏 がくそう……182
阿遇突智神 かぐつちのかみ……252
楽都 がくと……126
杜父魚 かくぶつ……59
神楽 かぐら……245
革令 かくれい……264
花薫 かくん……194
鶏 かけ……48
陰 かげ……141
蔭 かげ……141
翳 かげ……141
夏畦 かけい……168
懸巣 かけす……44
嘉月 かげつ……146
陰雪 かげゆき……100
勘解由使庁 かげゆしちょう……280
蜉蝣 かげろう……54
陽炎 かげろう……114
蜻蛉 かげろう……54、57
花瞼 かけん……159
下弦 かげん……86
餓虎 がこ……166
花香 かこう……136
華甲 かこう……161
火工 かこう……173
籠釣瓶 かごつるべ……208
暈 かさ……114
香 かざ……135
香気 かざ……135
臭気 かざ……135
風雲 かざぐも……110
鵲 かささぎ……44
翳 かざし……188
襲 かさね……200
風花 かざはな……99
風見 かざみ……196
汗衫 かざみ……200
蝤蛑 がざみ……64
風木津別之忍男神
かざもつわけのおしをのかみ……253
樫 かし……24
橿 かし……24
櫧 かし……24
鍛冶 かじ……172
加持 かじ……228
河鹿 かじか……59
鰍 かじか……59
杜父魚 かじか……59
鰍 かじか……59
旗魚 かじき……60
惶根尊 かしこねのみこと……250
火車 かしゃ……69
花車 かしゃ……171
火舎 かしゃ……233
火蛇 かしゃ……233
冠者 かじゃ……177
仮晶 かしょう……75
仮像 かしょう……75
佳宵 かしょう……85
和尚 かしょう……170
迦葉仏 かしょうぶつ……236
華燭 かしょく……186
頭 かしら……176
柏 かしわ……24
柏手 かしわで……246
拍手 かしわで……246
花唇 かしん……159
楮 かず……25
火水 かすい……167
主計寮 かずえりょう……278
上総 かずさ……285
霞 かすみ……95
絣 かすり……198
飛白 かすり……198
綛 かせ……193
枷 かせ……193
河清 かせい……168
綛 かせい……193
綛 かせぎ……193
瓦石 がせき……162

珂雪 かせつ……99
火箭 かせん……212
火鼠 かそ……68
伽陀 かだ……234
火大 かだい……225
堅気 かたぎ……164
形代 かたしろ……263
蝸牛 かたつむり……65
刀 かたな……204
酢漿草 かたばみ……10
片割月 かたわれづき……84
褐 かち……135
褐衣 かちえ……201
花朝 かちょう……146
鵞鳥 がちょう……44
鵝鳥 がちょう……44
鰹 かつお……60
松魚 かつお……60
堅魚 かつお……60
閣下 かっか……175
鞨鼓 かっこ……183
郭公 かっこう……44
月光菩薩 がっこうぼさつ……237
河童 かっぱ……68
羯磨 かつま……233
真菰 かつみ……16
桂 かつら……24
縑 かとり……196
彼方 かなた……127
金蛇 かなへび……52
要 かなめ……143
金山毘古神
かなやまびこのかみ……255
金山毘売神
かなやまびめのかみ……255
金糸雀 かなりあ……44
金輪 かなわ……194
鉄輪 かなわ……194
蟹 かに……64
掃部寮 かにもり……278
鍛冶 かぬち……172
鐘 かね……184
鉦 かね……184
鉦叩 かねたたき……54
庚 かのえ……268
靴 かのくつ……202
鹿子翡翠 かのこしょうびん……44
辛 かのと……269
樺 かば……24
河馬 かば……40
夏半 かはん……148
蛾眉 がび……159
華表 かひょう……247
花表 かひょう……247
蕪 かぶ……19
花風 かふう……109
荷風 かふう……109
兜 かぶと……213
兜菊 かぶとぎく……10
兜花 かぶとばな……10
兜虫 かぶとむし……54
甲虫 かぶとむし……54
蕪 かぶら……19
鏑矢 かぶらや……211
禿 かぶろ……170
画餅 がべい……163
南瓜 かぼちゃ……18
蝦蟇 がま……53
鎌鼬 かまいたち……68
蟷螂 かまきり……55
螳螂 かまきり……55
鎌切 かまきり……55
魳子 かますご……60
竈馬 かまどうま……55
長官 かみ……275
卿 かみ……275
頭 かみ……275
神吾田鹿葦津媛命
かみあたかあしつひめのみこと…262
神阿多都比売命
かみあたつひめのみこと……262
紙烏帽子 かみえぼし……263
神垣 かみがき……247
紙冠 かみかぶり……263
神来月 かみきづき……152
天牛 かみきりむし……55
髪切虫 かみきりむし……55
紙子 かみこ……199
裃 かみしも……200
寄居虫 かみな……64
雷 かみなり……104
雷鳴壺 かみなりのつぼ……272
神産巣日神 かみむすびのかみ…249
神宝 かむだから……247
神直毘神 かむなおびのかみ……259
巫 かむなぎ……169
冠雪 かむりゆき……101
亀 かめ……53
瓶覗 かめのぞき……133
瓶割 かめわり……208
鴨 かも……44
鳧 かも……44
鵝毛 がもう……163
羚羊 かもしか……39
氈鹿 かもしか……39
鴎 かもめ……44
掃部寮 かもり……278
勘文 かもん……264
掃部寮 かもんりょう……278
萱 かや……10
茅 かや……10
榧 かや……24
鹿屋野比売神
かやのひめのかみ……254
荷葉 かよう……36
唐藍 からあい……10
渦雷 からい……106
唐柏 からかしわ……208
唐皮 からかわ……215
唐紅 からくれない……128
韓紅 からくれない……128
鴉 からす……44
烏 からす……44
烏瓜 からすうり……18
参 からすきぼし……82
唐鋤星 からすきぼし……82
枳殻 からたち……24
枳 からたち……24
枸橘 からたち……24
苧麻 からむし……198
伽藍 がらん……232
伽藍鳥 がらんどり……50

雁 かり……44
狩衣 かりぎぬ……199
刈安 かりやす……130
狩人 かりゅうど……172
猟人 かりゅうど……172
狩人 かりゅうど……172
雁渡 かりわたし……109
榠樝 かりん……32
花梨 かりん……32
軽子 かるこ……174
迦楼羅 かるら……241
迦楼羅王 かるらおう……242
鰈 かれい……60
鮖 かれい……60
川霧 かわぎり……94
川蜘蛛 かわぐも……55
川瀬 かわせ……118
翡翠 かわせみ……44
川蝉 かわせみ……44
河内 かわち……281
川津 かわづ……119
川門 かわと……119
皮剥 かわはぎ……60
川淀 かわよど……119
澗 かん……219
雁 がん……44
寒明 かんあけ……146
甘雨 かんう……92
閑雲 かんうん……112
閑雅 かんが……145
函蓋 かんがい……167
歓喜天 かんぎてん……244
寒苦鳥 かんくちょう……162
汗血 かんけつ……169
寒月 かんげつ……87
簪 かんざし……188
奸邪 かんじゃ……165
姦邪 かんじゃ……165
間者 かんじゃ……171
冠者 かんじゃ……177
閑寂 かんじゃく……145
甘蔗 かんしょ……18
甘藷 かんしょ……19
甘薯 かんしょ……19
甘松 かんしょ……190
甘蕉 かんしょう……32
楮 かんず……25
崖錐 がんすい……115
観音菩薩 かんぜおんぼさつ……237
閑寂 かんせき……145
甘草 かんぞう……10
神宝 かんだから……247
神立 かんだち……93
邯鄲 かんたん……55
間諜 かんちょう……171
寒天 かんてん……91
鉋 かんな……192
巫 かんなぎ……169
覡 かんなぎ……169
神無月 かんなづき……152
神奈備 かんなび……245
神名備 かんなび……245
神南備 かんなび……245
神嘗祭 かんなめさい……248
神祇官 かんのつかさ……277
観音菩薩 かんのんぼさつ……237
樺 かんば……24
綺 かんはた……197
岩菲 がんぴ……10
雁皮 がんぴ……24
冠 かんむり……188
勘文 かんもん……264
寒雷 かんらい……106
甘藍 かんらん……19
橄欖石 かんらんせき……71
甘露 かんろ……97
寒露 かんろ……154

き

箕 き……82
危 き……82
鬼 き……83
綺 き……197
己 き……268
癸 き……269
紀伊 きい……281
喜雨 きう……94
黄頬魚 ぎぎ……60
義義 ぎぎ……60
雉 きぎし……45
雉 きぎす……45
桔梗 ききょう……10
菊 きく……10
菊秋 きくあき……150
菊戴 きくいただき……45
麹塵 きくじん……131
貴君 きくん……180
貴兄 きけい……180
義甲 ぎこう……184
枳殻 きこく……24
鬼哭 きこく……138
樵 きこり……174
木樵 きこり……174
刻刻 ぎざぎざ……143
段段 ぎざぎざ……143
細螺 きさご……65
扁螺 きさご……65
喜佐古 きさご……65
貴様 きさま……180
樹雨 きさめ……94
如月 きさらぎ……146
岸 きし……123
貴姉 きし……180
雉 きじ……45
雉子 きじ……45
羊蹄 ぎしぎし……10
鬼子母神 きしもじん……245
細螺 きしゃこ……65
季秋 きしゅう……150
希首座 きしゅざ……208
季春 きしゅん……146
貴人 きじん……177、267
鱚 きす……60
黄水晶 きすいしょう……71
煙管 きせる……187
北見 きたみ……286
桔梗 きちこう……10
几帳 きちょう……186
菊花 きっか……36
切先 きっさき……206
鋒 きっさき……206

吉祥天 きっしょうてん……244
啄木鳥 きつつき……45
狐 きつね……37
狐ヶ崎 きつねがさき……208
狐元結 きつねのもとゆい……10
貴殿 きでん……180
杵 きね……194
木鼠 きねずみ……38
甲 きのえ……268
乙 きのと……268
木槿 きはちす……30
木花 きばな……103
木華 きばな……103
木鼻 きばな……216
黍 きび……18
稷 きび……18
黄藤 きふじ……24
既満 きぼう……85
擬宝珠 ぎぼうし……10
擬宝珠 ぎぼし……216
擬麻 ぎま……198
君 きみ……179
君影草 きみかげそう……10
木密 きみつ……24
鬼門 きもん……265
逆流 ぎゃくる……222
伽羅 きゃら……189
牛 ぎゅう……82
窮陰 きゅういん……152
九官鳥 きゅうかんちょう……45
窮奇 きゅうき……67
鳩居 きゅうきょ……163
九原 きゅうげん……127
牛後 ぎゅうご……165
急霰 きゅうさん……102
丘山 きゅうざん……164
九紫 きゅうし……264
九霄 きゅうしょう……89
九星 きゅうせい……264
九泉 きゅうせん……127
弓箭 きゅうせん……209
急湍 きゅうたん……119
九天 きゅうてん……89
急瀬 きゅうらい……118
胡瓜 きゅうり……18
黄瓜 きゅうり……18
木瓜 きゅうり……18
虚 きょ……82
暁闇 ぎょうあん……155
凶音 きょういん……138
暁雲 ぎょううん……111
侠客 きょうかく……174
暁角 ぎょうかく……139
凝花舎 ぎょうかしゃ……271
暁光 ぎょうこう……113
暁紅 ぎょうこう……155
狂骨 きょうこつ……69
暁鐘 ぎょうしょう……139
脇息 きょうそく……187
夾竹桃 きょうちくとう……24
暁天 ぎょうてん……91
狂濤 きょうとう……123
暁風 ぎょうふう……108
刑部省 ぎょうぶしょう……278
暁霧 ぎょうむ……95
京紫 きょうむらさき……134
暁露 ぎょうろ……96
行々子 ぎょぎょうし……45
玉 ぎょく……70
玉音 ぎょくいん……138
玉卮 ぎょくし……195
玉衝 ぎょくしょう……79
玉髄 ぎょくずい……71
玉兎 ぎょくと……83
玉帛 ぎょくはく……204
玉臂 ぎょくひ……160
玉斧 ぎょくふ……192
極夜 きょくや……89
玉葉 ぎょくよう……194
玉露 ぎょくろ……97
魚水 ぎょすい……167
玉鏡 ぎょっきょう……189
旭光 きょっこう……113
極光 きょっこう……114
魚綾 ぎょりょう……198
魚陵 ぎょりょう……198
魚竜 ぎょりょう……198
御綾 ぎょりょう……198
綺羅 きら……197
煌星 きらぼし……81
綺羅星 きらぼし……81
雲母 きらら……74
雲母虫 きららむし……55
桐 きり……24
霧 きり……94
蟋蟀 きりぎりす……55
螽斯 きりぎりす……55
霧雲 きりぐも……110
霧雨 きりさめ……92
霧雫 きりしずく……95
霧襖 きりぶすま……95
霧雪 きりゆき……100
麒麟 きりん……66
豨薟 きれん……16
金 きん……72
銀 ぎん……72
金赤 きんあか……130
金烏 きんう……88
銀魚 ぎんうお……61
槿花 きんか……168
銀河 ぎんが……76
金柑 きんかん……32
銀漢 ぎんかん……76
金光 きんこう……140
銀鉤 ぎんこう……84
金鶏 きんし……67
琴瑟 きんしつ……167
金紗 きんしゃ……198
錦紗 きんしゃ……198
銀朱 ぎんしゅ……129
金秋 きんしゅう……149
錦秋 きんしゅう……150
錦繍 きんしゅう……202
錦綉 きんしゅう……202
金石 きんせき……161
銀雪 ぎんせつ……99
銀箭 ぎんせん……212
金盞花 きんせんか……11
銀盞花 ぎんせんか……11
銀蛇 ぎんだ……144
公達 きんだち……177
君達 きんだち……177

銀竹 ぎんちく……92
金茶 きんちゃ……130
金鉄 きんてつ……161
鈞天 きんてん……90
緊那羅 きんなら……241
緊那羅王 きんならおう……243
金風 きんぷう……110
金鳳花 きんぽうげ……11
銀面 ぎんめん……216
銀葉 ぎんよう……194
金鑼 きんら……184
金蘭 きんらん……11
金襴 きんらん……199
銀欄 ぎんらん……11
銀襴 ぎんらん……199
銀嶺 ぎんれい……115
金蓮花 きんれんか……11
銀湾 ぎんわん……77

く

水鶏 くいな……45
秧鶏 くいな……45
空 くう……222
空華 くうげ……229
空花 くうげ……229
藕花 ぐうげ……232
箜篌 くうご……182
箜篌 くうこう……182
空劫 くうこう……226
宮司 ぐうじ……169
空寂 くうじゃく……222
空晶 くうしょう……75
空大 くうだい……225
空輪 くうりん……225
九会 くえ……230
久延毘古 くえびこ……262
崩彦 くえびこ……262
久遠 くおん……156
苦果 くか……223
苦海 くかい……223
岫 くき……115
鵠 くくい……45
鵠 くぐい……45
久久能智神 くくのちのかみ……254
久々美良 くくみら……21
枸杞 くこ……24
箜篌 くご……182
草摺 くさずり……213
草薙剣 くさなぎのつるぎ……206
草祖草野媛命
くさのおやかやぬひめのみこと……254
品物比礼 くさもののひれ……191
櫛 くし……188
九字 くじ……227
九識 くしき……226
奇魂 くしたま……248
櫛名田比売 くしなだひめ……261
奇稲田媛命
くしなだひめのみこと……261
奇魂 くしみたま……248
孔雀 くじゃく……45
孔雀明王 くじゃくみょうおう……239
久修 くしゅ……228
鯨 くじら……42
釧路 くしろ……286
葛 くず……11
鼓吹 くすい……185
楠 くすのき……24
樟 くすのき……24
曲瀬 くせ……118
救世 くせ……228
救世 ぐせ……228
救世 ぐぜ……228
弘誓 ぐぜい……228
九想 くそう……230
九相 くそう……230
具足 ぐそく……213
苦諦 くたい……224
鶏 くたかけ……48
管狐 くだぎつね……69
朽野 くだらの……116
件 くだん……69
倶知 くち……45
朽木 くちき……167
梔子 くちなし……24
巵子 くちなし……24
山梔 くちなし……24
朽目 くちめ……185
沓 くつ……202
轡 くつわ……215
銜 くつわ……215
馬銜 くつわ……215
轡虫 くつわむし……55
求道 ぐどう……228
宮内省 くないしょう……278
倶那含牟尼仏
くなごんむにぶつ……236
拘那含牟尼仏
くなごんむにぶつ……236
国津神 くにつかみ……245
地祇 くにつかみ……245
国之久比奢母智神
くにのくひざもちのかみ……253
国之闇戸神
くにのくらどのかみ……254
国之狭霧神
くにのさぎりのかみ……254
国之狭土神
くにのさづちのかみ……254
国之常立神
くにのとこたちのかみ……249
国之水分神
くにのみくまりのかみ……253
国見野尊 くにみぬのみこと……249
櫟 くぬぎ……24
椚 くぬぎ……24
橡 くぬぎ……24
礰 くぬぎ……24
宮毘羅 くびら……239
颶風 ぐふう……108
熊 くま……37
熊啄木鳥 くまげら……45
熊鷹 くまたか……159
熊手 くまで……165
茱萸 ぐみ……32
胡頽子 ぐみ……32
蜘蛛 くも……55
雲居 くもい……112
雲井 くもい……112
雲斗 くもと……216
雲鳥 くもとり……203

九曜 くよう……79
昏 くら……141
冥 くら……141
鞍 くら……215
闇淤加美神 くらおかみのかみ……252
闇龗神 くらおかみのかみ……252
水母 くらげ……65
海月 くらげ……65
海母 くらげ……65
鞍敷 くらしき……216
鞍褥 くらしき……216
鞍鹿 くらしし……39
闇御津羽神 くらみつはのかみ……252
闇山津見神
くらやまつみのかみ……256
暗闇 くらやみ……141
苦参 くらら……11
眩草 くらら……11
内蔵寮 くらりょう……277
栗 くり……32
涅 くり……135
白七 くり……135
屈輪 ぐり……216
倶利 ぐり……216
烏皮履 くりかわのくつ……203
九輪 くりん……216
空輪 くりん……217
苦輪 くりん……222
倶留孫仏 くるそんぶつ……236
拘留孫仏 くるそんぶつ……236
胡桃 くるみ……32
曲輪 くるわ……217
紅 くれない……128
呉織 くれはとり……199
紅蓮 ぐれん……230
黒雷 くろいかづち……257
蔵人所 くろうどどころ……280
鉄 くろがね……72
黒木 くろき……25
黒衣 くろご……199
黒子 くろご……199
黒鶫 くろじ……45
黒潮 くろしお……121
黒紅 くろべに……135
黒緑 くろみどり……131
黒布 くろめ……34
黒海布 くろめ……34
黒菜 くろめ……34
桑 くわ……25
慈姑 くわい……21
鍬形虫 くわがたむし……55
花梨木 くわりぼく……32
薫香 くんこう……136
群青 ぐんじょう……132
軍荼利明王
ぐんだりみょうおう……238
薫風 くんぷう……109
薫陸 くんろく……189

け

偈 げ……234
奎 けい……82
兄 けい……179
卿 けい……179
磬 けい……184
京 けい……219
桂庵 けいあん……172
慶庵 けいあん……172
慶安 けいあん……172
慶雲 けいうん……111
景雲 けいうん……111
卿雲 けいうん……111
猊下 げいか……175
炯眼 けいがん……159
馨香 けいきょう……136
瓊玉 けいぎょく……189
鯨鯢 げいげい……171
禊月 けいげつ……146
馨香 けいこう……136
鶏口 けいこう……165
挂甲 けいこう……212
螢惑 けいこく……78
螢惑 けいごく……78
桂秋 けいしゅう……150
勁松 けいしょう……164
傾城 けいせい……160
勁草 けいそう……164
啓蟄 けいちつ……153
計都 けいと……78
鶏頭 けいとう……11
恵風 けいふう……109
軽羅 けいら……197
軽雷 けいらい……106
鶏肋 けいろく……163
螢惑 けいわく……78
戟 げき……205
外記 げき……275
闃然 げきぜん……137
激湍 げきたん……119
激雷 げきらい……105
逆浪 げきろう……122
下弦 げげん……86
華厳 けごん……229
袈裟 けさ……201
芥子 けし……11
罌粟 けし……11
夏至 げし……153
蚰蜒 げじ……55
滅赤 けしあか……129
蚰蜒 げじげじ……55
滅紫 けしむらさき……133
偈頌 げじゅ……234
下種 げす……178
下衆 げす……178
下司 げす……178
下駄 げた……203
蚰蜒 げぢ……55
蚰蜒 げぢげぢ……55
結印 けついん……227
月暈 げつうん……87
月宮殿 げつきゅうでん……87
血玉髄 けつぎょくずい……72
月琴 げっきん……182
月光 げっこう……113
月虹 げっこう……114
月痕 げっこん……87
月宿 げっしゅく……77
月食 げっしょく……87
月夕 げっせき……85
月前 げつぜん……87
桀紂 けっちゅう……164

月魄 げっぱく……83
検非違使庁 けびいしちょう……280
華鬘 けまん……233
花鬘 けまん……233
花縵 けまん……233
欅 けやき……25
槻 けやき……25
螻蛄 けら……54
鳧 けり……45
計里 けり……45
水札 けり……45
下郎 げろう……178
玄 げん……135
玄雲 げんうん……111
軒轅 けんえん……80
犬猿 けんえん……167
玄奥 げんおう……145
懸河 けんが……120
厳寒 げんかん……152
阮咸 げんかん……182
幻化 げんけ……229
紫雲英 げんげ……11
弦月 げんげつ……84
幻月 げんげつ……86
玄月 げんげつ……150
堅甲 けんこう……214
乾坤 けんこん……263
剣山 けんざん……195
元始祭 げんしさい……248
幻日 げんじつ……89
源氏八領 げんじはちりょう……214
玄上 げんじょう……185
玄象 げんじょう……185
建水 けんすい……195
源太産衣 げんたがうぶぎ……214
乾闥婆 けんだつば……241
乾闥婆王 けんだつばおう……242
玄鳥 げんちょう……45
涓滴 けんてき……163
玄天 げんてん……90
原頭 げんとう……116
玄冬 げんとう……151
玄翁 げんのう……192
犬馬 けんば……179
玄番寮 げんばりょう……278
玄武 げんぶ……66、268
憲法 けんぽう……135
犬羊 けんよう……162
眩耀 げんよう……141
絢爛 けんらん……141
建礼門 けんれいもん……274
涓露 けんろ……97

こ

鯉 こい……60
濃藍 こいあい……132
亢 こう……81
溝 こう……219
甲 こう……268
庚 こう……268
毫 ごう……220
紅雨 こうう……93
紅雲 こううん……111
行雲 こううん……112
黄衣 こうえ……201
香衣 こうえ……201
硬鉛 こうえん……74
紅炎 こうえん……89
紅焔 こうえん……89
光炎 こうえん……140
光燄 こうえん……140
光焔 こうえん……140
紅霞 こうか……96
光華 こうか……140
劫火 こうか……231
姮娥 こうが……83
劫火 ごうか……231
笄 こうがい……206
恒河沙 ごうがしゃ……219
皇嘉門 こうかもん……272
光冠 こうかん……114
光環 こうかん……114
合歓 ごうかん……28
光輝 こうき……140
弘徽殿 こうきでん……271
後宮 こうきゅう……270
紅鏡 こうきょう……88
紅玉 こうぎょく……70
鋼玉 こうぎょく……70
業苦 ごうく……223
膏血 こうけつ……169
甲香 こうこう……190
黄沙 こうさ……110
降三世明王
ごうざんぜみょうおう……238
鉱滓 こうし……76
紅紫 こうし……129
皓歯 こうし……159
嚆矢 こうし……211
香柴 こうしば……25
紅唇 こうしん……159
紅脣 こうしん……159
黄塵 こうじん……110
紅沈香 こうじんこう……190
上野 こうずけ……284
紅雪 こうせつ……101
黄泉 こうせん……126
鏗然 こうぜん……138
楮 こうぞ……25
鏗鏘 こうそう……138
勾陳 こうちん……267
鸛鶴 こうづる……45
昊天 こうてん……90
寄居虫 ごうな……64
小女子 こうなご……60
鸛 こうのとり……45
光風 こうふう……108
好文木 こうぶんぼく……25
光芒 こうぼう……140
降魔 ごうま……228
業魔 ごうま……231
光明 こうみょう……140
鴻毛 こうもう……163
広目天 こうもくてん……244
蝙蝠 こうもり……40
郊野 こうや……117
光耀 こうよう……140
高欄 こうらん……217
強力 ごうりき……174
剛力 ごうりき……174
荒涼 こうりょう……144

虹梁 こうりょう……217
高梁 こうりょう……217
孤雲 こうん……112
五黄 ごおう……264
氷霧 こおりぎり……95
蟋蟀 こおろぎ……55
沙蚕 ごかい……55
金 こがね……72
黄金虫 こがねむし……55
金亀虫 こがねむし……55
凩 こがらし……110
小烏丸 こがらすまる……208
深緋 こきあけ……128
濃色 こきいろ……133
弘徽殿 こきでん……271
濃縹 こきはなだ……131
深緋 こきひ……128
深緑 こきみどり……131
胡弓 こきゅう……183
御形 ごぎょう……11
小切子 こきりこ……183
筑子 こきりこ……183
小狐丸 こぎるねまる……208
胡琴 こきん……183
鵠 こく……45
極 ごく……219
黒闇 こくあん……141
黒暗 こくあん……141
黒暗暗 こくあんあん……141
黒闇闇 こくあんあん……141
黒衣 こくい……201
虚空 こくう……89
黒雨 こくう……92
穀雨 こくう……153
虚空 こくう……221
虚空蔵菩薩 こくうぞうぼさつ……237
虚空孕菩薩 こくうようぼさつ……237
黒鉛 こくえん……75
極寒 ごくかん……152
黒玉 こくぎょく……70
黒業 こくごう……223
刻舟 こくしゅう……165
酷暑 こくしょ……149
極暑 ごくしょ……149
黒檀 こくたん……25
黒燐 こくりん……73
苔 こけ……11
蘚 こけ……11
蘿 こけ……11
孤月 こげつ……86
孤剣 こけん……205
五更 ごこう……155
小米雪 こごめゆき……100
胡枝 こし……11
古址 こし……217
故址 こし……217
虎児 こじ……169
火箸 こじ……195
火筋 こじ……195
火匙 こじ……195
鼓子花 こしか……11
濃霜 こしも……98
五十雀 ごじゅうから……46
小綬鶏 こじゅけい……46
呉茱萸 ごしゅゆ……25
虎嘯 こしょう……161
小姓 こしょう……170
小性 こしょう……170
鐺 こじり……206
呉須 ごす……75
古代紫 こだいむらさき……134
木霊 こだま……69
谺 こだま……137
枯淡 こたん……145
東風 こち……109
胡地 こち……126
胡蝶 こちょう……55
胡蝶蘭 こちょうらん……12
忽 こつ……220
小柄 こづか……206
酷寒 こっかん……152
鏝 こて……193
籠手 こて……213
虎徹 こてつ……209
小手毬 こでまり……25
小粉団 こでまり……25
琴 こと……182
粉雪 こなゆき……100
木末 こぬれ……36
近衛府 このえふ……279
鮗 このしろ……60
鰶 このしろ……60
鯯 このしろ……60
鱅 このしろ……60
木葉木菟 このはずく……46
木花開耶媛命
このはなさくやひめのみこと……261
木花之佐久夜毘売
このはなのさくやひめ……261
五倍子 ごばいし……29
琥珀 こはく……71
小鰭 こはだ……60
小春 こはる……152
辛夷 こぶし……25
五部浄居天 ごぶじょうごてん……242
牛蒡 ごぼう……21
胡麻 ごま……20
氷下魚 こまい……60
狛犬 こまいぬ……68
駒鳥 こまどり……46
虚無僧 こむそう……170
小者 こもの……178
巨門 こもん……79
五夜 ごや……155
小雪 こゆき……99
胡蘿蔔 こらふ……18
鮴 ごり……60
五竜祭 ごりゅうさい……265
御寮 ごりょう……177
御料 ごりょう……177
御陵 ごりょう……247
虎狼 ころう……166
狐狼 ころう……166
紺 こん……132
紺藍 こんあい……132
金鼓 こんく……184
金鼓 こんぐ……184
欣求 ごんぐ……228
金剛 こんごう……161
金剛薩埵 こんごうさった……237
金剛杵 こんごうしょ……233
金剛石 こんごうせき……70

金剛夜叉明王
こんごうやしゃみょうおう……239
金剛力士 こんごうりきし……244
金剛鈴 こんごうれい……233
金色孔雀王
こんじきくじゃくおう……243
昏鐘 こんしょう……139
紺青 こんじょう……132
金神 こんじん……266
金大王 こんだいおう……243
渾沌 こんとん……67
金毘羅 こんぴら……239
金毘羅王 こんぴらおう……243
昆布 こんぶ……34
紺碧 こんぺき……132
鯤鵬 こんほう……163
金輪 こんりん……225

さ

犀 さい……40
載 さい……219
彩衣 さいい……202
齋院司 さいいんし……280
彩雲 さいうん……111
皀莢 さいかち……25
歳刑 さいきょう……267
砕金 さいきん……163
斎宮寮 さいぐうりょう……279
豺虎 さいこ……166
彩光 さいこう……140
釵子 さいし……188
歳星 さいしょう……78
歳星 さいせい……78
歳殺 さいせつ……267
歳旦祭 さいたんさい……248
采椽 さいてん……217
砕波 さいは……122
歳破 さいは……267
細氷 さいひょう……103
豺狼 さいろう……166
佐伯門 さえきもん……274
坐夏 ざか……234
榊 さかき……25
賢木 さかき……25
逆潮 さかしお……121
逆波 さかなみ……122
逆鉾 さかほこ……46
相模 さがみ……285
左官 さかん……172
主典 さかん……276
録 さかん……276
属 さかん……276
鷺 さぎ……46
幸魂 さきみたま……248
狭霧 さぎり……94
朔 さく……83
柝雷 さくいかづち……257
桜 さくら……25
石榴 ざくろ……32
柘榴 ざくろ……32
若榴 ざくろ……32
石榴石 ざくろいし……71
鮭 さけ……60
鮏 さけ……60
下緒 さげお……206
栄螺 さざえ……65
拳螺 さざえ……65
笹熊 ささぐま……39
豇豆 ささげ……20
笹五位 ささごい……46
小波 さざなみ……122
笹貫 ささぬき……208
笹舟 ささぶね……194
細雪 ささめゆき……100
簓 ささら……184
山茶花 さざんか……25
茶梅 さざんか……25
砂嘴 さし……124
差羽 さしば……46
鸇 さしば……46
砂州 さす……124
砂洲 さす……124
砂錫 さすず……76
蠍 さそり……56
幸魂 さちたま……248
皐 さつき……25
皐月 さつき……25
杜鵑花 さつき……26
皐月 さつき……148
薩摩 さつま……282
薩摩芋 さつまいも……19
猟矢 さつや……211
幸矢 さつや……211
佐渡 さど……284
甘蔗 さとうきび……18
砂糖黍 さとうきび……18
讃岐 さぬき……281
真雪 さねゆき……100
莎鶏 さのとり……56
鯖 さば……60
鯵 さば……60
錆 さび……74
銹 さび……74
鏽 さび……74
寂 さび……143
錆朱 さびしゅ……129
仙人掌 さぼてん……12
朱欒 ざぼん……32
狭間 さま……217
沙弥 さみ……230
五月雨 さみだれ……93
五月雨江 さみだれのえ……208
鮫 さめ……61
砂紋 さもん……124
紗綾 さや……199
鞘 さや……206
小夜 さよ……155
鱵 さより……61
細魚 さより……61
針魚 さより……61
狭依毘売命
さよりびめのみこと……260
粗目雪 ざらめゆき……100
蝲蛄 ざりがに……64
蜊蛄 ざりがに……64
猿 さる……40
松蘿 さるおがせ……12
猿尾枷 さるおがせ……12
猿麻桛 さるおがせ……12
秦吉了 さるか……46
百日紅 さるすべり……26

猿田毘古神 さるたひこのかみ…262
鰆 さわら…61
桟 さん…217
三垣 さんえん…80
山塊 さんかい…116
参議 さんぎ…275
残響 ざんきょう…137
珊瑚 さんご…66
残光 ざんこう…113
残香 ざんこう…136
三光鳥 さんこうちょう…46
山査子 さんざし…26
山樝子 さんざし…26
山楂子 さんざし…26
散脂大将 さんしたいしょう…243
山鵲 さんじゃく…46
残秋 ざんしゅう…151
山椒 さんしょう…26
残照 ざんしょう…113
三途 さんず…230
三塗 さんず…230
三助 さんすけ…173
残星 ざんせい…81
残雪 ざんせつ…100
三蔵 さんぞう…233
珊底羅 さんちら…240
珊底羅 さんていら…240
山斗 さんと…164
山奈 さんな…190
犀魚 ざんのうお…42
産婆 さんば…173
三伏 さんぷく…148
三碧 さんぺき…264
散木 さんぼく…162
秋刀魚 さんま…61
燦爛 さんらん…141

し

觜 し…82
秭 し…219
糸 し…220
絲 し…220
椎 しい…26
鱰 しいら…61
鱪 しいら…61
勒魚 しいら…61
鬼頭魚 しいら…61
祠宇 しう…247
時雨 じう…92
慈雨 じう…94
紫雲 しうん…111
思慧 しえ…226
潮 しお…121
雌黄 しおう…130
潮騒 しおさい…121
潮騒 しおざい…121
四緒手 しおて…215
四方手 しおて…215
望潮 しおまねき…64
潮招 しおまねき…64
紫苑 しおん…12
鹿 しか…39
死火 しか…231
絲鞋 しかい…203
刺客 しかく…174
色 しき…222
鴫 しぎ…46
鷸 しぎ…46
色衣 しきえ…201
式神 しきがみ…266
識神 しきがみ…266
式神 しきじん…266
直丁 じきちょう…276
頻波 しきなみ…122
樒 しきび…26
式部省 しきぶしょう…277
尸棄仏 しきぶつ…236
樒 しきみ…26
梻 しきみ…26
志藝山津見神 しぎやまつみのかみ…256
四境祭 しきょうさい…266
紫金 しきん…73
時雨 しぐれ…94
時化 しけ…108
淑景舎 しげいしゃ…271
矢籠 しこ…210
矢壺 しこ…210
尻籠 しこ…210
紫黒 しこく…134
二黒 じこく…264
地獄 じごく…230
持国天 じこくてん…244
錏 しころ…213
錣 しころ…213
紫紺 しこん…134
紫根 しこん…134
自在天 じざいてん…244
猪 しし…40
獅子 しし…41
紫宸殿 ししいでん…270
獅子王 ししおう…208
爺婆 じじばば…12
黙 しじま…137
静寂 しじま…137
獅子丸 ししまる…185
蜆 しじみ…64
柳葉魚 ししゃも…61
侍従 じじゅう…275
四十雀 しじゅうから…46
仁寿殿 じじゅうでん…270
紫霄 ししょう…89
史生 ししょう…276
縅 しじら…198
地尻 じじり…125
紫宸殿 ししんでん…270
賤 しず…178
倭文 しず…199
後輪 しずわ…215
持世菩薩 じせいぼさつ…238
紫蘇 しそ…22
刺草 しそう…12
地蔵菩薩 じぞうぼさつ…237
簧 した…185
羊歯 しだ…12
歯朶 しだ…12
四諦 したい…224
小贏子 しただみ…65
下露 したつゆ…97
下光比売命 したてるひめのみこと…262

枝垂 しだれ……36
紫檀 したん……26
七支刀 しちしとう……207
七星 しちせい……79
七星剣 しちせいけん……207
七赤 しちせき……264
七面鳥 しちめんちょう……46
七曜 しちよう……78
瑟 しつ……182
室 しつ……82、177
執金剛神 しっきんこんごう……244
湿原 しつげん……116
漆黒 しっこく……135
湿暑 しつしょ……149
湿雪 しっせつ……100
集諦 じったい……224
漆桶 しっつう……141
疾風 しっぷう……107
竹篦 しっぺい……233
疾雷 しつらい……105
使丁 してい……174
四天 してん……90
紫電 しでん……105
此土 しど……231
紫藤 しとう……26
紫銅 しどう……73
襪 しとうず……202
褥 しとね……187
茵 しとね……187
蔀 しとみ……186
息長鳥 しながとり……46
志那都比古神
しなつひこのかみ……253
級長津彦命
しなつひこのみこと……254
級長戸辺神 しなとべのかみ……254
信濃 しなの……284
地錦 じにしき……26
稲 しね……19
自然薯 じねんじょ……19
鎬 しのぎ……206
東雲 しののめ……112
忍草 しのぶぐさ……12
芝摺 しばずり……213
鴟尾 しび……217
鵄尾 しび……217
蚩尾 しび……217
慈悲 じひ……226
紙布 しふ……199
使部 しぶ……276
飛沫 しぶき……120
治部省 じぶしょう……278
皺 しぼ……204
襲芳舎 しほうしゃ……272
四方拝 しほうはい……248
志摩 しま……285
風巻 しまき……108
紙魚 しみ……56
地潜 じむぐり……52
蝋嘴鳥 しめ……47
鵤 しめ……47
霜 しも……97
下総 しもうさ……285
霜風 しもかぜ……98
霜先 しもさき……152
霜雫 しもしずく……98
霜月 しもつき……152
繍線菊 しもつけ……26
下野 しもつけ……26、284
霜凪 しもなぎ……98
霜柱 しもばしら……98
霜晴 しもばれ……97
霜夜 しもよ……97
四文 しもん……162
紗 しゃ……197
沙 しゃ……220
釈迦 しゃか……229
著莪 しゃが……12
射干 しゃが……12
馬鈴薯 じゃがいも……19
釈迦如来 しゃかにょらい……234
沙羯羅王 しゃがらおう……242
笏 しゃく……187
寂 じゃく……222
錫紵 しゃくじょ……201
赤舌神 しゃくぜつしん……266
尺鉄 しゃくてつ……205
赤銅 しゃくどう……73
尺取 しゃくとり……56
石楠花 しゃくなげ……26
石南花 しゃくなげ……26
尺八 しゃくはち……183
折伏 しゃくぶく……228
芍薬 しゃくやく……26
石榴 じゃくろ……32
社家 しゃけ……169
蝦蛄 しゃこ……64
青竜蝦 しゃこ……64
麝香 じゃこう……190
砂嘴 しゃし……124
斜日 しゃじつ……88
社鼠 しゃそ……164
鯱 しゃち……42
娑婆 しゃば……232
沙弥 しゃみ……230
三味線 しゃみせん……182
軍鶏 しゃも……47
斜陽 しゃよう……88
沙羅 しゃら……26
洒落 しゃら……145
車力 しゃりき……174
朱 しゅ……129
綬 じゅ……188
寿衣 じゅい……202
呪印 じゅいん……227
秋陰 しゅういん……151
驟雨 しゅうう……93
秋雲 しゅううん……111
愁雲 しゅううん……168
秋果 しゅうか……36
拾芥 しゅうかい……168
秋海棠 しゅうかいどう……12
秋気 しゅうき……151
秋暁 しゅうぎょう……151
秋光 しゅうこう……113
住劫 じゅうこう……226
十姉妹 じゅうしまい……47
十姉妹 じゅうしまつ……47
秋水 しゅうすい……151
秋蝉 しゅうせん……151
臭蛇 しゅうだ……52
秋天 しゅうてん……91

秋分 しゅうぶん……154
襲芳舎 しゅうほうしゃ……272
秋夜 しゅうや……151
秋嵐 しゅうらん……151
秋涼 しゅうりょう……151
秋霖 しゅうりん……93
秋麗 しゅうれい……150
修慧 しゅえ……226
朱夏 しゅか……148
首夏 しゅか……148
珠芽 しゅが……36
珠玉 しゅぎょく……189
淑気 しゅくき……144
溽暑 じゅくしょ……149
主計寮 しゅけいりょう……278
儒艮 じゅごん……42
朱雀 しゅじゃく……66
繻子 しゅす……197
朱子 しゅす……197
主水司 しゅすいし……278
数珠丸 じゅずまる……207
主税寮 しゅぜいりょう……278
呪詛 しゅそ……263
呪詛 じゅそ……263
樹霜 じゅそう……103
朱天 しゅてん……90
樹氷 じゅひょう……103
主峰 しゅほう……115
主馬署 しゅめしょ……279
撞木 しゅもく……184
須臾 しゅゆ……157、221
修羅 しゅら……230
珠履 しゅり……203
支輪 しゅり……217
珠簾 しゅれん……186
棕櫚 しゅろ……26
棕梠 しゅろ……26
椶櫚 しゅろ……26
春陰 しゅんいん……147
蕣花 しゅんか……12
春霞 しゅんか……96
春寒 しゅんかん……147
春暁 しゅんぎょう……148
春興殿 しゅんきょうでん……270
春光 しゅんこう……113
春興殿 しゅんこうでん……270
春霰 しゅんさん……102
逡巡 しゅんじゅん……221
春曙 しゅんしょ……148
春宵 しゅんしょう……156
春塵 しゅんじん……147
瞬息 しゅんそく……221
春鳥 しゅんちょう……47
春潮 しゅんちょう……122
春分 しゅんぶん……153
春夢 しゅんむ……168
春宵 しゅんよう……147
春陽 しゅんよう……148
春雷 しゅんらい……106
春蘭 しゅんらん……12
春霖 しゅんりん……93
女 じょ……82
礁 しょう……124
笙 しょう……182
簫 しょう……183
孃 じょう……177
穣 じょう……219
判官 じょう……275
丞 じょう……275
允 じょう……275
進 じょう……276
障雲 しょううん……111
障翳 しょうえい……142
生姜 しょうが……19
嫦娥 じょうが……83
小寒 しょうかん……154
貞観殿 じょうがんでん……271
松喬 しょうきょう……165
承香殿 しょうきょうでん……271
晶群 しょうぐん……75
生気 しょうげ……265
上弦 じょうげん……84
鉦鼓 しょうこ……183
成劫 じょうこう……226
錠光仏 じょうこうぶつ……236
上紺水 じょうこんすい……121
上西門 じょうさいもん……273
勝三世明王
しょうざんぜみょうおう……238
小暑 しょうしょ……153
省掌 しょうしょう……276
猩々 しょうじょう……40
樵人 しょうじん……174
小豆 しょうず……20
上種 じょうず……178
上衆 じょうず……178
小生 しょうせい……179
小雪 しょうせつ……154
上天 じょうてん……91
焦土 しょうど……117
浄土 じょうど……231
松濤 しょうとう……108
上東門 じょうとうもん……273
招杜羅 しょうとら……241
照頭羅 しょうとら……241
常寧殿 じょうねいでん……271
照破 しょうは……229
鍾美 しょうび……160
睫眉 しょうび……167
尉鶲 じょうびたき……47
翡翠 しょうびん……44
樵夫 しょうふ……174
菖蒲 しょうぶ……12
祥風 しょうふう……108
小満 しょうまん……153
焦螟 しょうめい……67
蟭螟 しょうめい……67
承明門 しょうめいもん……274
青面金剛 しょうめんこんごう……239
声聞 しょうもん……229
昭陽舎 しょうようしゃ……271
松蘿 しょうら……12
松籟 しょうらい……108
精霊会 しょうりょうえ……234
松露 しょうろ……97
如雨露 じょうろ……196
蝕 しょく……76
食 しょく……76
濁乱 じょくらん……228
濁濫 じょくらん……228
如月 じょげつ……146

初弦 しょげん……84
曙光 しょこう……113
処暑 しょしょ……153
絮雪 じょせつ……102
女中 じょちゅう……173
初魄 しょはく……84
如木 じょぼく……202
諸陵寮 しょりょうりょう……278
白魚 しらうお……61
鱠残魚 しらうお……61
白樺 しらかば……26
白樺 しらかんば……26
白雨 しらさめ……92
白露 しらつゆ……96
白鳥 しらとり……49
白波 しらなみ……122
不知火 しらぬい……124
白箆 しらの……211
白拍子 しらびょうし……170
虱 しらみ……56
白虫 しらむし……56
白藻 しらも……34
白雪 しらゆき……99
紫蘭 しらん……12
海霧 じり……94
尻繋 しりがい……215
鞦 しりがい……215
後志 しりべし……286
地竜 じりゅう……56
紫燐 しりん……73
支輪 しりん……217
枝輪 しりん……217
白瓜 しろうり……18
越瓜 しろうり……18
銀 しろがね……72
白烏 しろがらす……168
四緑 しろく……264
白殺 しろころし……133
白妙 しろたえ……198
白栲 しろたえ……198
白虹 しろにじ……114
師走 しわす……152
蜃 しん……67
心 しん……81
参 しん……82
軫 しん……83
辛 しん……269
塵 じん……220
壬 じん……269
陣雲 じんうん……112
深淵 しんえん……119
塵芥 じんかい……162
深閑 しんかん……137
森閑 しんかん……137
神祇 じんぎ……245
神祇官 じんぎかん……277
秦吉了 しんきつりょう……46
蜃気楼 しんきろう……114
真紅 しんく……128
深紅 しんく……128
新月 しんげつ……83
深更 しんこう……155
沈香 じんこう……189
辰砂 しんしゃ……74
真朱 しんしゅ……129
真珠 しんじゅ……66
神樹 しんじゅ……246
深秋 しんしゅう……151
仁寿殿 じんじゅでん……270
神水 しんすい……93
辰星 しんせい……78
晨星 しんせい……81
新雪 しんせつ……99
真達羅 しんだら……240
真知 しんち……226
真智 しんち……226
真鍮 しんちゅう……73
沈丁花 じんちょうげ……26
真特羅 しんとら……241
神木 しんぼく……246
心星 しんぼし……77
神明 しんめい……246
神母天 じんもてん……243
深夜 しんや……155
神籟 しんらい……138
迅雷 じんらい……105
新涼 しんりょう……151

す

翠 すい……130
翠雨 すいう……93
水雲 すいうん……112
瑞雲 ずいうん……111
水煙 すいえん……217
水烟 すいえん……217
西瓜 すいか……18
水瓜 すいか……18
翠蓋 すいがい……36
忍冬 すいかずら……27
水干 すいかん……200
芋茎 ずいき……19
水郷 すいきょう……126
翠玉 すいぎょく……70
水銀 すいぎん……72
汞 すいぎん……72
水月菩薩 すいげつぼさつ……238
水虎 すいこ……68
水郷 すいごう……126
瑞香 ずいこう……27
瑞光 ずいこう……140
垂迹 すいじゃく……229
水晶 すいしょう……71
水精 すいしょう……71
彗星 すいせい……80
水仙 すいせん……12
翠黛 すいたい……159
水大 すいだい……225
水都 すいと……126
衰日 すいにち……265
水乳 すいにゅう……167
水破 すいは……212
水霧 すいむ……94
吹鳴 すいめい……185
翠嵐 すいらん……108
翠緑玉 すいりょくぎょく……70
水輪 すいりん……225
翠嶺 すいれい……115
睡蓮 すいれん……13
水簾 すいれん……120
芻蕘 すうじょう……178
蘇芳 すおう……129

五十音順索引

素襖 すおう……200
素袍 すおう……200
周防 すおう……282
脈窠 すかり……75
杉 すぎ……27
椙 すぎ……27
透木 すきぎ……195
少名毘古那神
すくなひこなのかみ……261
少彦名命
すくなひこなのみこと……261
宿禰 すくね……175
末黒野 すぐろの……117
次官 すけ……275
輔 すけ……275
助 すけ……275
亮 すけ……275
塗香 ずこう……233
朱雀 すざく……66、267
朱雀門 すざくもん……272
素戔男尊 すさのおのみこと……251
素戔嗚尊等 すさのおのみこと……251
須佐乃袁尊 すさのおのみこと……251
神須佐能袁命
すさのおのみこと……251
厨子 ずし……187
図書寮 ずしょりょう……277
錫 すず……72
鈴 すず……182
鈴鹿 すずか……185
篠懸 すずかけ……27
鈴掛 すずかけ……27
鈴懸 すずかけ……27
薄 すすき……13
芒 すすき……13
鱸 すずき……61
生絹 すずし……196
蘿蔔 すずしろ……13
篠竹 すずたけ……13
菘 すずな……13
鈴菜 すずな……13
鈴虫 すずむし……56
雀 すずめ……47
鈴蘭 すずらん……13
硯 すずり……194
須勢理毘売命
すせりひめのみこと……262
呪詛 すそ……263
呪詛 ずそ……263
裾野 すその……116
裾廻 すそみ……115
裾回 すそみ……115
裾廻 すそわ……115
頭陀 ずだ……228
杜多 ずだ……228
鼈 すっぽん……53
洲鳥 すどり……47
砂滑 すなめり……42
昴 すばる……77
昴 すばるぼし……82
須比智邇神 すひぢにのかみ……249
沙土煮尊 すひぢにのみこと……249
沙土根尊 すひぢにのみこと……249
滑歯莧 すべりひゆ……13
角 すぼし……81
昴 すまる……77
涅 すみ……135
墨 すみ……194
炭 すみ……194
榒 ずみ……27
酸実 ずみ……27
角水 すみず……192
菫 すみれ……13
李 すもも……32
支輪 すり……217
修理職 すりしき……277
駿河 するが……285
寸鉄 すんてつ……205

せ

瀬 せ……117
湍 せ……117
井 せい……83
星 せい……83
正 せい……219
海象 せいうち……42
海馬 せいうち……42
星雲 せいうん……76
青雲 せいうん……111
清音 せいおん……137
星河 せいが……77
清雅 せいが……145
青蛾 せいが……159
青海波 せいがいは……204
清暉 せいき……139
清輝 せいき……139
青玉 せいぎょく……70
成蹊 せいけい……163
鯖 せいご……61
星虹 せいこう……76
清香 せいこう……136
清光 せいこう……140
星彩 せいさい……81
青山 せいざん……185
青糸 せいし……36
青磁 せいじ……187
晴思剣 せいしけん……208
勢至菩薩 せいしぼさつ……237
清洒 せいしゃ……144
清灑 せいしゃ……144
静寂 せいじゃく……137
星宿 せいしゅく……77
青女 せいじょ……97
清浄 せいじょう……221
星食 せいしょく……81
星辰 せいしん……77
星霜 せいそう……156
西天 せいてん……126
青銅 せいどう……73
青蚨 せいふ……56
青碧 せいへき……133
星霧 せいむ……76
清明 せいめい……153
青面金剛 せいめんこんごう……239
青木香 せいもっこう……190
星夜 せいや……156
星夜光 せいやこう……113
星野光 せいやこう……113
清幽 せいゆう……145
正陽 せいよう……148
青嵐 せいらん……109

青藍 せいらん……132
青龍 せいりゅう……66
青竜 せいりゅう……267
青龍 せいりょう……66
清亮 せいりょう……137
清涼殿 せいりょうでん……270
精霊 せいれい……56
清涼殿 せいろうでん……270
瀬音 せおと……139
瀬頭 せがしら……118
斥鷃 せきあん……162
赤烏 せきう……88
石黄 せきおう……75
赤日 せきじつ……88
赤手 せきしゅ……205
惜春 せきしゅん……147
関所 せきしょ……125
石菖 せきしょう……13
積翠 せきすい……115
赤雪 せきせつ……101
戚揚 せきてつ……205
尺鉄 せきてつ……205
夕電 せきでん……106
石墨 せきぼく……75
夕陽 せきよう……88
赤竜 せきりゅう……56
赤燐 せきりん……73
鶺鴒 せきれい……47
女衒 ぜげん……170
瀬尻 せじり……118
瀬々 ぜぜ……118
細流 せせらぎ……139
雪加 せっか……47
雪下 せっか……47
雪華 せっか……99
雪花 せっか……99
石火 せっか……157
絶佳 ぜっか……126
絶海 ぜっかい……124
雪渓 せっけい……115
石決明 せっけつめい……64
雪駄 せった……203
雪踏 せった……203
摂津 せっつ……281
刹那 せつな……157、221
雪白 せっぱく……134
雪庇 せっぴ……101
雪片 せっぺん……99
雪嶺 せつれい……115
瀬戸 せと……123
瀬枕 せまくら……118
蝉 せみ……56
蝉折 せみおれ……185
芹 せり……13
芹子 せり……13
水芹 せり……13
繊 せん……220
染衣 ぜんえ……201
繊翳 せんえい……142
泉下 せんか……126
泉界 せんかい……126
仙楽 せんがく……139
千貫 せんがん……163
繊月 せんげつ……84
閃光 せんこう……140
穿山甲 せんざんこう……40
浅春 せんしゅん……146
栴檀 せんだん……27
前殿 ぜんでん……270
常寧殿 せんにょうでん……271
仙翁 せんのう……13
旋風 せんぷう……108
千振 せんぶり……13
薇 ぜんまい……13
千松 せんまつ……167
泉門 せんもん……127
戦野 せんや……117
宣耀殿 せんようでん……271
千両 せんりょう……27
仙蓼 せんりょう……27
潜竜 せんりょう……161
千両 せんりょう……169

そ

房 そいぼし……81
蒼 そう……131
僧 そう……170
箏 そう……182
象 ぞう……41
蒼海 そうかい……121
滄海 そうかい……121
蒼穹 そうきゅう……90
承香殿 そうきょうでん……271
蒼玉 そうぎょく……70
象牙 ぞうげ……66
双肩 そうけん……161
蒼古 そうこ……145
蒼枯 そうこ……145
蒼旻 そうこう……90
霜降 そうこう……154
造次 ぞうじ……157
雑色 ぞうしき……276
早春 そうしゅん……146
双晶 そうしょう……75
僧正 そうじょう……170
増長天 ぞうじょうてん……244
僧都 そうず……170
添水 そうず……217
霜雪 そうせつ……160
増長天 ぞうちょうてん……244
蒼天 そうてん……90
霜天 そうてん……91
霜楓 そうふう……98
藻壁門 そうへきもん……274
霜蓬 そうほう……160
霜葉 そうよう……98
蒼鷹 そうよう……164
爽籟 そうらい……110
草履 ぞうり……203
霜林 そうりん……98
双輪 そうりん……167
草露 そうろ……97
霜露 そうろ……97
仄日 そくじつ……88
属星 ぞくしょう……264
属星 ぞくせい……264
束帯 そくたい……199
素磬 そけい……27
底筒之男神
そこつつのをのかみ……259

底津綿津見神
そこつわたつみのかみ……259
其処許 そこもと……180
漫雨 そぞろあめ……92
蘇鉄 そてつ……27
鴗 そにどり……47
蕎麦 そば……18
戯 そばえ……92
日照雨 そばえ……92
纁 そひ……128
蘇比 そひ……128
鴗 そび……47
粗氷 そひょう……103
赭 そほ……129
征矢 そや……211
征箭 そや……211
冬青 そよご……27
空音 そらね……137
素藍羅 そらんら……240
某 それがし……179
蘇婆訶 そわか……227
薩婆訶 そわか……227
尊君 そんくん……180
尊台 そんだい……180

た

鯛 たい……61
大医王 だいいおう……235
大威徳明王
だいいとくみょうおう……238
大陰 たいいん……268
大陰 だいおん……267
胎芽 たいが……36
大学寮 だいがくりょう……277
大寒 たいかん……154
大寒 だいかん……154
太極 たいきょく……263
大工 だいく……171
大元帥明王
だいげんすいみょうおう……239
大元帥明王
たいげんみょうおう……239
待賢門 たいけんもん……273
退紅 たいこう……128
大黒天 だいこくてん……244
大極殿 だいごくでん……270
代垢離 だいごり……173
大根 だいこん……20
太歳 たいさい……266
大自在天 だいじざいてん……244
代赭 たいしゃ……129
帝釈天 たいしゃくてん……242
待春 たいしゅん……152
大暑 たいしょ……153
太政官 だいじょうかん……277
大将軍 たいしょうぐん……267
大尽 だいじん……177
大臣 だいじん……177、274
大随求菩薩 だいずいくぼさつ…238
大雪 たいせつ……154
大膳職 だいぜんしき……277
橙 だいだい……33
大日如来 だいにちにょらい…235
大日遍如 だいにちへんじょう…235
太白 たいはく……78
太白神 たいはくじん……266
大夫 だいぶ……275
大弁功徳天
だいべんくどくてん……243
大鵬 たいほう……67
玳瑁 たいまい……53
瑇瑁 たいまい……53
松明 たいまつ……186
炬 たいまつ……186
大裳 たいも……268
内裏 だいり……270
大輪明王 だいりんみょうおう…239
田人 たうど……172
鷹 たか……47
高龗神 たかおかみのかみ……251
高木神 たかぎのかみ……249
鷹匠 たかじょう……172
高瀬 たかせ……117
蛇蝎 だかつ……166
高嶺 たかね……115
高根 たかね……115
高御霊命 たかみたまのみこと…249
高御産巣日神
たかみむすびのかみ……249
田亀 たがめ……56
田鼈 たがめ……56
水爬虫 たがめ……56
滝 たき……120
滝口 たきぐち……120
多岐都比売命 たぎつひめのみこと…260
滝壺 たきつぼ……120
滝殿 たきどの……217
滝波 たきなみ……120
多紀理毘売命 たきりびめのみこと…259
田霧姫 たぎりひめ……260
謫仙 たくせん……161
啄木 たくぼく……47
内匠寮 たくみりょう……277
竹 たけ……13
岳 たけ……115
嶽 たけ……115
筍 たけのこ……13
建速須佐之男命
たけはやすさのおのみこと……251
建布都神 たけふつのかみ……256
建部門 たけべもん……273
武甕槌神 たけみかづちのかみ……256
建甕槌神 たけみかづちのかみ……256
建御雷之男神
たけみかづちのをのかみ……256
建御名方神
たけみなかたのかみ……261
田鳧 たげり……47
田計里 たげり……47
蛸 たこ……65
章魚 たこ……65
田心姫 たごりひめ……260
多治比 たじひ……14
丹治比門 たじひもん……273
但馬 たじま……283
太政官 だじょうかん……277
襷 たすき……188
翼 たすきぼし……83
襷星 たすきぼし……83
黄昏 たそがれ……154
三和土 たたき……217

踏鞴 たたら……193
婁 たたらぼし……82
太刀 たち……204
太刀魚 たちうお……61
帯刀 たちはき……20、276
橘 たちばな……27
立氷 たちひ……104
立待月 たちまちづき……85
刀豆 たちまめ……20
駝鳥 だちょう……47
龍 たつ……66
達智門 たっちもん……273
脱兎 だっと……163
手綱 たづな……215
竹瓮 たつべ……195
竜巻 たつまき……108
蓼 たで……22
多天井門 たていもん……273
楯無 たてなし……214
立涌 たてわく……203
帖紙 たとう……188
炭団 たどん……194
壁蝨 だに……56
蜱 だに……56
八脚子 だに……56
田螺 たにし……64
狸 たぬき……39
貍 たぬき……39
田鼠 たねずみ……38
駝馬 だば……38
足袋 たび……203
椨 たぶ……190
多宝如来 たほうにょらい……236
玉兎 たまうさぎ……83
玉鏡 たまかがみ……189
玉響 たまかぎる……157
玉梓 たまずさ……194
玉章 たまずさ……194
玉手門 たまてもん……274
玉菜 たまな……19
玉葱 たまねぎ……21
玉響 たまゆら……157
鬼 たまをのぼし……83
魂讃星 たまをのぼし……83
多聞 たもん……228
多聞天 たもんてん……244
手結 たゆい……187
大夫 たゆう……170
太夫 たゆう……170
鱈 たら……61
垂木 たるき……217
棰 たるき……217
椽 たるき……217
榱 たるき……217
架 たるき……217
足玉 たるたま……191
垂氷 たるひ……103
垂水 たるみ……120
束子 たわし……196
淡月 たんげつ……86
丹後 たんご……283
短甲 たんこう……212
弾指 だんし……221
弾正台 だんじょうだい……279
潭水 たんすい……119
丹頂 たんちょう……47
談天門 だんてんもん……274
丹銅 たんどう……73
旦那 だんな……177
檀那 だんな……177
丹波 たんば……283
蛋白石 たんぱくせき……71
胆礬 たんばん……74
蒲公英 たんぽぽ……14
貪狼 たんろう……79

ち

道反玉 ちがえしのたま……191
道返之大神
ちかへしのおほかみ……257
主税寮 ちからりょう……278
千木 ちぎ……218
知木 ちぎ……218
鎮木 ちぎ……218
筑後 ちくご……282
筑紫恋 ちくしこいし……56
畜生 ちくしょう……230
筑前 ちくぜん……281
智剣 ちけん……227
千島 ちしま……286
智水 ちすい……227
地大 ちだい……225
井 ちちりぼし……83
蟋蟀 ちちろ……55
蟄竜 ちつりょう……161
千歳 ちとせ……157
千鳥 ちどり……48
鵆 ちどり……48
千早 ちはや……202
襷 ちはや……202
襌 ちはや……202
千巻 ちまき……193
巷 ちまた……125
岐 ちまた……125
衢 ちまた……125
魑魅 ちみ……69
血目草 ちめぐさ……14
茶筅 ちゃせん……195
矮鶏 ちゃぼ……48
中宮職 ちゅうぐうしき……277
中啓 ちゅうけい……188
中原 ちゅうげん……116
仲秋 ちゅうしゅう……150
仲春 ちゅうしゅん……146
中天 ちゅうてん……89
仲冬 ちゅうとう……152
中腹 ちゅうふく……115
稠林 ちゅうりん……166
千代 ちよ……157
千世 ちよ……157
蝶 ちょう……57
張 ちょう……83
長元坊 ちょうげんぼう……48
長蛇 ちょうだ……163
提灯 ちょうちん……186
朝堂院 ちょうどういん……270
手斧 ちょうな……192
朝露草 ちょうろそう……14
苧麻 ちょま……198
地雷 ちらい……105
地籟 ちらい……138

塵芥 ちりあくた……162
張 ちりこぼし……83
縮緬 ちりめん……198
地輪 ちりん……225
鴆 ちん……48
朕 ちん……179
鎮子 ちんし……187
鎮子 ちんじ……187
鎮守 ちんじゅ……246
鎮子 ちんす……187
鎮星 ちんせい……78

つ

杖柱 つえはしら……164
栂 つが……27
司 つかさ……276
官 つかさ……276
寮 つかさ……276
柄巻 つかまき……172
月影 つきかげ……87
月暈 つきかさ……87
月数 つきかず……215
晦 つきこもり……84
月白 つきしろ……87
衝立船戸神 つきたつふなとのかみ……257
次縹 つぎのはなだ……132
月弓尊 つきゆみのみこと……251
月夜 つきよ……86
月夜烏 つきよがらす……86
月夜見尊 つきよみのみこと……251
土筆 つくし……14
蛁蟟 つくつくぼうし……57
寒蝉 つくつくぼうし……57
鶫 つぐみ……48
鶇 つぐみ……48
月夜 つくよ……86
月讀命 つくよみのみこと……251
晦 つごもり……84
辻 つじ……125
対馬 つしま……282
蔦 つた……27
槌 つち……192
土雷 つちいかづち……257
土忌 つちいみ……266
戊 つちのえ……268
己 つちのと……268
霾 つちふる……110
土御門 つちみかど……273
躑躅 つつじ……27
鼓 つづみ……183
筒雪 つつゆき……101
葛折 つづらおり……125
角杙神 つぬぐいのかみ……249
鍔 つば……206
椿 つばき……27
海石榴 つばき……27
山茶 つばき……27
燕 つばくら……48
燕 つばくらめ……48
燕 つばくろ……48
燕 つばめ……48
壺切御剣 つぼきりのみつるぎ……207
枛津姫神 つまつひめのかみ……262
爪紅 つまべに……14
錘 つむ……193
紡錘 つむ……193
紡 つむぎ……197
旋風 つむじかぜ……108
石蕗 つやぶき……14
梅雨 つゆ……93
黴雨 つゆ……93
露 つゆ……96
露葎 つゆむぐら……97
強霜 つよしも……98
頬那藝神 つらなぎのかみ……253
頬那美神 つらなみのかみ……253
氷柱 つらら……103
鶴 つる……48
剣 つるぎ……204
石蕗 つわぶき……14
艶蕗 つわぶき……14
槖吾 つわぶき……14

て

氐 てい……81
丁 てい……268
泥砂 でいさ……125
帝日 ていじつ……265
泥砂 でいしゃ……125
泥沙 でいしゃ……125
泥土 でいど……125
的殺 てきさつ……265
天塩 てしお……286
鉄 てつ……72
鉄衣 てつい……213
鉄脚 てっきゃく……160
轍魚 てつぎょ……165
鉄紺 てつこん……132
鉄石 てっせき……164
轍鮒 てっぷ……168
鉄壁 てっぺき……161
手名椎神 てなづちのかみ……261
手摩乳命 てなづちのみこと……261
手前 てまえ……179
貂 てん……37
黄鼬 てん……37
天 てん……241
天淵 てんえん……167
殿下 でんか……175
天魁 てんかい……79
天涯 てんがい……89
天漢 てんかん……77
天璣 てんき……79
天泣 てんきゅう……92
天鼓 てんく……232
天狗 てんぐ……68
天空 てんくう……268
天草 てんぐさ……34
石花菜 てんぐさ……34
天花 てんげ……232
天華 てんげ……232
天権 てんけん……79
天眼 てんげん……225
天狐 てんこ……68
天后 てんこう……268
天鼓雷音如来 てんこらいおんにょらい……236
天日 てんじつ……87
天守 てんしゅ……218

天主 てんしゅ……218
殿主 てんしゅ……218
転瞬 てんしゅん……157
転生 てんしょう……222
天心 てんしん……89
天枢 てんすう……79
填星 てんせい……78
転生 てんせい……222
天璇 てんせん……79
天中節 てんちゅうせつ……263
天道 てんとう……87
天道虫 てんとうむし……57
瓢虫 てんとうむし……57
紅娘 てんとうむし……57
店頭虫 てんとうむし……57
天王如来 てんのうにょらい…236
電泡 でんほう……106
転法輪菩薩
てんぽうりんぼさつ……238
天魔 てんま……231
典薬寮 てんやくりょう……279
天雷 てんらい……104
天籟 てんらい……138
天狼 てんろう……78

と

斗 と……82
濤 とう……123
銅 どう……72
獰悪 どうあく……165
凍雲 とううん……111
籐黄 とうおう……130
冬瓜 とうが……18
登華殿 とうかでん……271
登花殿 とうかでん……271
冬瓜 とうがん……18
唐雁 とうがん……48
東宮 とうぐう……270
春宮坊 とうぐうぼう……279
藤九郎 とうくろう……48
峠 とうげ……115
倒懸 とうけん……169
洞庫 どうこ……195
道籠 どうこ……195
道幸 どうこ……195
陶工 とうこう……173
檮杌 とうこつ……67
道虚日 どうこにち……265
冬至 とうじ……154
童子切 どうじぎり……207
騰蛇 とうしゃ……267
銅銹 どうしゅう……74
刀匠 とうしょう……172
刀豆 とうず……20
冬青 とうせい……28
銅青 どうせい……74
騰蛇 とうだ……267
道諦 どうたい……224
満天星 どうだんつつじ……28
饕餮 とうてつ……67
冬天 とうてん……91
東方天 とうほうてん……242
胴丸 どうまる……213
胴元 どうもと……171
筒元 どうもと……171
玉蜀黍 とうもろこし……18
銅藍 どうらん……75
棟梁 とうりょう……176
等流 とうる……222
凍露 とうろ……97
燈籠 とうろう……186
遠江 とおとうみ……285
都雅 とが……160
斗魁 とかい……79
土芥 どかい……166
奎 とかきぼし……82
斗掻き星 とかきぼし……82
蜥蜴 とかげ……52
蝘蜓 とかげ……52
石竜子 とかげ……52
十勝 とかち……286
鴇 とき……48
朱鷺 とき……48
時置師神 ときおかしのかみ…258
時鐘 ときがね……184
時風 ときつかぜ……108
時量師神 ときはかしのかみ…258
常磐 ときわ……131
木賊 とくさ……14
砥草 とくさ……14
毒柴 どくしば……28
土公神 どくじん……266
床山 とこやま……173
常闇 とこやみ……141
常夜 とこよ……141
心太草 ところてんぐさ……34
土佐 とさ……281
刀自 とじ……176
歳徳神 としとくじん……266
泥鰌 どじょう……61
鰌 どじょう……61
抖擻 とそう……228
栃 とち……28
橡 とち……28
十束剣 とつかのつるぎ……207
十握剣 とつかのつるぎ……207
十拳剣 とつかのつるぎ……207
十掬剣 とつかのつるぎ……207
毒鼓 どっく……232
独鈷 どっこ……233
独古 どっこ……233
独股 どっこ……233
鯔 とど……42
胡獱 とど……42
怒濤 どとう……123
百々目鬼 どどめき……69
轟 とどろ……137
馴鹿 となかい……39
刀禰 とね……176
舎人 とねり……276
舎人監 とねりのつかさ……279
殿 との……176
主殿寮 とのもりょう……279
帳 とばり……186
帷 とばり……186
幄 とばり……186
幌 とばり……186
鳶 とび……48
鴟 とび……48
鵄 とび……48
飛魚 とびうお……61

五十音順索引

土府 どふ……265
烽火 とぶひ……280
斗柄 とへい……79
海桐花 とべら……28
虚 とみてぼし……82
留紺 とめこん……132
灯 ともしび……186
灯火 ともしび……186
燭 ともしび……186
氐 ともぼし……81
戸山津見神 とやまつみのかみ…257
豊吾田津媛命
とよあたつひめのみこと……262
豊受大神 とようけのおおかみ…255
豊宇気毘売神
とようけびめのかみ……255
豊斟渟尊 とよくむぬのみこと…249
豊雲野神 とよぐもぬのかみ…249
豊玉毘売命
とよたまひめのみこと……262
豊玉媛尊
とよたまひめのみこと……262
豊布都神 とよふつのかみ……256
豊由宇気神 とよゆうけのかみ…255
虎 とら……41
銅鑼 どら……183
鳥居 とりい……247
鳥兜 とりかぶと……14
鳥之石楠船神
とりのいはくすぶねのかみ……255
瀞 とろ……119
觜 とろきぼし……82
永遠 とわ……156
永久 とわ……156
団栗 どんぐり……33
鈍色 どんじき……201
緞子 どんす……197
鈍子 どんす……197
鳶 とんび……48
蜻蛉 とんぼ……57
蜻蜓 とんぼ……57

な

内記 ないき……275
内侍所 ないしどころ……270
内膳司 ないぜんし……279
内膳司 ないぜんのつかさ……279
泥梨 ないり……230
泥黎 ないり……230
奈利 ないり……230
等閑 なおざり……144
直霊 なおひ……248
長雨 ながあめ……93
霖 ながあめ……93
天一神 なかがみ……266
心 なかごぼし……81
中天 なかぞら……89
長道磐神 ながちはのかみ……258
中務省 なかつかさしょう……277
長月 ながつき……150
中筒之男神
なかつつのをのかみ……259
中津綿津見神
なかつわたつみのかみ……259
中稲 なかて……20
中生 なかて……20
長門 ながと……283
中縹 なかはなだ……132
長巻 ながまき……205
中御門 なかみかど……273
中紫 なかむらさき……134
長雨 ながめ……93
流星 ながれぼし……80
凪 なぎ……107
渚 なぎさ……124
汀 なぎさ……124
泣沢女神 なきさわめのかみ…256
薙刀 なぎなた……205
長刀 なぎなた……205
波座 なぐら……123
長押 なげし……218
納言 なごん……274
梨 なし……33
梨子 なし……33
梨壺 なしつぼ……271
茄子 なす……19
薺 なずな……14
灘 なだ……123
刀豆 なたまめ……20
鉈豆 なたまめ……20
雪崩 なだれ……101
夏暁 なつあけ……149
夏嵐 なつあらし……109
夏霧 なつぎり……95
夏祓 なつはらい……248
夏虫 なつむし……57
棗 なつめ……33
撫子 なでしこ……14
瞿麦 なでしこ……14
南殿 なでん……270
七瀬 ななせ……118
鍋鳥 なべげり……48
生繭 なまい……14
鈍 なまくら……205
樹懶 なまけもの……41
海鼠 なまこ……65
鯰 なまず……62
壁 なまめぼし……82
鉛 なまり……72
波 なみ……122
浪 なみ……122
濤 なみ……122
波颪 なみおろし……107
波魚 なみのうお……42
南無 なむ……227
蛞蝓 なめくじ……65
蛞蝓 なめくじら……65
蛞蝓 なめくじり……65
那謨 なも……227
那由他 なゆた……220
那由多 なゆた……220
名吉 なよし……62
那羅延堅固王
ならえんけんごおう……242
鳴鏑神 なりかぶらのかみ……262
鳴雷 なるいかづち……257
鳴神 なるかみ……105
鳴子 なるこ……195
汝 なんじ……181

壐 なんじ……181
難陀龍王 なんだりゅうおう…243
南天 なんてん……28

に

丹 に……74
新嘗祭 にいなめさい……248
沸 にえ……206
錵 にえ……206
鳰 にお……44
二河 にが……224
和魂 にきたま……248
和魂 にぎたま……248
和魂 にきみたま……248
和魂 にぎみたま……248
和布 にきめ……34
肉芽 にくが……36
肉眼 にくげん……225
虹 にじ……114
霓 にじ……114
錦 にしき……197
西近衛門 にしこのえもん……274
西御門 にしみかど……274
鰊 にしん……62
鯡 にしん……62
仁助 にすけ……173
仁介 にすけ……173
日暈 にちうん……89
日輪 にちりん……87
日華 にっか……87
日光 にっこう……113
日光菩薩 にっこうぼさつ……237
蜷 にな……65
蝸螺 にな……65
邇邇芸命 ににぎのみこと……259
鈍 にび……135
乳香 にゅうこう……190
乳白 にゅうはく……134
鐃 にょう……184
女嬬 にょじゅ……276
女孺 にょじゅ……276
韮 にら……21
韭 にら……21
楡 にれ……28
俄雨 にわかあめ……92
鶏 にわとり……48
鷄 にわとり……48
忍者 にんじゃ……171
人参 にんじん……18
大蒜 にんにく……21
葫 にんにく……21

ぬ

縫殿寮 ぬいどのりょう……277
鵺 ぬえ……68
額繋 ぬかがき……216
幣 ぬさ……246
主 ぬし……181
虹 ぬじ……114
瓊音 ぬなと……138
絖 ぬめ……198
滑瓢 ぬらりひょん……69
柳 ぬりこぼし……83

ね

葱 ねぎ……21
禰宜 ねぎ……169
猫 ねこ……41
猫又 ねこまた……68
根折神 ねさくのかみ……256
根裂神 ねさくのかみ……256
捩花 ねじばな……14
鼠 ねずみ……37
年星 ねそう……266
年三 ねそう……266
祢々切丸 ねねきりまる……208
根国 ねのくに……126
涅槃 ねはん……222
涅槃寂静 ねはんじゃくじょう…221
涅槃雪 ねはんゆき……101
合歓 ねぶ……28
寝待月 ねまちづき……86
合歓 ねむ……28
根室 ねむろ……286
根雪 ねゆき……100
嶺渡 ねわたし……107
念誦 ねんじゅ……227
燃燈仏 ねんとうぶつ……236

の

箆 の……210
直衣 のうし……200
凌霄花 のうぜんかずら……28
凌霄葉蓮 のうぜんはれん……14
納莫 のうまく……227
濃霧 のうむ……95
野風 のかぜ……108
虹 のじ……114
野鵐 のじこ……48
野路子 のじこ……48
野阜 のづかさ……116
野司 のづかさ……116
野槌 のづち……68
野椎神 のづちのかみ……254
野面 のづら……116
能登 のと……283
長閑 のどか……142
喉輪 のどわ……213
野火 のび……117
篦深 のぶか……211
野衾 のぶすま……38
野辺 のべ……116
蚤 のみ……57
鑿 のみ……192
野面 のもせ……116
野良 のら……116
野良豆 のらまめ……20
海苔 のり……34
麤 のろ……39
麞 のろ……39
麕 のろ……39
野分 のわき……110
野分 のわけ……110

は

灰青 はいあお……133
梅花蛇 ばいかだ……52

唄器 ばいき……184
負醤 はいしょう……14
焙焼 ばいしょう……76
灰白 はいじろ……135
佩盾 はいだて……213
脛楯 はいだて……213
膝甲 はいだて……213
梅天 ばいてん……91
灰白 はいはく……135
灰緑 はいみどり……131
灰紫 はいむらさき……134
貝母 ばいも……15
波夷羅 はいら……240
梅霖 ばいりん……93
蝿 はえ……57
南風 はえ……109
覇王樹 はおうじゅ……15
馬鹿鳥 ばかどり……48
鋼 はがね……73
萩 はぎ……15
芽子 はぎ……15
貘 ばく……40
貊 ばく……40
漠 ばく……143、221
白亜 はくあ……135
白堊 はくあ……135
白雨 はくう……92
薄紗 はくさ……199
白磁 はくじ……187
白秋 はくしゅう……149
麦秋 ばくしゅう……148
薄暑 はくしょ……149
白澤 はくたく……67
白鳥 はくちょう……49
白銅 はくどう……73
白頭翁 はくとうおう……49
白眉 はくび……161
白鼻心 はくびしん……39
瀑布 ばくふ……120
白璧 はくへき……189
薄暮 はくぼ……154
薄明 はくみょう……155
薄明 はくめい……155
白夜 はくや……89
白竜 はくりょう……120
白燐 はくりん……73
白露 はくろ……154
博労 ばくろう……174
馬喰 ばくろう……174
伯楽 ばくろう……174
破軍 はぐん……80
葉木国野尊
はごくにぬのみこと……249
繁縷 はこべ……15
蘩蔞 はこべ……15
繁縷 はこべら……15
稲架木 はさぎ……28
鋏 はさみ……192
剪刀 はさみ……192
伐折羅 ばさら……234
跋折羅 ばさら……234
縛日羅 ばさら……234
伐折羅 ばさら……239
櫨 はじ……28
椒 はじかみ……28
婆私仙 ばしせん……243
半 はした……133
榛 はしばみ……28
破邪 はじゃ……228
波旬 はじゅん……231
芭蕉 ばしょう……15
蓮 はす……15
鯆 はす……62
婆藪仙人 ばすせんにん……243
櫨 はぜ……28
黄櫨 はぜ……28
梔 はぜ……28
鯊 はぜ……62
沙魚 はぜ……62
蝦虎魚 はぜ……62
羽瀬 はぜ……195
羽太 はた……62
馬鐸 ばたく……216
鳴神 はたたがみ……105
雷鼓 はたたく……107
鰰 はたはた……62
燭魚 はたはた……62
鱩 はたはた……62
斑雪 はだれ……100
蜂 はち……57
撥 ばち……185
桴 ばち……185
枹 ばち……185
八音 はちいん……184
八音 はちおん……184
蓮 はちす……15
蜂比礼 はちのひれ……191
八龍 はちりょう……214
室 はついぼし……82
薄荷 はっか……21
葉月 はづき……150
白金 はっきん……72
白虹 はっこう……114
八朔 はっさく……33、150
八音 はっちん……184
初月 はつづき……84
初露 はつつゆ……96
伐日 ばつにち……265
初音 はつね……139
八白 はっぱく……264
法被 はっぴ……202
半被 はっぴ……202
鳩 はと……49
鴿 はと……49
波濤 はとう……123
馬頭明王 ばとうみょうおう……239
服部 はとり……173
服織 はとり……173
花筏 はないかだ……36
鼻緒 はなお……203
花緒 はなお……203
花霞 はながすみ……96
花曇 はなぐもり……147
花衣 はなごろも……202
縹 はなだ……131
花田 はなだ……131
花時 はなどき……146
花野 はなの……117
花冷 はなびえ……147
埴 はに……74
埴安彦神 はにやすひこのかみ……255

波邇夜須毘古神
はにやすびこのかみ……255
埴安姫神 はにやすひめのかみ…255
波邇夜須毘売神
はにやすびめのかみ……255
剗木 はねぎ……218
桔木 はねぎ……218
朱華 はねず……129
朱花 はねず……129
唐棣花 はねず……129
帚木 ははきぎ……15
掃星 ははきぼし……80
貝母 ははくり……15
母子草 ははこぐさ……15
波布 はぶ……52
羽二重 はぶたえ……197
祝 はふり……169
浜 はま……124
破魔 はま……228
蛤 はまぐり……64
文蛤 はまぐり……64
蚌 はまぐり……64
魬 はまち……62
浜梨 はまなし……15
玫瑰 はまなし……15
玫瑰 はまなす……15
浜茄子 はまなす……15
破魔矢 はまや……212
破魔弓 はまゆみ……210
浜弓 はまゆみ……210
羽目 はめ……218
鱧 はも……62
甲矢 はや……211
兄矢 はや……211
早矢 はや……211
速秋津日子神
はやあきつひこのかみ……253
速秋津比売神
はやあきつひめのかみ……253
速雨 はやさめ……92
暴雨 はやさめ……92
早瀬 はやせ……118
疾風 はやち……107
疾風 はやて……107
早手 はやて……107
隼人司 はやとのつかさ……280
隼 はやぶさ……49
羽山津見神 はやまつみのかみ……257
婆耶羅 ばやら……240
薔薇 ばら……28
波羅夷 はらい……230
祓殿 はらえどの……247
薔薇水晶 ばらすいしょう……71
腹巻 はらまき……213
波羅蜜 はらみつ……228
原山津見神
はらやまつみのかみ……257
玻璃 はり……71
玻瓈 はり……71
梁 はり……218
播磨 はりま……282
春茜 はるあかね……156
春嵐 はるあらし……109
春一番 はるいちばん……108
春霞 はるがすみ……96
春風 はるかぜ……109
春寒 はるさむ……147
春雨 はるさめ……93
春闌 はるたく……147
春告鳥 はるつげどり……49
春永 はるなが……147
春宮 はるのみや……270
春塵 はるほこり……147
馬鈴薯 ばれいしょ……19
鷭 ばん……49
晩霞 ばんか……96
晩夏 ばんか……149
蕃瓜樹 ばんかじゅ……33
半夏 はんげ……148
半月 はんげつ……84
万劫 ばんごう……157
晩春 ばんしゅん……146
反照 はんしょう……141
晩鐘 ばんしょう……139
繁霜 はんそう……160
晩鳥 ばんちょう……38
半纏 はんてん……202
般若 はんにゃ……226
般若菩薩 はんにゃぼさつ……238
赤楊 はんのき……28
半風子 はんぷうし……57
斑猫 はんみょう……57
斑蝥 はんみょう……57
万雷 ばんらい……106

ひ

緋 ひ……128
杼 ひ……193
梭 ひ……193
尾 び……81
微 び……220
柊 ひいらぎ……29
疼木 ひいらぎ……29
火色 ひいろ……128
氷魚 ひうお……62
燧 ひうち……194
火打 ひうち……194
飛雲 ひうん……112
稗 ひえ……20
穇 ひえ……20
緋衣 ひえ……201
飛英 ひえい……36
飛燕 ひえん……163
氷魚 ひお……62
檜扇 ひおうぎ……188
蟡 ひおむし……57
飛花 ひか……36
鰉 ひがい……62
日暈 ひがさ……89
日数 ひかず……215
日雷 ひがみなり……106
火雷 ひがみなり……106
火神鳴 ひがみなり……106
毘羯羅 びから……241
毘伽羅 びから……241
光 ひかり……139
光神 ひかりのかみ……107
彼岸 ひがん……222
彼岸花 ひがんばな……15
蟇 ひき……53
氷木 ひぎ……218

比木 ひぎ……218
斗 ひきつぼし……82
蟇目 ひきめ……211
引目 ひきめ……211
弥久 びきゅう……157
飛香舎 ひぎょうしゃ……271
火食鳥 ひくいどり……49
羆 ひぐま……37
蜩 ひぐらし……57
茅蜩 ひぐらし……57
髭切 ひげきり……209
眉月 びげつ……84
彦 ひこ……177
肥後 ひご……282
尾鉱 びこう……76
蘖 ひこばえ……36
飛梭 ひさ……193
瓢 ひさご……18
瓠 ひさご……18
匏 ひさご……18
柃 ひさき……29
膝丸 ひざまる……209、214
氷雨 ひさめ……94
冰雨 ひさめ……94
膝鎧 ひざよろい……214
膝甲 ひざよろい……214
菱垣 ひしがき……218
鹿尾菜 ひじき……35
羊栖菜 ひじき……35
肘木 ひじき……218
横木 ひじき……218
肱木 ひじき……218
臂木 ひじき……218
柄杓 ひしゃく……196
杓 ひしゃく……196
毘舎浮仏 びしゃふぶつ……236
毘沙門天 びしゃもんてん……242
樋代 ひしろ……247
翡翠 ひすい……44、70
翡翠輝石 ひすいきせき……71
樋洗 ひすまし……173
樋清 ひすまし……173
洗歪 ひすまし……173
飛雪 ひせつ……99
眉雪 びせつ……159
飛泉 ひせん……120
肥前 ひぜん……282
備前 びぜん……282
匪賊 ひぞく……171
飛騨 ひだ……284
日高 ひだか……286
直兜 ひたかぶと……214
直甲 ひたかぶと……214
鶲 ひたき……49
火焼 ひたき……49
直垂 ひたたれ……200
常陸 ひたち……285
左縄 ひだりなわ……168
飛湍 ひたん……119
七剣星 ひちけんぼし……79
篳篥 ひちりき……183
畢 ひつ……82
羊 ひつじ……41
備中 びっちゅう……282
匹夫 ひっぷ……178
匹婦 ひっぷ……178
単 ひとえ……200
人来鳥 ひとくどり……49
海星 ひとで……65
人手 ひとで……65
海盤車 ひとで……65
一軒 ひとのき……218
囚獄司 ひとやのつかさ……278
一節切 ひとよぎり……183
日長 ひなが……147
終日 ひねもす……154
氷魚 ひのいお……62
丙 ひのえ……268
火之迦具土神
ひのかぐつちのかみ……252
檜 ひのき……29
火熨斗 ひのし……196
丁 ひのと……268
火之夜藝速男神
ひのやぎはやをのかみ……252
毘婆迦羅王 ひばからおう……242
日計 ひばかり……52
熇尾蛇 ひばかり……52
飛白 ひはく……198
飛瀑 ひばく……120
毘婆尸仏 びばしぶつ……236
樋速日神 ひはやひのかみ……256
雲雀 ひばり……49
告天子 ひばり……49
狒々 ひひ……40
響 ひびき……137
蛾 ひひる……54
美福門 びふくもん……272
飛沫 ひまつ……120
向日葵 ひまわり……15
火水 ひみず……167
姫 ひめ……177
媛 ひめ……177
氷面 ひも……104
白雨 びゃくう……92
白衣 びゃくえ……201
白群 びゃくぐん……133
白業 びゃくごう……223
白檀 びゃくだん……29
白夜 びゃくや……89
百雷 ひゃくらい……105
白緑 びゃくろく……131
白虎 びゃっこ……66、268
日向 ひゅうが……282
鵯 ひよ……49
豹 ひょう……41
雹 ひょう……102
渺 びょう……221
兵衛府 ひょうえふ……280
氷花 ひょうか……103
氷華 ひょうか……103
氷河 ひょうが……104
馮河 ひょうが……168
氷海 ひょうかい……104
氷筋 ひょうきん……104
氷原 ひょうげん……104
兵庫寮御門
ひょうごのつかさのみかど……272
兵庫寮 ひょうごりょう……280
氷山 ひょうざん……104
氷筍 ひょうじゅん……104
氷晶 ひょうしょう……103

氷条 ひょうじょう……103
氷塵 ひょうじん……103
氷刃 ひょうじん……104
氷箸 ひょうちょ……104
兵破 びょうは……212
豹尾 ひょうび……267
兵部省 ひょうぶしょう……278
氷霧 ひょうむ……95
氷輪 ひょうりん……87
鵯 ひよどり……49
白頭鳥 ひよどり……49
避来矢 ひらいし……214
平絹 ひらぎぬ……196
平瀬 ひらせ……118
平目 ひらめ……62
比目魚 ひらめ……62
鮃 ひらめ……62
毘藍 びらん……231
毘藍婆 びらんば……231
毘嵐風 びらんぷう……231
飛輪 ひりん……88
蒜 ひる……21
葫 ひる……21
蛭 ひる……57
昼顔 ひるがお……15
毘盧遮那仏 びるしゃなぶつ……236
毘楼博叉天 びるばくしゃてん……242
日霊 ひるめ……260
日女 ひるめ……260
毘楼勒叉天 びるろくしゃてん……242
領巾 ひれ……188
肩巾 ひれ……188
領布 ひれ……188
比礼 ひれ……188
飛廉 ひれん……67
蜚廉 ひれん……67
飛廉 ひれん……266
蜚廉 ひれん……266
枇杷 ひわ……33
鶸 ひわ……49
金翅雀 ひわ……49
枇杷 びわ……33
琵琶 びわ……182
備後 びんご……282
便追 びんずい……49
木鷚 びんずい……49
旻天 びんてん……91

ふ

分 ぶ……220
鞴 ふいご……193
吹子 ふいご……193
風炎 ふうえん……107
風焔 ふうえん……107
風候 ふうこう……196
風趣 ふうしゅ……145
風雪 ふうせつ……168
風大 ふうだい……225
風鎮 ふうちん……187
風蘭 ふうらん……15
富貴蘭 ふうらん……15
風輪 ふうりん……225
風露 ふうろ……97
風炉 ふうろ……195
笛 ふえ……182
斧鉞 ふえつ……205
鱶 ふか……62
不可思議 ふかしぎ……220
深霜 ふかしも……98
深縹 ふかはなだ……132
深緋 ふかひ……128
深緑 ふかみどり……131
蕗 ふき……15
河豚 ふぐ……62
馥郁 ふくいく……136
不空成就如来
ふくうじょうじゅにょらい……235
袱紗 ふくさ……196
服紗 ふくさ……196
帛紗 ふくさ……196
河豚 ふくべ……62
梟 ふくろう……49
母喰鳥 ふくろう……49
巫覡 ふげき……169
巫覡 ぶげき……169
更待月 ふけまちづき……86
普賢菩薩 ふげんぼさつ……237
五倍子 ふし……29
藤 ふじ……29
伏柴 ふししば……16
節高 ふしだか……16
藤壺 ふじつぼ……271
藤袴 ふじばかま……16
臥待月 ふしまちづき……85
諷誦 ふじゅ……234
仏手柑 ぶしゅかん……33
伏雷 ふすいかづち……257
衾雪 ふすまゆき……101
風情 ふぜい……145
豊前 ぶぜん……281
豚 ぶた……40
二藍 ふたあい……134
二瀬 ふたせ……171
二軒 ふたのき……218
補陀落 ふだらく……232
普陀洛 ふだらく……232
淵 ふち……119
潭 ふち……119
淵瀬 ふちせ……119
仏果 ぶっか……229
文月 ふづき……150
払暁 ふつぎょう……155
仏眼 ぶつげん……225
仏師 ぶっし……172
布都御魂 ふつのみたま……207
韴霊剣 ふつのみたまのつるぎ……207
仏法僧 ぶっぽうそう……49
葡萄 ぶどう……33
不動明王 ふどうみょうおう……238
布刀玉命 ふとだまのみこと……259
鮒 ふな……62
山毛欅 ぶな……29
椈 ぶな……29
橅 ぶな……29
海蘿 ふのり……35
布海苔 ふのり……35
吹雪 ふぶき……99
扶木 ふぼく……218
文月 ふみづき……150
麓 ふもと……115
蜉蝣 ふゆう……54

芙蓉 ふよう……29
豊楽殿 ぶらくでん……270
鰤 ぶり……63
篩 ふるい……192
風炉 ふろ……195
豊後 ぶんご……281
噴雪花 ふんせっか……29
文旦 ぶんたん……33
文鎮 ぶんちん……187
文豆 ぶんどう……20
蚊虻 ぶんぼう……162
蚊雷 ぶんらい……139

へ

丙 へい……268
陛下 へいか……175
平絹 へいけん……196
平原 へいげん……116
丙子椒林剣
へいししょうりんけん……207
萍水 へいすい……168
幣帛 へいはく……246
平蕪 へいぶ……117
壁 へき……82
碧 へき……130
碧海 へきかい……121
碧虚 へききょ……90
碧玉 へきぎょく……70
碧血 へきけつ……164
碧霄 へきしょう……90
碧天 へきてん……90
霹靂 へきれき……105
辺疎神 へざかるのかみ……258
甲香 へたなり……190
糸瓜 へちま……18
天糸瓜 へちま……18
辺都鏡 へつかがみ……191
辺津甲斐弁羅神
へつかひべらのかみ……258
鼈甲 べっこう……66
別当 べっとう……276
辺津那芸佐毘古神
へつなぎさびこのかみ……258
紅 べに……128
紅赤 べにあか……128
紅緒 べにお……203
紅玉髄 べにぎょくずい……71
紅水晶 べにすいしょう……71
紅緋 べにひ……128
紅藤 べにふじ……129
紅碧 べにみどり……133
紅紫 べにむらさき……134
蛇 へび……52
蛇比礼 へみのひれ……191
篦 へら……193
伽藍鳥 ぺりかん……50
弁柄 べんがら……129
弁才天 べんざいてん……244
偏衫 へんさん……201
褊衫 へんさん……201
偏衫 へんざん……201
遍照如来 へんじょうにょらい……235
便追 べんずい……49
変天 へんてん……90
反閇 へんばい……263
返閉 へんばい……263
反陪 へんばい……263
片理 へんり……75

ほ

戊 ぼ……268
鵬 ほう……67
房 ぼう……81
昴 ぼう……82
茫 ぼう……143
法雨 ほうう……227
芳雲 ほううん……111
泡影 ほうえい……168
鳳凰 ほうおう……66
法王子 ほうおうじ……237
半靴 ほうか……203
幇間 ほうかん……174
箒 ほうき……196
帚 ほうき……196
伯耆 ほうき……283
箒星 ほうきぼし……80
方響 ほうきょう……184
望月 ぼうげつ……85
法剣 ほうけん……227
法眼 ほうげん……225
茫乎 ぼうこ……145
蓬蒿 ほうこう……16
芳香 ほうこう……136
蓬矢 ほうし……211
芒種 ぼうしゅ……153
芳潤 ほうじゅん……136
鳳笙 ほうしょう……182
宝生如来 ほうしょうにょらい……235
鳳仙花 ほうせんか……16
宝相華 ほうそうげ……204
報土 ほうど……231
宝幢如来 ほうとうにょらい……235
方伯神 ほうはくしん……266
棒火矢 ぼうびや……209
棒火箭 ぼうびや……209
孑孑 ぼうふら……57
孑孒 ぼうふら……57
孑孑 ぼうふり……57
竹麦魚 ほうぼう……63
魴鮄 ほうぼう……63
鋒鋩 ほうぼう……205
鋒芒 ほうぼう……205
泡沫 ほうまつ……168
泡影 ほうよう……168
鳳梨 ほうり……33
宝輪 ほうりん……218
法輪 ほうりん……227
宝輪 ほうりん……233
芳烈 ほうれつ……136
菠薐草 ほうれんそう……20
法蓮草 ほうれんそう……20
鳳蓮草 ほうれんそう……20
朴 ほお……29
厚朴 ほお……29
頬白 ほおじろ……50
鬼灯 ほおずき……16
酸漿 ほおずき……16
僕 ぼく……178
北辰 ほくしん……77
木石 ぼくせき……165

牧馬 ぼくば……185
北落師門 ほくらくしもん……80
木履 ぽくり……203
黒子 ほくろ……16
木瓜 ぼけ……29
矛 ほこ……205
鉾 ほこ……205
戈 ほこ……205
菩薩 ぼさつ……229
星影 ほしかげ……80
星供 ほしく……81
星屑 ほしくず……81
星月夜 ほしづきよ……156
星宿 ほしのやどり……77
暮秋 ぼしゅう……150
暮春 ぼしゅん……147
暮雪 ぼせつ……102
菩提 ぼだい……232
牡丹雪 ぼたゆき……101
蛍 ほたる……57
蛍 ほたろ……57
牡丹 ぼたん……29
牡丹雪 ぼたんゆき……101
歩荷 ぼっか……174
払子 ほっす……233
没日 ぼつにち……265
星 ほとおりぼし……83
仏 ほとけ……229
時鳥 ほととぎす……50
不如帰 ほととぎす……50
杜鵑 ほととぎす……50
子規 ほととぎす……50
社宇 ほととぎす……50
郭公 ほととぎす……50
霍公鳥 ほととぎす……50
火雷 ほのいかづち……257
螢惑 ほのおぼし……78
仄仄 ほのぼの……143
火産霊神 ほのむすびのかみ……252
暮夜 ぼや……155
鯔 ぼら……63
鰡 ぼら……63
牡蠣 ぼれい……64
母衣 ほろ……214
保呂 ほろ……214
幌 ほろ……214
襤褸 ぼろ……199
珠鶏 ほろほろちょう……50
椪柑 ぽんかん……33
凸柑 ぽんかん……33
本師 ほんし……229
奔湍 ほんたん……119
梵天 ぼんてん……242
煩悩 ぼんのう……222
雪洞 ぼんぼり……186

ま

雲母 まいか……74
舞妓 まいこ……171
鼓虫 まいまい……58
真忌 まいみ……245
摩訶 まか……227
勾玉 まがたま……189
曲玉 まがたま……189
真鉋 まかな……192
真金 まかね……72
粗金 まがね……76
死反玉 まかるかえしのたま……191
槙 まき……29
真木 まき……29
摩休羅 まきら……240
莫目 まくも……183
莫牟 まくも……183
鮪 まぐろ……63
摩醯首羅王 まけいしゅらおう……243
馬子 まご……174
真菰 まこも……16
真薦 まこも……16
摩虎羅 まこら……240
摩侯羅王 まごらおう……243
摩睺羅伽 まこらが……241
正鹿山津見神
まさかやまつみのかみ……256
鉞 まさかり……205
柾 まさき……29
正木 まさき……29
真風 まじ……109
真潮 ましお……121
猿子鳥 ましこ……50
魔障 ましょう……231
蠱業 まじわざ……263
蠱事 まじわざ……263
鱒 ます……63
真隅 ますみ……218
真風 まぜ……109
真赭 まそお……74
真赭 まそほ……74
真朱 まそほ……129
木天蓼 またたび……29
斑 まだら……142
松 まつ……30
真具 まつぶさ……144
委曲 まつぶさ……144
松虫 まつむし……58
待宵 まつよい……84
茉莉 まつり……30
茉莉花 まつりか……30
末那 まな……226
摩尼羅 まにら……240
招木 まねき……193
蹋木 まねき……193
機躡 まねき……193
真人 まひと……175
貒 まみ……39
猯 まみ……39
蝮 まむし……52
眉月 まゆづき……84
檀 まゆみ……30
真弓 まゆみ……30
魔羅 まら……231
摩羅 まら……231
末羅 まら……231
摩利支天 まりしてん……244
榲桲 まるめろ……30
麻呂 まろ……179
麿 まろ……179
摩和羅女 まわらにょ……243
満月 まんげつ……84
金縷梅 まんさく……30
満作 まんさく……30
曼珠沙華 まんじゅしゃげ……16

満仙王 まんせんおう……243
満善車王 まんぜんしゃおう…243
曼荼羅 まんだら……234
曼陀羅 まんだら……234
曼陀羅華 まんだらけ……16
万両 まんりょう……30

み

御阿礼木 みあれぎ……246
澪 みお……123
水脈 みお……123
澪標 みおつくし……123
三日月 みかづき……84
三日月宗近 みかづきむねちか…207
甕速日神 みかはやひのかみ……256
甕布都神 みかふつのかみ……207
御薪 みかまぎ……246
三河 みかわ……285
蜜柑 みかん……33
神酒 みき……246
造酒司 みきのつかさ……279
砌 みぎり……158
汀 みぎわ……124
御櫛笥 みくしげ……194
御匣 みくしげ……194
御匣殿 みくしげどの……271
実栗 みくり……16
三稜草 みくり……16
御厨 みくりや……247
御衣 みけし……202
親王 みこ……175
神輿 みこし……245
尊 みこと……175
命 みこと……175
彌佉羅 みこら……240
岬 みさき……123
鶚 みさご……50
陵 みささぎ……247
御簾 みす……186
瑞枝 みずえ……37
水緒 みずお……216
鐙靼 みずお……216
瑞風 みずかぜ……108
水銀 みずがね……72
水雷 みずがみなり……106
水神鳴 みずがみなり……106
水衣 みずごろも……202
水篶 みすず……16
三篶 みすず……16
水澄 みずすまし……58
水蛇 みずち……68
壬 みずのえ……269
癸 みずのと……269
水引 みずひき……193
水盛 みずもり……192
水雪 みずゆき……102
鷦鷯 みそさざい……50
霙 みぞれ……102
道教 みちおしえ……58
路教 みちおしえ……58
道標 みちしるべ……58
道之長乳歯神
みちのながちはのかみ……258
道俣神 みちまたのかみ……258
密教 みつおしえ……50
軫 みつかけぼし……83
密迹金剛力士
みっしゃくこんごうりきし……242
罔象女神 みつはのめのかみ…252
弥都波能売神
みづはのめのかみ……252
水波能売命
みづはのめのみこと……252
翠 みどり……130
碧 みどり……130
水無月 みなづき……149
水泡 みなわ……119
水沫 みなわ……119
峰 みね……114
嶺 みね……114
峯 みね……114
美濃 みの……284
蓑五位 みのごい……50
蓑虫 みのむし……58
壬生門 みぶもん……272
三冬 みふゆ……151
箕 みぼし……82
美作 みまさか……282
蚯蚓 みみず……58
木菟 みみずく……50
鴟鵂 みみずく……50
角鴟 みみずく……50
御妻 みめ……177
妃 みめ……177
都鳥 みやこどり……50
宮路 みやじ……247
宮道 みやじ……247
雅 みやび……143
深雪 みゆき……100
妙吉祥 みょうきっしょう……237
妙見 みょうけん……77
明星 みょうじょう……78
明神 みょうじん……246
名神 みょうじん……246
彌良 みら……21
韮 みら……21
海松 みる……35
水松 みる……35
海松藍 みるあい……132
海松菜 みるな……35
海松房 みるふさ……35
海松布 みるめ……35
弥勒菩薩 みろくぼさつ……237
民部省 みんぶしょう……278

む

無愛 むあい……224
無為 むい……223
無音 むおん……137
霧海 むかい……95
零余子 むかご……37
蜈蚣 むかで……58
百足 むかで……58
無窮 むきゅう……156
椋 むく……30
無垢 むく……224
無窮 むぐう……156
木槿 むくげ……30
槿 むくげ……30
六種薫物 むくさのたきもの…189

椋鳥 むくどり……50
葎 むぐら……16
土竜 むぐら……38
無患子 むくろじ……30
無卦 むけ……264
無月 むげつ……85
夢幻 むげん……168
五加木 むこぎ……23
武曲 むごく……80
鼯鼠 むささび……38
鼫鼠 むささび……38
武蔵 むさし……285
狢 むじな……39
貉 むじな……39
無常 むじょう……224
無瞋恚 むしんい……235
霧雪 むせつ……100
鯥 むつ……63
陸奥 むつ……284
睦月 むつき……146
鯥五郎 むつごろう……63
六花 むつのはな……99
六連星 むつらぼし……77
無動 むどう……235
無念 むねん……224
無能勝明王
むのうしょうみょうおう……239
霧氷 むひょう……103
郁子 むべ……30
野木瓜 むべ……30
無明 むみょう……224
叢雲 むらくも……112
紫 むらさき……133
紫水晶 むらさきすいしょう……71
叢雨 むらさめ……92
村雨 むらさめ……92、207
村正 むらまさ……209
無量光 むりょうこう……235
無量寿 むりょうじゅ……235
無量寿如来
むりょうじゅにょらい……236
無量大数 むりょうたいすう……220
無漏 むろ……224

め

冥暗 めいあん……142
冥闇 めいあん……142
名花 めいか……160
明月 めいげつ……85
名月 めいげつ……85
明珠 めいしゅ……161
銘仙 めいせん……199
冥土 めいど……126
冥漠 めいばく……142
明眸 めいぼう……159
迷霧 めいむ……95
迷企羅 めきら……240
目草 めぐさ……21
召人 めしうど……172
目白 めじろ……50
目高 めだか……63
滅諦 めったい……224
滅門日 めつもんにち……265
豨薟 めなもみ……16
目貫 めぬき……206
瑪瑙 めのう……71
海布葉 めのは……35
目張 めばる……63
眼張 めばる……63
目細 めぼそ……50
馬鳴菩薩 めみょうぼさつ……238
馬寮 めりょう……280
馬寮門 めりょうもん……274
面角 めんかく……75
綿甲 めんこう……212
面牆 めんしょう……165

も

毛 もう……220
猛虎 もうこ……165
孟秋 もうしゅう……150
魍魎 もうりょう……69
毛輪花 もうりんか……30
萌黄 もえぎ……130
萌葱 もえぎ……130
萌木 もえぎ……130
虎落笛 もがりぶえ……110
木犀 もくせい……30
葎 もぐら……16
土竜 もぐら……38
鼹鼠 もぐら……38
木工寮 もくりょう……279
木蓮 もくれん……30
木蘭 もくれん……30
木瓜 もけ……29
模糊 もこ……221
百舌 もず……50
鵙 もず……50
水雲 もずく……35
海蘊 もずく……35
黐 もち……30
望月 もちづき……85
餅雪 もちゆき……100
木鶏 もっけい……161
木鷄 もっけい……161
畚 もっこ……192
木斛 もっこく……31
厚皮香 もっこく……31
没日 もつにち……265
没薬 もつやく……190
本矧 もとはぎ……211
本弭 もとはず……210
紅絹 もみ……196
紅葉 もみじ……31
木綿 もめん……198
桃 もも……33
百千鳥 ももちどり……51
百矢 ももや……212
百代 ももよ……157
百世 ももよ……157
摸摸具和 ももんが……38
靄 もや……94
諸子 もろこ……63
聞慧 もんえ……226
文曲 もんごく……80
文殊菩薩 もんじゅぼさつ……237
主水司 もんどのつかさ……278

や

矢 や……210
箭 や……210
夜陰 やいん……155
八重波 やえなみ……122
野鶴 やかく……165
屋形 やかた……176
館 やかた……176
矢柄 やがら……211
薬缶 やかん……196
薬鑵 やかん……196
山羊 やぎ……41
羊 やく……41
薬王菩薩 やくおうぼさつ……237
薬師如来 やくしにょらい……234
薬上菩薩 やくじょうぼさつ……238
厄月 やくづき……265
八雲 やくも……112
櫓 やぐら……218
八意思兼神
やごころおもいかねのかみ……252
八尺瓊勾玉
やさかにのまがたま……191
香具師 やし……171
野師 やし……171
野士 やし……171
弥四 やし……171
野茨菰 やしこ……16
夜叉 やしゃ……241
鏃 やじり……209
矢尻 やじり……209
馬陸 やすで……58
鑢 やすり……192
八十瀬 やそせ……118
八十禍津日神
やそまがつひのかみ……258
八咫烏 やたがらす……67
八咫鏡 やたのかがみ……191
八千矛神 やちほこのかみ……260
八衢 やちまた……125
八千代 やちよ……157
戴勝 やつがしら……51
八握剣 やつかつるぎ……191
奴 やっこ……178
八手 やつで……31
夜天 やてん……91
夜天光 やてんこう……113
夜盗虫 やとうむし……58
寄居虫 やどかり……64
家借 やどかり……64
簗 やな……195
梁 やな……195
柳 やなぎ……31
楊柳 やなぎ……31
胡籙 やなぐい……210
胡簶 やなぐい……210
梁瀬 やなせ……118
矢作 やはぎ……172
矢矧 やはぎ……172
矢筈 やはず……210
夜半 やはん……155
藪雨 やぶさめ……51
山荒 やまあらし……40
豺 やまいぬ……40
山楝蛇 やまかがし……52
赤楝蛇 やまかがし……52
山雀 やまがら……51
山城 やましろ……281
山代 やましろ……281
山背 やましろ……281
山末之大主神
やますえのおおぬしのかみ……262
山瀬 やませ……107
山背 やませ……107
山翡翠 やませみ……51
山魚狗 やませみ……51
大和 やまと……281
倭 やまと……281
大倭 やまと……281
日本 やまと……281
山鳥 やまどり……51
冬眠鼠 やまね……38
山鼠 やまね……38
山芋 やまのいも……19
山吹 やまぶき……31
款冬 やまぶき……31
山伏 やまぶし……170
山女 やまめ……63
闇 やみ……141
闇夜 やみよ……156
家守 やもり……52
守宮 やもり……52
弥生 やよい……146
矢来 やらい……219
槍 やり……204
鑓 やり……204
遣手 やりて……171

ゆ

木綿 ゆう……198
幽暗 ゆうあん……142
幽闇 ゆうあん……142
悠遠 ゆうえん……157
雄黄 ゆうおう……130
遊禍 ゆうか……265
夕顔 ゆうがお……17
夕影草 ゆうかげぐさ……31
夕霞 ゆうがすみ……96
悠久 ゆうきゅう……156
夕霧 ゆうぎり……95
幽香 ゆうこう……136
遊糸 ゆうし……114
夕潮 ゆうしお……121
夕汐 ゆうしお……121
夕星 ゆうずつ……78
夕立 ゆうだち……93
夕月 ゆうづき……86
夕星 ゆうつづ……78
夕星 ゆうづつ……78
夕露 ゆうづゆ……96
幽天 ゆうてん……90
夕凪 ゆうなぎ……107
夕虹 ゆうにじ……114
夕日 ゆうひ……88
夕陽 ゆうひ……88
熊羆 ゆうひ……165
幽冥 ゆうめい……142
夕焼 ゆうやけ……91
夕闇 ゆうやみ……155
湯坐 ゆえ……173

浴衣 ゆかた……202
靫 ゆき……210
靱 ゆき……210
雪明 ゆきあかり……101
雪風 ゆきかぜ……110
雪冠 ゆきかむり……101
雪曇 ゆきぐもり……102
雪暗 ゆきぐれ……102
雪気 ゆきげ……101
雪消 ゆきげ……102
雪代 ゆきしろ……102
雪空 ゆきぞら……101
雪月 ゆきづき……152
雪月夜 ゆきづきよ……102
雪菜 ゆきな……102
雪晴 ゆきばれ……102
雪紐 ゆきひも……101
雪間 ゆきま……101
雪柳 ゆきやなぎ……31
雪輪 ゆきわ……204
靫負 ゆげい……279
柚子 ゆず……33
柚 ゆず……33
譲葉 ゆずりは……31
楪 ゆずりは……31
交譲木 ゆずりは……31
結裁 ゆだち……204
弓束 ゆつか……210
弓束 ゆづか……210
弓弦 ゆづる……210
弓弭 ゆはず……210
弓筈 ゆはず……210
弓 ゆみ……209
弓張月 ゆみはりづき……84
百合 ゆり……17

よ

余 よ……179
宵 よい……156
宵月 よいづき……86
宵闇 よいやみ……86
余韻 よいん……137
余韵 よいん……137
揺曳 ようえい……144
陽焔 ようえん……114
揺光 ようこう……79
妖星 ようせい……80
陽天 ようてん……90
夭桃 ようとう……160
蝿頭 ようとう……162
洋白 ようはく……74
陽明門 ようめいもん……273
節折 よおり……248
余花 よか……37
余寒 よかん……147
余響 よきょう……137
夜霧 よぎり……95
翼 よく……83
余薫 よくん……136
余蘖 よげつ……37
余光 よこう……113
葦切 よしきり……51
葭切 よしきり……51
葦五位 よしごい……51
夜霜 よしも……98
夜露 よつゆ……96
淀 よど……119
澱 よど……119
夜盗虫 よとう……58
淀瀬 よどせ……118
夜凪 よなぎ……107
呼子鳥 よぶこどり……51
喚子鳥 よぶこどり……51
黄泉 よみ……126
蓬 よもぎ……17
艾 よもぎ……17
黄泉津大神 よもつおほかみ……257
黄泉醜女 よもつしこめ……257
豫母都許売 よもつしこめ……257
夜顔 よるがお……17
夜半 よわ……155

ら

羅 ら……197
雷雨 らいう……106
雷火 らいか……105
雷響 らいきょう……105
雷切 らいきり……209
雷鶏 らいけい……51
雷鼓 らいこ……107
雷汞 らいこう……76
雷公 らいこう……106
雷師 らいし……106
雷獣 らいじゅう……68
雷上動 らいしょうどう……212
雷神 らいじん……106
雷声 らいせい……105
雷鳥 らいちょう……51
雷霆 らいてい……105
雷電 らいでん……105
雷鳥 らいのとり……51
雷斧 らいふ……107
雷鳴 らいめい……105
雷文 らいもん……204
羅漢 らかん……229
落日 らくじつ……88
駱駝 らくだ……38
落雷 らくらい……106
羅喉 らご……78
羅睺 らご……78
羅喉 らごう……78
羅紗 らしゃ……197
羅刹日 らせつにち……265
落花 らっか……37
落花生 らっかせい……20
落暉 らっき……89
辣韮 らっきょう……21
薤 らっきょう……21
猟虎 らっこ……42
海獺 らっこ……42
海猟 らっこ……42
獺猢 らっこ……42
騾馬 らば……38
羅綾 らりょう……197
蘭 らん……17
鸞 らん……67
襤衣 らんい……202
藍玉 らんぎょく……70
蘭月 らんげつ……150
蘭芷 らんし……160

五十音順索引

蘭奢待 らんじゃたい……190
蘭若 らんにゃ……232
鸞鳳 らんほう……67
欄間 らんま……219

り

離苦 りく……223
六合 りくごう……267
六壬 りくじん……263
陸前 りくぜん……284
陸中 りくちゅう……284
陸稲 りくとう……19
栗鼠 りす……38
六花 りっか……99
立夏 りっか……153
六国 りっこく……189
律師 りっし……170
立秋 りっしゅう……153
立春 りっしゅん……153
立冬 りっとう……154
六徳 りっとく……221
龍 りゅう……66
柳 りゅう……83
龍 りゅう……241
琉球 りゅうきゅう……286
竜華樹 りゅうげじゅ……232
竜虎 りゅうこ……167
龍樹菩薩 りゅうじゅぼさつ……238
柳絮 りゅうじょ……31
竜驤 りゅうじょう……164
流星 りゅうせい……80
龍涎香 りゅうぜんこう……190
龍笛 りゅうてき……183
龍燈 りゅうとう……124
竜灯 りゅうとう……124
龍脳 りゅうのう……190
柳眉 りゅうび……159
流氷 りゅうひょう……104
竜馬 りゅうま……68
竜紋 りゅうもん……198
竜文 りゅうもん……204
竜紋 りゅうもん……204
流紋 りゅうもん……204
嚠喨 りゅうりょう……138
瀏亮 りゅうりょう……138
諒闇 りょうあん……245
亮陰 りょうあん……245
両儀 りょうぎ……263
良狗 りょうく……164
涼月 りょうげつ……150
燎原 りょうげん……117
両虎 りょうこ……167
良宵 りょうしょう……85
料峭 りょうしょう……147
狩人 りょうじん……172
令法 りょうぶ……31
両峰駝 りょうほうだ……38
良夜 りょうや……85
緑衣 りょくい……201
緑雨 りょくう……93
緑玉 りょくぎょく……70
緑玉髄 りょくぎょくずい……72
緑野 りょくや……117
燐 りん……72
凜 りん……143
厘 りん……220
鳌 りん……220
霖雨 りんう……93
凜乎 りんこ……145
林檎 りんご……34
苹果 りんご……34
燐光 りんこう……140
綸子 りんず……197
輪丁花 りんちょうげ……31
竜胆 りんどう……17
輪廻 りんね……222
輪宝 りんぽう……233
琳瑯 りんろう……189
琳琅 りんろう……189

る

流転 るてん……222
瑠璃 るり……71
瑠璃鳥 るりちょう……51

れ

霊亀 れいき……66
霊香 れいきょう……136
麗景殿 れいけいでん……271
令月 れいげつ……146
霊香 れいこう……136
霊犀 れいさい……167
茘枝 れいし……34
鈴杵 れいしょ……233
伶人 れいじん……172
蔆蘿 れいちょう……17
黎明 れいめい……155
羚羊 れいよう……41
霊螺子 れいらし……65
零陵香 れいりょうこう……190
玲瓏 れいろう……138
烈火 れっか……166
烈日 れつじつ……88
裂帛 れっぱく……138
檸檬 れもん……34
連翹 れんぎょう……31
蓮華 れんげ……17
連雀 れんじゃく……51
廉貞 れんちょう……80
練若 れんにゃ……232
連理 れんり……167

ろ

絽 ろ……198
婁 ろう……82
浪客 ろうかく……175
琅玕 ろうかん……189
螻蟻 ろうぎ……162
郎君 ろうくん……177
朧月 ろうげつ……86
牢乎 ろうこ……145
狼虎 ろうこ……166
緑衫 ろうそう……201
蘆角 ろかく……183
六具 ろくぐ……213
緑青 ろくしょう……74
禄存 ろくそん……80

六道 ろくどう……230
轆轤 ろくろ……193
碌碌 ろくろく……162
陸陸 ろくろく……162
蘆笙 ろしょう……184
六白 ろっぱく……264
驢馬 ろば……39

わ

脇盾 わいだて……213
脇楯 わいだて……213
若雷 わかいかづち……257
若犬養門 わかいぬかいもん……272
若狭 わかさ……283
公魚 わかさぎ……63
若鷺 わかさぎ……63
鰙 わかさぎ……63
若魚子 わかなご……63
吾輩 わがはい……179
若緑 わかみどり……131
若紫 わかむらさき……134
若布 わかめ……35
和布 わかめ……35
稚海藻 わかめ……35
裙蔕菜 わかめ……35
脇差 わきざし……205
脇引 わきびき……214
腋引 わきびき……214
我君 わぎみ……180
和君 わぎみ……180
吾君 わぎみ……180
和書羅 わきら……239
和久産巣日神
わくむすひのかみ……255
稚産霊神 わくむすひのかみ……255
病葉 わくらば……37
嫩葉 わくらば……37
分葱 わけぎ……21
和子 わこ……177
若子 わこ……177
和琴 わごん……182
俳優 わざおぎ……170
山葵 わさび……17
鷲 わし……51
儂 わし……178
和尚 わじょう……170
煩神 わずらいのかみ……258
勿忘草 わすれなぐさ……17
早稲 わせ……19
早生 わせ……19
肩上 わたがみ……214
綿上 わたがみ……214
綿噛 わたがみ……214
和多志大神 わたしのおおかみ……254
渡瀬 わたせ……118
海原 わたのはら……121
綿雪 わたゆき……100
和豆良比能宇斯能神
わづらひのうしのかみ……258
我儕 わなみ……179
吾儕 わなみ……179
鰐 わに……63
鰐口 わにぐち……247
我主 わぬし……180
和主 わぬし……180
和風 わふう……109
草鞋 わらじ……203
蕨 わらび……17
妾 わらわ……179
私 わらわ……179
割 わり……220
我 われ……178
吾 われ……178
吾亦紅 われもこう……17
吾木香 われもこう……17
椀掛 わんがけ……76

和の幻想ネーミング辞典

2012年8月5日　初版発行
2014年2月4日　4刷発行

編集	株式会社新紀元社編集部
執筆協力	池上良太
デザイン・DTP	スペースワイ
DTP	株式会社明昌堂
発行者	藤原健二
発行所	株式会社新紀元社 〒160-0022　東京都新宿区新宿1-9-2-3F TEL：03-5312-4481 FAX：03-5312-4482 http://www.shinkigensha.co.jp/ 郵便振替　00110-4-27618
印刷・製本	株式会社リーブルテック

ISBN978-4-7753-1042-7
定価はカバーに表示してあります。
Printed in Japan